# 大数据视域下大学生思想政治教育方法创新研究

王春霞 著

吉林大学出版社

·长春·

图书在版编目(CIP)数据

大数据视域下大学生思想政治教育方法创新研究 / 王春霞著. —长春：吉林大学出版社，2023.10
　ISBN 978-7-5768-2886-3

Ⅰ.①大… Ⅱ.①王… Ⅲ.①大学生–思想政治教育–研究–中国 Ⅳ.①G641

中国国家版本馆 CIP 数据核字（2023）第 256377 号

| | |
|---|---|
| 书　　名： | 大数据视域下大学生思想政治教育方法创新研究 |
| | DASHUJU SHIYU XIA DAXUESHENG SIXIANG ZHENGZHI JIAOYU FANGFA CHUANGXIN YANJIU |
| 作　　者： | 王春霞 |
| 策划编辑： | 黄国彬 |
| 责任编辑： | 张维波 |
| 责任校对： | 杨　宁 |
| 装帧设计： | 姜　文 |
| 出版发行： | 吉林大学出版社 |
| 社　　址： | 长春市人民大街 4059 号 |
| 邮政编码： | 130021 |
| 发行电话： | 0431-89580036/58 |
| 网　　址： | http：//www.jlup.com.cn |
| 电子邮箱： | jldxcbs@sina.com |
| 印　　刷： | 天津鑫恒彩印刷有限公司 |
| 开　　本： | 787mm×1092mm　1/16 |
| 印　　张： | 16 |
| 字　　数： | 250 千字 |
| 版　　次： | 2025 年 1 月　第 1 版 |
| 印　　次： | 2025 年 1 月　第 1 次 |
| 书　　号： | ISBN 978-7-5768-2886-3 |
| 定　　价： | 88.00 元 |

版权所有　翻印必究

# 前　言

　　大学生思想政治教育方法，是实现大学生思想政治教育目标、完成大学生思想政治教育任务的"船"和"桥"。大学生思想政治教育方法的有效性，直接关乎着大学生思想政治教育的实效性和大学生思想政治教育质量的高低。大学生思想政治教育方法作为大学生思想政治教育系统的有机组成部分，随着系统内各构成要素以及系统外环境的变化而不断变化。如今，信息科学技术和移动互联网技术的飞速发展，将人类带入了大数据时代。新的时代背景下，大学生思想政治教育面对的环境和对象均发生了显著变化，大数据环境逐渐形成，大学生的思想行为不断数据化，大学生思想政治教育方法创新势在必行。为此，本书探究大数据视域下的大学生思想政治教育方法创新问题，具有重要的理论意义和实践意义。

　　本书以马克思主义理论为指导，借鉴教育学、传播学、信息学、创新学等学科知识，着眼于提升大学生思想政治教育实效性，以问题为导向，坚持理论与实践相结合、抽象与具体相结合、历史与逻辑相统一，聚焦大数据视域下大学生思想政治教育方法创新的内涵与特征、理念与原则、途径与载体、保障条件等问题。

　　导论：阐述选题缘由，综述学界与大数据、大数据视域下大学生思想政治教育、大数据视域下大学生思想政治教育方法创新相关的研究成果，借鉴现有研究成绩，针对薄弱环节做选题思考。

　　第一章：大数据视域下大学生思想政治教育方法创新的理论阐释。主要研究大数据视域下大学生思想政治教育方法创新的内涵与特征、大数据视下大学生思想政治教育方法创新的理论基础，以及大数据视域下大学生思想政治教育方法创新的重要意义。

第二章：大数据视域下大学生思想政治教育方法创新的时代境遇。主要分析大数据视域下大学生思想政治教育方法创新面临的新形势、新机遇和新挑战。大数据时代背景逐渐形成、大学生思想行为日益数据化、改革创新成为思想政治教育发展的强大动力，构成大数据视域下大学生思想政治教育方法创新面临的新形势。新的时代背景，一方面为大学生思想政治教育方法创新带来了新资源、新手段和新平台等机遇；另一方面，也使大学生思想政治教育面临传统观念遭遇排斥、方法运用模式经受冲击、教育效果受到削弱等严峻挑战。新形势、新机遇和新挑战成为大数据视域下大学生思想政治教育方法创新的生态环境和历史方位。

第三章：大数据视域下大学生思想政治教育方法创新的理念与原则。主要阐述大数据视域下大学生思想政治教育方法创新必须树立"以生为本""数据为重""手段为要"等重要理念，必须坚持"技术性与方向性相结合""精准性与实效性相结合""定量与定性相结合"等原则。理念与原则成为大数据视域下大学生思想政治教育方法创新的根本遵循。

第四章：大数据视域下大学生思想政治教育方法创新的途径与载体。主要论述大数据视域下大学生思想政治教育方法创新的中介和依托。大数据视域下创新大学生思想政治教育方法，要积极构建数字化智慧课堂、营造大数据校园文化氛围、依托大学生虚拟社群；要借助于网络媒体、手机媒体、数字电视媒体、思想政治教育软件等典型载体。

第五章：大数据视域下大学生思想政治教育方法创新系列。以大学生思想政治教育实施过程为逻辑，将方法创新系列构建为认识方法系列、实施方法系列、评估方法系列和反馈方法系列。

第六章：大数据视域下大学生思想政治教育方法创新的保障条件。主要从主体条件、技术条件和环境条件三个维度阐明大数据视域下创新大学生思想政治教育方法的保障条件。大数据视域下创新大学生思想政治教育方法、提升大学生思想政治教育主体的大数据素养是关键，用好大学生思想政治教育方法的大数据技术是根本，营造良好的环境是前提，包括营造良好的物质环境、舆论环境和政策环境。

  结论：主要概括本书围绕大数据视域下大学生思想政治教育方法创新展开研究的逻辑思路及研究形成的基本观点、得出的基本结论，同时指出本书的不足及有待进一步解决的问题，明确深入开展大数据视域下大学生思想政治教育方法创新研究的努力方向。

# 目 录

**导论** …………………………………………………………………… (1)

一、选题缘由 ………………………………………………………… (2)

 （一）应对大数据给大学生思想政治教育方法带来冲击的现实需要
………………………………………………………………… (2)

 （二）掌握新形势下高校网络意识形态工作主导权的迫切需要 … (3)

 （三）增强大学生思想政治教育有效性的实践思考 ……………… (4)

二、国内外研究综述 ………………………………………………… (6)

 （一）国内研究 ……………………………………………………… (6)

 （二）国外研究 ……………………………………………………… (13)

 （三）国内外研究述评 ……………………………………………… (15)

三、研究思路与方法 ………………………………………………… (17)

 （一）研究思路 ……………………………………………………… (17)

 （二）研究方法 ……………………………………………………… (18)

四、研究重难点和创新点 …………………………………………… (19)

 （一）研究重点 ……………………………………………………… (20)

 （二）研究难点 ……………………………………………………… (20)

 （三）研究创新点 …………………………………………………… (20)

**第一章 大数据视域下大学生思想政治教育方法创新的理论阐释** ……… (21)

一、大数据视域下大学生思想政治教育方法创新的内涵与特征 ……… (21)

（一）大数据视域下大学生思想政治教育方法创新的内涵 …………（21）
　　（二）大数据视域下大学生思想政治教育方法创新的特征 …………（35）
二、大数据视域下大学生思想政治教育方法创新的理论基础……………（44）
　　（一）马克思主义关于人的本质理论 ………………………………（44）
　　（二）马克思主义关于人的全面发展理论 …………………………（49）
　　（三）中国共产党关于创新的理论 …………………………………（54）
三、大数据视域下大学生思想政治教育方法创新的重要意义……………（60）
　　（一）促进大学生思想政治教育方法理论发展 ……………………（60）
　　（二）引导大学生思想政治教育实践取得更大成效 ………………（61）

## 第二章　大数据视域下大学生思想政治教育方法创新的时代境遇………（62）

一、大数据视域下大学生思想政治教育方法创新面临的新形势…………（62）
　　（一）大数据时代背景逐渐形成 ……………………………………（62）
　　（二）改革创新成为思想政治教育发展的强大动力 ………………（66）
　　（三）大学生思想行为数据化凸显 …………………………………（67）
二、大数据视域下大学生思想政治教育方法创新面临的新机遇…………（71）
　　（一）积聚大学生思想政治教育方法创新的新资源 ………………（71）
　　（二）提供大学生思想政治教育方法创新的新手段 ………………（73）
　　（三）搭建大学生思想政治教育方法创新的新平台 ………………（74）
三、大数据视域下大学生思想政治教育方法创新面临的新挑战…………（76）
　　（一）大学生思想政治教育传统观念遭遇排斥 ……………………（76）
　　（二）大学生思想政治教育方法运用模式经受冲击 ………………（78）
　　（三）大学生思想政治教育效果受到削弱 …………………………（79）

## 第三章　大数据视域下大学生思想政治教育方法创新的理念与原则……（82）

一、大数据视域下大学生思想政治教育方法创新的理念…………………（82）
　　（一）"以生为本"理念 ………………………………………………（82）
　　（二）"数据为重"理念 ………………………………………………（87）
　　（三）"手段为要"理念 ………………………………………………（93）

二、大数据视域下大学生思想政治教育方法创新的原则……（98）
　　（一）技术性与方向性相结合……（98）
　　（二）精准性与实效性相结合……（101）
　　（三）定量与定性相结合……（104）

**第四章　大数据视域下大学生思想政治教育方法创新的途径与载体**……（108）

一、大数据视域下大学生思想政治教育方法创新的途径……（108）
　　（一）构建数字化智慧课堂……（109）
　　（二）营造大数据校园文化氛围……（114）
　　（三）依托大学生虚拟社群……（119）

二、大数据视域下大学生思想政治教育方法创新的载体……（124）
　　（一）网络媒体……（124）
　　（二）手机媒体……（129）
　　（三）数字电视媒体……（134）
　　（四）思想政治教育软件……（139）

**第五章　大数据视域下大学生思想政治教育方法创新系列**……（144）

一、认识方法系列……（144）
　　（一）数据信息收集法……（144）
　　（二）数据信息分析法……（149）
　　（三）数据信息可视法……（153）

二、实施方法系列……（156）
　　（一）数据理论传播法……（156）
　　（二）数据虚拟实践法……（159）
　　（三）数据人文关怀法……（163）
　　（四）数据榜样宣传法……（166）
　　（五）数据预防教育法……（169）

三、评估方法系列……（173）
　　（一）数据动态评估法……（173）

· 3 ·

(二)虚实结合评估法 ………………………………………（176）
　　(三)数据定量评估法 ………………………………………（179）
四、反馈方法系列 ………………………………………………（182）
　　(一)数据比较反馈法 ………………………………………（182）
　　(二)数据足迹反馈法 ………………………………………（185）
　　(三)数据内容反馈法 ………………………………………（189）

**第六章　大数据视域下大学生思想政治教育方法创新的保障条件** ……（193）

一、提升大数据素养：大学生思想政治教育方法创新的主体条件 ……（193）
　　(一)树立大数据意识 ………………………………………（194）
　　(二)强化大数据思维 ………………………………………（197）
　　(三)增强大数据能力 ………………………………………（202）
二、用好大数据技术：大学生思想政治教育方法创新的技术条件 ……（205）
　　(一)数据收集技术 …………………………………………（206）
　　(二)大数据挖掘技术 ………………………………………（209）
　　(三)大数据可视化技术 ……………………………………（213）
三、营造良好的环境：大学生思想政治教育方法创新的环境条件 ……（217）
　　(一)营造物质环境 …………………………………………（217）
　　(二)营造舆论环境 …………………………………………（221）
　　(三)营造政策环境 …………………………………………（224）

**结论** ……………………………………………………………（229）

**主要参考文献** …………………………………………………（232）

**后记** ……………………………………………………………（241）

# 导　论

全国高校思想政治工作会议明确指出，要推动思想政治工作传统优势同信息技术高度融合。① 其最为鲜明的标志就是与思想政治教育方法的融合。人类从被动适应自然向积极改造自然迈进，就是依靠各个领域方法的不断创新，方法是人类社会发展的加速器。从某种意义上来说，人类社会发展史就是一部方法发展的历史：石器时代、青铜时代、铁器时代、蒸汽时代、电气时代、原子时代。如今信息技术的飞速发展使人类进入了信息时代。黑格尔曾指出："方法是任何事物所不可抗拒的一种绝对的、唯一的、最高的、无限的力量，这是理性企图在每一个事物中发现和认识自己的意向。"② 著名计算机科学家马克·韦泽前瞻性地提出："最高深的技术是那些令人无法察觉的技术，这些技术不停地把它们自己编织进日常生活，直到你无从发现为止。"③ 大数据正印证着这些说法，它已在不知不觉中融入大学生学习生活中，正在全方位重塑着青年大学生的思维方式、信息获取方式、人际沟通方式、娱乐休闲方式，这既对大学生思想政治教育方法运用提出了更高要求，又为大学生思想政治教育方法创新提供了难能可贵的机遇。着眼于提高大学生思想政治教育实效性的迫切需要，对大数据视域下大学生思想政治教育方法创新进行研究势在必行。

---

① 习近平. 把思想政治工作贯穿教育教学全过程　开创我国高等教育事业发展新局面[N]. 人民日报, 2016-12-09(1).
② 马克思恩格斯选集(第1卷)[M]. 北京：人民出版社，2012：220.
③ 阿里巴巴研究院："互联网+"重新定义信息化——关于"互联网+"的研究报告(上篇)[N]. 光明日报, 2015-10-16(5).

# 一、选题缘由

大数据时代的来临，使大学生思想政治教育面临新境遇，选择"大数据视域下大学生思想政治教育方法创新研究"，主要缘于解决现实中大数据对大学生思想政治教育方法带来的冲击，把握高校网络意识形态工作主导权，增强大学生思想政治教育有效性。

## （一）应对大数据给大学生思想政治教育方法带来冲击的现实需要

随着云计算、物联网、移动互联网的迅猛发展，智能手机、可穿戴设备、iPad等移动终端的普及，多元异构数据飞速膨胀，大数据以势如破竹之势深刻改变着人们社会生活的方方面面。90后、95后、00后青年大学生作为网络的"土著民"，伴随着网络的发展而成长，是使用网络最活跃的群体，始终追逐着时代的步伐前进。他们一方面通过门户网站、交友平台、通信媒介等各种途径轻而易举地获取到海量信息，直接挑战着教育者的权威地位；另一方面，他们数字化的生存方式随时随地产生着海量数据，刷卡就餐、网上购物、网络阅读、网上交友，这些"数据脚印"无不折射出青年大学生的生活轨迹与思想痕迹。面对被井喷式爆发性增长的大数据包裹的教育对象，高校大学生思想政治教育者如若等闲视之，按部就班地沿用老一套思想政治教育方法，或者惊慌失措、盲目应对，都将置自身于被动的位置。唯有主动迎接挑战，树立大数据意识、形成大数据思维、应用大数据手段、创新思想政治教育方法，才能增强思想政治教育的科学性与实效性。

自20世纪90年代末期，互联网逐渐进入大众视野并开始影响人们的工作、学习及日常生活。这一时期网络发展处于"互联网—用户"的单向传递模式，各大门户网站以吸引受众眼球、增加点击率为最终目标，想方设法获取、整理、发布各方面信息。而生活于信息匮乏时代的大众，在"网上冲浪"最主要的目的就是获取、分享信息。这个时代被称为"Web1.0"，是典型的聚众时代，其最显著的特征是精英文化。随着信息技术的飞速发展，21世纪初，人类阔步迈入"Web2.0"时代，诸如Twitter(推特)、Facebook(脸谱网)、Cyworld(赛我网)之类的社交网站如雨后春笋般大量出现，并凭借独特魅力迅速成为时代新宠。随着论坛、博客、微博、微信等网络自媒体的风靡，网民已不再是信息的被动接收者，而是作为主动参与者积极进行网络内容的建设、使用和传播。信息传递模式演变为"用户—互联网""互联网—用户—互联网""用户—用户"的多边实时交互形式。而今的大数据时代，信息的获取、分享、实时互动已变得稀松平常，数据的挖掘与整合成为大学生思想政治教育方法创新迫切需要解决的问题。

本书就是为了适应这种需要，通过深入研究，厘清大数据给大学生思想政治教育方法带来的机遇与挑战，从而趋利避害，真正使大数据成为创新大学生思想政治教育方法的一把利器。本书通过把大数据理念及大数据技术运用到大学生思想政治教育过程中，助力大学生思想政治教育方法向更加个性化、精准化的方向发展。

### （二）掌握新形势下高校网络意识形态工作主导权的迫切需要

2015年1月20日，中共中央办公厅、国务院办公厅印发《关于进一步加强和改进新形势下高校宣传思想工作的意见》明确指出，"做好高校宣传思想工作，加强高校意识形态阵地建设，是一项战略工程、固本工程、铸魂工程"[1]。并进一步用"三个事关"强调高校意识形态工作在中国特色社会主义事业全局中的极端重要性。加强高校意识形态工作，关键是加强党对高校意识形态工作的领导权，加强马克思列宁主义、毛泽东思想、中国特色社会主义理论体系，以及习近平新时代中国特色社会主义思想在高校意识形态领域的主导权。意识形态领导权是与经济领导权、政治领导权和军事领导权相并列的国家权力之一，由国家政权所赋予，以国家机器为坚强后盾，通过组织领导、制定政策、设立机构、配备人员等措施来实现，具有一定的强制性。意识形态主导权则是一种思想引领力和影响力，无法靠行政手段直接赋予，而需要凭借社会主义意识形态提升自身吸引力、凝聚力和感召力，通过长期系统的思想政治教育方能实现。从本质上而言，意识形态主导权的有效实现为领导权的合法性存在提供了最深厚的土壤和最有力的支撑。意识形态属于上层建筑范畴，根本上由经济基础决定。改革开放以来，我国实现了经济的跨越式发展，但目前改革处于深水区和攻坚期，诸多问题随之凸显，反映到意

---

[1] 关于进一步加强和改进新形势下高校宣传思想工作的意见[N].人民日报，2015-01-20(1).

识形态领域，突出表现为：各种社会思潮异彩纷呈、各种思想观点激烈交锋、互联网上众声喧哗。尤其是作为意识形态前沿阵地的高校，成为斗争的主战场。加强高校意识形态工作已成为一项刻不容缓的紧迫任务。

大数据时代的来临，增加了高校网络意识形态工作的复杂性和艰巨性。网络作为青年大学生活动的重要场域，成为敌对势力散布反动言论、政治谣言、虚假信息的"新式武器"。特别是在一些极端事件中，互联网都扮演着强力助推器和深度发酵剂的重要作用。近些年来，一些别有用心的所谓著名公知、网络"大V"、意见领袖通过"两微一端"新媒体发布"社会的阴暗面"，诋毁党和政府的良好形象。他们往往针对一些社会突发事件和个别案例进行大肆渲染、过度解读，借以迷惑青年大学生，企图实现其不可告人的政治阴谋。由此可见，高校网络意识形态斗争十分尖锐。但是大数据时代的来临，也为高校开展意识形态工作带来了新的方法。大数据无时无刻不在"忠诚"记录着人们的思想行为轨迹，为获取思想信息提供了可靠保障。数据挖掘技术使思想信息分析有根有据，杜绝了主观随意性，使高校意识形态工作更具针对性。大数据技术实现了"样本数据"到"全体数据"的转变，使个性化教育真正成为现实，为高校意识形态工作带来了新的途径和载体，依托备受青年大学生青睐的微博、微信、微视等新兴媒体的超强传播力，以大学生乐于接受的传播方式和表达习惯，能有效增强社会主义意识形态的吸引力。

本书就是为了适应这种形势发展的需要，通过研究，提炼出大数据视域下高校开展意识形态工作的新方法，为思想政治工作传统优势插上高科技的"翅膀"，牢牢把握高校网络意识形态工作主导权。

**(三)增强大学生思想政治教育有效性的实践思考**

大学生思想政治教育有效性是指大学生思想政治教育实践活动能够很好地实现大学生思想政治教育目标，满足为中国特色社会主义事业培养合格建设者和可靠接班人的根本需要。具体而言，就是大学生思想政治教育在实现立德树人根本任务的伟大进程中能够切实发挥定向导航、思想引领、教书育人的重要作用，能够满足青年大学生健康成长、全面发展的现实诉求。有效性是大学生思想政治教育的"生命线"，也是考量大学生思想政治教育价值的一个基本尺度，更是创新大学生思想政治教育方法的出发点和落脚点。大学生思想政治教育活动的有效性建立在系统内各要素有效性、要素之间结构合理性及系统与外界环境契合统一的基础之上。在系统之内的非主体性要素之中，思想政治教育目标、内容具有相对稳定性，方法却是一个非常活跃的因素，必须随着思想政治教育系统内诸要素的变化而发展，否则必将由于落后于时代的步伐而黯然失色、收效甚微，最终被时代抛弃。

随着大数据时代的来临，大学生思想政治教育系统内的各要素及大学生思想政治教育面临的环境都发生了深刻变化：教育环境更加复杂化、教育内容更加丰富化、教育载体更加多样化、教育手段更加现代化，青年大学生学习方式更加自主化、生活方式更加网络化、交往方式更加虚拟化。这一系列变化使大学生思想政治教育形势更加复杂、难度更大、要求更高，亟须创新大学生思想政治教育方法，以增强教育的有效性。正如习近平总书记在全国高校思想政治工作会议上所强调的，"做好高校思想政治工作，要因事而化、因时而进、因势而新""要运用新媒体、新技术使工作活起来，推动思想政治工作传统优势同信息技术高度融合"。① 就方法而言，必须随着时代进步、形势变化以及大学生思想政治教育实践发展而不断突破和创新。然而，反观现实，部分大学生思想政治教育者面对如火如荼发展的大数据浪潮，仍然因循守旧，循着"一张嘴、一支笔、一块黑板"的老套路开展思想政治教育工作，导致陷入老方法不顶用、新方法不会用、现实中无方法可用的尴尬境地，大学生思想政治教育有效性不高已成为一个不争的事实。

本书就是针对这一状况，从实践的角度，在深刻把握大数据内涵与大学生思想政治教育方法内涵的基础上，将二者进行深度融合，借用大数据技术创新大学生思想政治教育方法，着力解决好大学生思想政治教育者"本领恐慌"问题，使他们真正成为运用大数据新技术、新方法开展思想政治教育工作的行家里手，从而增强大学生思想政治教育方法的时代感与吸引力，更好地实现大学生思想政治教育预期目标。

---

① 习近平.把思想政治工作贯穿教育教学全过程 开创我国高等教育事业发展新局面[N].人民日报，2016-12-09(1).

## 二、国内外研究综述

梳理学界关于"大数据视域下大学生思想政治教育方法创新研究",旨在掌握当前研究的整体状况,为本研究奠定坚实基础,寻找研究方向。通过检索国家数字图书馆、中国知网(CNKI)、超星电子图书和读秀学术搜索等数据库的相关文献资料,笔者了解到学界对大数据视域下大学生思想政治教育方法创新的研究有很多。就学界现有研究成果来看,直接研究大数据视域下大学生思想政治教育方法的成果较少,主要散见于与大数据思想政治教育相关的文献中。研究大数据视域下大学生思想政治教育的成果较多,为研究大数据视域下大学生思想政治教育方法的创新提供了重要启示和有益借鉴。

### (一)国内研究

目前,国内关于"大数据视域下大学生思想政治方法创新研究"主要散见于大数据视域下大学生思想政治教育相关研究中,研究基础还比较薄弱。

#### 1. 关于大数据的相关理论研究

准确把握大数据的内涵是研究大数据视域下大学生思想政治教育方法创新的前提,只有对"大数据"进行科学界定,才能进一步回答大数据视域下大学生思想政治教育方法创新的相关问题。多年来,学者们围绕大数据的内涵、特征、思维等展开了深入研究,并形成了丰富的成果。

(1)关于大数据内涵的相关研究

对于"大数据"的概念目前并没有一个明确的定义。有代表性的观点主要有两类:一类观点是从数据规模的量的视角进行界定。如中国工程院院士邬贺铨认为"大数据泛指巨量的数据集"[①]。中国社会科学院信息化研究中心主任姜奇平认为"大数据就是云计算本身"[②]。另一种观点不仅强调大数据的规模,更强调大数据的本质。信息专家涂子沛认为大数据之"大",并不在于其表面的"大容量",而在于潜在的"大价值"[③]。黄欣荣认为,大数据的真正本

---

[①] 邬贺铨. 大数据时代的机遇与挑战[J]. 求是, 2013(4): 47-49.
[②] 何彤宇. 大数据时代网络学习环境的数据融合[J]. 现代教育技术, 2013(12): 11-15.
[③] 涂子沛. 大数据[M]. 桂林: 广西师范大学出版社, 2013: 346.

质是其数据化的世界观和思维方式。① 刘辉认为,"大数据在本质上而言,是人与人之间的隐性沟通,包含着数据发送者与接收者之间'给'与'受'的过程,是人与人之间的互动行为"②。

(2)关于大数据特征的相关研究

关于大数据特征的研究,其中比较有代表性的观点是"3V""4V"或"5V"特征。无论大数据的"3V""4V"或"5V"特征,都是指大数据特有的以英文字母"V"开头的三个、四个或五个特征。"3V"指的是 volume(数据体量巨大)、variety(数据种类多样)、velocity(数据产生速度迅捷),这三个"V"是学界比较认同的,基本上无争议。③ "4V"是"3V"再加一个"V",至于这个"V"究竟代表什么,学界主要有两种比较有代表性的观点,有学者认为是 value(价值)④,有学者认为是 veracity(真实性)⑤。"5V"是在传统"3V"特征的基础上再增加两个"V"。一种观点认为这两个"V"是 veracity(真实性)和 value(价值)⑥。沈小根是从大数据与传统小数据的区别上概括大数据的特征,认为其特征表现为:第一,大数据强调全数据的观念,而非小数据的随机抽样。小数据,只要记住关键信息就行,大数据需要采集全部信息。第二,小数据强调精准,大数据强调大势的把握和概率。第三,小数据关注因和果,大数据则关注关联。⑦

(3)关于大数据思维的相关研究

大数据从根本上改变了人们的思维方式,因此要回应大数据对大学生思想政治教育提出的新要求,首要的就是形成大数据思维。王学俭、王瑞芳认为,"转变传统思维方式,从注重因果联系转而更加注重相关关系;经验指导

---

① 黄欣荣. 大数据技术的伦理反思[J]. 新疆师范大学学报(哲学社会科学版),2015(3):46-53.
② 刘辉. 大数据时代思想政治教育的微传播化[J]. 思想理论教育,2014(6):81-85.
③ 黄欣荣. 大数据的语义、特征与本质[J]. 长沙理工大学学报,2015(6):5-11.
④ 吴晋娜. 大数据时代:从预言走向现实[N]. 光明日报,2013-11-12(5).
⑤ 涂子沛. 大数据[M]. 桂林:广西师范大学出版社,2013:346.
⑥ 方巍,郑玉,徐江. 大数据:概念、技术及应用研究综述[J]. 南京信息工程大学学报(自然科学版),2014(5):405-419.
⑦ 沈小根. 大数据正在改变你我[N]. 人民日报,2014-6-6(12).

与科学引领相结合；从注重群体到关注个体"①。沈娟认为，大数据时代应确立"系统思维、精确思维、前瞻思维"②。黄欣荣认为，大数据时代应具有整体性思维、多样性思维、平等性思维、开放性思维、相关性思维和生长性思维等。③张燕南、赵中建认为，大数据时代的思维特征应具有敏捷性、开放性、前瞻性和个性化。④

(4)关于大数据价值的相关研究

追问大数据背后的价值，是学界最为关切和讨论较多的话题。沈小根认为，大数据所做的，就是将其背后的人与人、信息与信息、信息与商品、人与商品连接起来，将人的需求同各种各样的以信息为基础的东西连接起来，以开放、平等、参与的方式重构商业模式和人的行为方式。⑤美国加利福尼亚大学里弗赛德分校计算和通信专家杨鸣博士强调,"最近媒体常常议论的大数据，其实专指大数据的第四维特性，即数据的使用价值，主要体现在数据的智能分析上。"同时他指出智能分析是一种对未来智慧的投资，分析的最终目标是做出更明智的决定。⑥中国社科院信息化研究中心主任姜奇平认为："数据只是客体，一旦离开主体的意义，就会事与愿违。大数据好还是不好，判断标准要看意义的有无：有意义的数据是智慧的，没有意义的数据只是垃圾。"⑦知名IT评论人谢文在《大数据时代》的推荐序中写道："在人类历史长河中，即使是在现代社会日新月异的发展中，人们还主要是依赖抽样数据、局部数据和片面数据，甚至在无法获得实证数据的时候纯粹依赖经验、理论、假设和价值观去发现未知领域的规律……大数据时代的来临使人类第一次有机会和条件，在非常多的领域和非常深入的层次获得和使用全面数据、完整数据和系统数据，深入探索现实世界的规律，获取过去不可能获取的知识，

---

① 王学俭,王瑞芳.大数据时代高校思想政治教育的创新发展[J].思想政治教育研究,2016(6):105-110.
② 沈娟.思想政治教育要适应"大数据时代"要求[J].政工学刊,2015(1):61-62.
③ 黄欣荣.大数据时代的思维变革[J].重庆理工大学学报(社会科学),2014(5):13-18.
④ 张燕南,赵中建.大数据时代思维方式对教育的启示[J].教育发展研究,2013(21):1-5.
⑤ 沈小根.大数据正在改变你我[N].人民日报,2014-6-6(12).
⑥ 陈一鸣."大"的三维特征[N].人民日报,2013-02-01(23).
⑦ 姜奇平.大数据的时代变革力量[J].互联网周刊,2013(1):34-37.

得到过去无法企及的商机。"①大数据的运用对高等教育发生着深刻的影响。陈晨等人认为，其促进了高等教育资源的全球共享和流动，推动高等教育国际化进程，更在很大程度上打破了传统教育的时空界限，促进高等教育资源分配的合理化，在全球范围内促进教育的公平和民主。②刘凤娟指出，大数据给教育理论的创新带来了新思维、新视角；大数据给教育实践领域的探索带来了新技术、新方法。③喻长志认为，长远来看，大数据将为教育带来更强的预测性，加速网络教育的全球化发展，使精准的个性化教育成为主流。④

从查阅的文献来看，学界关于大数据内涵、特征、思维等方面的研究形成了大量成果，为开展本研究奠定了坚实基础。但现有成果尚未从多个维度揭示出大数据的本质与特征，这主要是由于学者们都从各自学科的视野开展研究。

2. 关于大数据视域下大学生思想政治教育的相关研究

了解和掌握关于"大数据视域下大学生思想政治教育"的相关研究，是开展大数据视域下大学生思想政治教育方法创新研究的起点。学界对此问题的研究，主要围绕着大数据对大学生思想政治教育带来的机遇、挑战以及应对策略展开。

(1) 关于大数据给大学生思想政治教育带来的新机遇的研究

檀江林、吴玉梅认为，大数据时代思想政治教育工作的机遇：一是强化思想政治教育全程化的观察研究；二是促进校园大数据信息系统的科学构建；三是引发思想政治教育信息资源的深度挖掘；四是助推思想政治教育研究手段的科学化。⑤刘辉认为，大数据在思想政治教育中的应用，为思想政治教育教学、服务、管理提供了有利条件。⑥逄索、魏星认为，智慧校园的建设使校

---

① 维克托·迈尔-舍恩伯格，肯尼思·库克耶. 大数据时代：生活、工作与思维的大变革[M]. 盛杨燕，周涛，译. 杭州：浙江人民出版社，2013：5.
② 陈晨，等. 大数据时代高等教育的发展趋势[J]. 煤炭高等教育，2015(5).
③ 刘凤娟. 大数据的教育应用研究综述[J]. 现代教育技术，2014(8)：13-19.
④ 喻长志. 大数据时代教育的可能转向[J]. 江淮论坛，2013(4)：188-192.
⑤ 檀江林，吴玉梅. 大数据时代大学生思想政治教育路径探究[J]. 思想理论教育，2016(3)：72-75.
⑥ 刘辉. 高校思想政治教育应用大数据的现实困境与诉求[J]. 思想理论教育，2015(9)：60-65.

园大数据的收集和挖掘成为可能。① 邱启照、孙鹏认为，大数据为思想政治教育带来大量有价值的数据，使及时了解大学生思想动态成为可能，为预测大学生思想发展态势提供了条件。② 夏晓东认为，利用大数据能够建立思想行为预警机制，能够提供精准的个性化服务。③ 王莎、徐建军认为，大数据能够促使大学生"有效知"、监测大学生"如何行"、预判大学生"是否行"，并且促使大学生"知行转化"。④

(2) 关于大数据对大学生思想政治教育的挑战的研究

王晖慧、王晖瑜认为，大数据环境下高校思想政治教育会出现信息不对称、数据独裁现象。⑤ 梁家峰、亓振华认为，大数据在高校思想政治教育工作中的应用带来了科学存储的问题，加大了处理的困难，对大量的数据人才和专业的数据技术提出了更高要求。⑥ 刘辉认为，思想政治教育数据匮乏，有效供给不足，思想政治教育数据庞杂，挖掘难度大，思想政治教育数据存在被滥用的风险。⑦ 夏晓东认为，大数据在思想政治教育中的应用可能侵犯学生的隐私权，海量信息源无从考证、信息的真实性值得探讨。⑧ 孙凯鹏认为，大数据时代背景下，思想政治教育者主体地位面临困境，主流价值观受到影响，教育方法受到冲击。⑨

(3) 关于大数据时代大学生思想政治教育的应对策略研究

---

① 逢索，魏星. 大数据在高校思想政治教育工作中的运用[J]. 思想理论教育，2015(6)：72-75.
② 邱启照，孙鹏. 大数据时代高校思想政治教育的机遇和挑战[J]. 教育理论与实践，2016(9)：35-37.
③ 夏晓东. 大数据时代下思想政治教育面临的机遇与挑战[J]. 前沿，2014(10)：211-212.
④ 王莎，徐建军. 运用大数据增强大学生思想政治教育实效性研究[J]. 思想理论教育，2016(9)：89-92.
⑤ 王晖慧，王晖瑜. 大数据环境下高校思想政治教育工作创新[J]. 新闻战线，2015(3)下：173-174.
⑥ 梁家峰，亓振华. 适应与创新：大数据时代的高校思想政治教育工作[J]. 思想教育研究，2013(6)：63-67.
⑦ 刘辉. 高校思想政治教育应用大数据的现实困境与诉求[J]. 思想理论教育，2015(9)：60-65.
⑧ 夏晓东. 大数据时代下思想政治教育面临的机遇与挑战[J]. 前沿，2014(10)：211-212.
⑨ 孙凯鹏. 网络化和大数据时代背景下大学生思想政治教育路径研究[J]. 教育教学论坛，2016(32)：184-185.

梁家峰、亓振华认为,应进一步强化大数据意识,加强运用大数据技术的能力,探索完善规章制度,以增强工作的针对性。① 王民忠、闫华认为,应利用个体数据分析推动个性化思想政治教育的实现,利用数据聚类和非线性相关分析深化大学生群体教育。② 逄索、魏星认为,大数据分别运用于宏观层面与微观层面,从而实现大学生群体行为的预测与个体的个性化教育。③ 胡树祥、谢玉进认为,要研究大数据的本质特征,确立网络思想政治教育的数据意识,顺应量化研究的新崛起,创新网络思想政治教育的研究范式,宏观覆盖与微观深化相结合,找准网络思想政治教育的着力点。④ 何蓓蓓、李岩认为,大数据时代思想政治教育应进行思想观念创新,工作方法创新,工作载体创新与队伍建设创新。⑤ 刘春玲认为,大数据视角下应强化大数据意识,提高思想政治教育的针对性;运用大数据技术,挖掘思想政治教育的规律性;探索大数据制度,保障思想政治教育的规范化。⑥ 王莎、徐建军认为,运用数据采集技术进行"知与行"数据的动态采集与分析,依靠数据挖掘技术构建教育监测与评价体系,通过联机分析技术建立教育方式方法库。⑦ 孙凯鹏认为,应树立大数据思想阵地建设意识,建立大数据网状辐射预警机制,探索云课堂自主学习思维模式。⑧

从以上研究可知,学界已经关注到大数据对大学生思想政治教育的影响,分析了大数据给大学生思想政治教育带来的机遇、挑战及应对策略,对开展

---

① 梁家峰,亓振华. 适应与创新:大数据时代的高校思想政治教育工作[J]. 思想教育研究,2013(6):63-67.
② 王民忠,闫华. 高校思想政治教育运用大数据分析的多维路径[J]. 思想理论教育,2016(5):76-79.
③ 逄索,魏星. 大数据在高校思想政治教育工作中的运用[J]. 思想理论教育,2015(6):72-75.
④ 胡树祥,谢玉进. 大数据时代的网络思想政治教育[J]. 思想教育研究,2013(6):60-62,102.
⑤ 何蓓蓓,李岩. 大数据时代大学生思想政治教育工作创新探究[J]. 教育探索,2015(8):108-110.
⑥ 刘春玲. 大数据视角下思想政治教育发展的新路径[J]. 教学与管理,2015(10):39-41.
⑦ 王莎,徐建军. 运用大数据增强大学生思想政治教育实效性研究[J]. 思想理论教育,2016(9):89-92.
⑧ 孙凯鹏. 网络化和大数据时代背景下大学生思想政治教育路径研究[J]. 教育教学论坛,2016(32):184-185.

本研究具有思路和方法上的借鉴意义。

3. 关于大数据视域下大学生思想政治教育方法的创新研究

赵浚认为，"定量分析、非线性分析、整体分析和多样化分析"将取代原有模式成为思想政治教育方法的新科学，大数据创新高校思想政治教育方法的主要策略是，优化慕课，提升"教与学"的能力；构建平台，强化高校思政工作成效；推广易班，推动校园精神文明建设。① 张敏认为，大数据时代高校思想政治教育方法创新的策略是，变革思维方式，树立大数据意识，开展个性化教育，建立大数据教育研究平台。② 王寿林认为，大数据为大学生思想政治教育方法提供了新机遇、新手段、新途径。③ 黄欣荣认为，利用数据挖掘技术可以掌握学生思想动态，展开针对性、预防性教育；变被动型思想政治教育为主动型、精准型思想政治教育。④ 崔建西、邹绍清认为，大数据对思想政治教育方法提出了"三大"思维变革，以信息为基础的新技术要求，全新的数据获取和分析方法等新要求；大数据时代思想政治教育方法创新的主要方式有信息选择方法、信息传播方法与信息反馈方法。⑤ 刘宏达、隆梅凤从大数据助推思想政治教育定性分析方法创新切入，认为大数据分析使思想政治教育定性分析更具客观性、充分性、精准性和智能性，并从树立大数据思维、构建大数据系统、发挥大数据优势、完善大数据标准等方面提出丰富大数据创新思想政治教育定性分析方法的路径。⑥ 刘宏达、彭嘉琪从思想政治教育大数据定量分析方法入手，提出实现思想政治教育定量分析与大数据分析的融合发展需要树立大数据思维、创新大数据模型、提升大数据价值、推动大数据

---

① 赵浚. 大数据创新高校思想政治教育方法的探析与应用[J]. 贵州社会科学, 2016(3)：120-123.

② 张敏. 大数据时代下高校思想政治教育方法的创新[J]. 理论观察, 2016(3)：130-131.

③ 王寿林. 大数据时代高校思想政治教育方法创新研究[J]. 思想政治教育研究, 2015(6)：85-87.

④ 黄欣荣. 大数据对思想政治教育方法论的变革[J]. 江西财经大学学报, 2015(3)：94-101.

⑤ 崔建西, 邹绍清. 论大数据时代思想政治教育方法的创新[J]. 思想理论教育, 2016(10)：83-87.

⑥ 刘宏达, 隆梅凤. 大数据助推思想政治教育定性分析方法创新[J]. 思想政治教育研究, 2020(5)：137-141.

"用起来""大起来""活起来""实起来"。①

综上所述，学界已经关注到大数据对大学生思想政治教育方法带来的冲击，大学生思想政治教育要积极推动大学生思想政治教育方法创新。但现有研究比较零散，没有深入大学生思想政治教育方法内部进行系统研究，且缺乏研究的深度，仅仅提出了创新大学生思想政治教育方法的方向，没有提出"如何创新"以及"创新出了什么新方法"。

### (二) 国外研究

大数据的概念源于国外，国外虽然没有"思想政治教育"的概念，但存在着名副其实的思想政治教育实践活动，并积淀了一些颇具特色的方法。对国外有关大数据视域下大学生思想政治教育方法的相关梳理，能够为本研究提供重要借鉴。国外"大数据视域下大学生思想政治教育方法的研究"散见于大数据理论的研究以及大学生思想政治教育方法相关研究方面。

#### 1. 关于大数据的相关研究

国外关于大数据的内涵、大数据的价值、大数据的运用的相关研究比较丰富，能够为开展大数据视域下大学生思想政治教育方法创新研究开拓视野。

(1) 关于大数据概念的相关研究

大数据的概念最早可以追溯至 1980 年。世界著名的社会思想家、未来学家阿尔文·托夫勒在其著作《第三次浪潮》中指出："如果说 IBM 的主机拉开了信息化革命的大幕，那么'大数据'则是第三次浪潮的华彩乐章。"② "2008 年 9 月，Science 在线发表文章 'Big Data: Science in the Petbyte Era'，'大数据'这个词便开始广泛传播。……最早提出'大数据'概念的是全球知名咨询公司麦肯锡，该公司在《大数据：创新、竞争和生产力的下一个前沿领域》报告中称：'数据作为重要的生产因素已经渗入当今的每一个行业，对海量数据的挖掘效率和运用效率将直接影响着新一轮生产力的增长。'"③ 其给出的定义简单明

---

① 刘宏达, 彭嘉琪. 思想政治教育大数据定量分析方法的内涵、特征及实施策略[J]. 学校党建与思想教育, 2020(3): 22-26.
② 李德伟, 顾煜, 王海平, 等. 大数据改变世界[M]. 北京: 电子工业出版社, 2013: 70.
③ James Manyika et al. Big data: The next frontier for innovation, competition, and productivity [EB/OL]. http://www.mckinsey.com/insights/business_technology/big_data_the_next_frontier_for_innovation.

了:"大数据指的是大小超出了常规的数据库工具获取、存储、管理和分析能力的数据集。"全球最大电子商务公司亚马逊的大数据科学家 John Rauser 给出的定义是:大数据是任何超过了一台计算机处理能力的数据量。① 维基百科对大数据的定义是:"所涉及的资料量规模巨大到无法通过目前主流软件工具,在合理时间内达到撷取、管理、处理并整理成为帮助企业经营决策目的的资讯"。②维克托·迈尔-舍恩伯格更是进一步指出:"在我看来,大数据是一种价值观、方法论,我们面临的不是随机样本,而是全体数据;不是精确性,而是混杂性;不是因果关系,而是相关关系。这是一场思维的大变革,更是一个互动的过程——你可以用不同的角度、不同的方式去做大数据,并得到不一样的结果与好处。"③

(2)关于大数据价值的相关研究

维克托·迈尔-舍恩伯格和肯尼思·库克耶在《大数据时代:生活、工作与思维的大变革》中提出:"大数据的科学价值和社会价值正是体现在这里。一方面,对大数据的掌握程度可以转化为经济价值的来源。另一方面,大数据时代已经撼动了世界的方方面面,从商业科技到医疗、政府、教育、经济、人文以及社会的其他各个领域。"④哈佛大学定量社会研究所主任加里·金在接受《纽约时报》记者采访时认为:"这是一场革命,我们现在做的只是冰山一角,但是由于庞大的数据新来源而带来的定量化方法,将横扫学界、商界和政界,所有领域都将被触及。"⑤

2. 关于大学生思想政治教育方法的相关研究

国外虽没有"思想政治教育"的称谓,但"公民教育""政治教育"等就是实实在在的思想政治教育实践活动。西方国家非常注重教育方式的渗透性,"在美国,无论是学校、家庭、社会还是大众传媒,无论是家长还是教师,都充

---

① 赵国栋,易欢欢,糜万军,等. 大数据时代的历史机遇[M]. 北京:清华大学出版社,2013:21.
② 陶雪娇,胡晓峰,刘洋. 大数据研究综述[J]. 系统仿真学报,2013(8):142-146.
③ 寻找通往未来的钥匙[N]. 人民日报,2013-02-01(23).
④ 维克托·迈尔-舍恩伯格,肯尼思·库克耶. 大数据时代:生活、工作与思维的大变革[M]. 盛杨燕,周涛,译. 杭州:浙江人民出版社,2013:15.
⑤ 郭晓科. 大数据[M]. 北京:清华大学出版社,2013:v-vi.

分利用一切场合和时机宣传美国的生活方式和价值观念。"[①]国外的思想政治教育还注重以实证研究为特色,如美国路易斯·拉斯提出的价值澄清模式、詹姆斯·谢弗提出的理性构筑模式及瑞士皮亚杰提出的道德认知发展模式等。[②]西方国家还非常注重运用现代化技术开展思想政治教育活动,"例如耶鲁大学Paul Bloom 教授在 Coursera 开设的'日常生活中的道德'课程"[③]。

从查阅的相关资料看,国外学界研究大数据、大学生思想政治教育方法的成果较为丰富,但是将两者相结合的成果很少。

**(三) 国内外研究述评**

从总体上看,学界从不同学科背景对大数据视域下大学生思想政治教育方法创新展开了广泛研究,并取得了一些成果,既包括大数据相关理论的研究,也包括大数据视域下大学生思想政治教育的研究以及大数据视域下大学生思想政治教育方法创新的研究,这些研究成果为本研究提供了宝贵参考,但仍存在有待进一步深化的方面。

1. 现有研究取得的成绩

已有研究取得了丰富的成果,主要体现在以下方面。

(1) 界定大数据概念等基本理论

随着大数据时代的到来,学者们对大数据理论的相关研究迅速升温,已有研究域主要集中在:大数据的内涵界定,大数据的特征、价值、应用,以及大数据对人们的学习、生产、生活方式的影响。随着大数据对人们实践活动影响程度的加深,学者们对大数据的内涵、特征进行了科学界定,提出大数据不仅是一种技术,更是一种崭新的理念和方法论,为开展大数据视域下大学生思想政治教育方法的创新研究奠定了基础。

(2) 形成大数据视域下大学生思想政治教育的相关理论

大数据视域下思想政治教育的相关研究主要集中于高校,涉及大数据视域下大学生思想政治教育面临的机遇、挑战及对策研究。这些研究成果把大数据时代的特征与思想政治教育内在地融合起来,提出大数据时代大学生思

---

① 郑艳. 在继承、借鉴中探索思想政治教育方法论的创新[J]. 求实, 2001(9).
② 陈立思. 当代世界思想政治教育的理论研究述评[J]. 教学与研究, 2001(11): 38-43.
③ 叶承芳. MOOCs 对思想政治理论课教学的挑战与启示[J]. 思想教育研究, 2015(2): 40-43.

想政治教育的应对之策，为开展大数据视域下大学生思想政治教育方法的创新提供了有益的启示。

(3)提出大数据视域下大学生思想政治教育方法创新的思路

关于大数据视域下大学生思想政治教育方法创新的研究成果甚少，学者们才开始涉猎，主要从大数据视域下大学生思想政治教育方法面临的机遇、挑战及对策进行了初步探索，为开展大数据视域下大学生思想政治教育方法创新提供了一些可借鉴的思路。

2. 现有研究存在的不足

现有研究成果聚焦于方法的研究比较薄弱，存在明显的不足之处，主要体现在以下方面。

(1)研究内容不够深入

学界已有成果主要是对大数据视域下大学生思想政治教育面临的机遇、挑战和对策进行研究，尚未深入思想政治教育整体系统内部，未对其包含的要素进行深化研究。大数据时代的到来，对大学生思想政治教育系统影响最深刻的就是方法，而目前这方面的研究还比较欠缺，且研究不够深入。

(2)研究视野显得片面

学界对大数据的研究主要偏重于其在政治领域和商业领域的应用，而鲜有大数据与人文科学相结合的研究。就大数据与思想政治教育相结合的研究而言，学者们主要是从大数据给大学生思想政治教育方法带来的机遇和挑战切入，在此基础上提出宏观层面的对策，存在"就大数据论大数据"之嫌，仅仅把大数据理解为一种新的教育技术和手段。有的教育工作者甚至把大数据误读为"数据大"，由此得出的结论缺乏全面性和抽象性。只有从更宏大的视野对大数据做出更科学的界定，才能从整体上更好地把握大数据视域下大学生思想政治教育方法创新的全貌。

(3)研究方法有些单一

现有研究主要采用思辨的分析方法，对大数据视域下大学生思想政治教育相关理论的研究方法有些单一，缺乏纵向和横向的对比研究，同时大数据视域下大学生思想政治教育方法创新属于交叉学科研究，而现有研究缺乏大数据与思想政治教育的深度融合，存在生硬和割裂的问题。

3. 下一步深入研究的思考

本书聚焦于大数据视域下大学生思想政治教育方法创新研究。通过研究，推进大学生思想政治教育方法在大数据时代的创新发展。

(1) 大数据视域下大学生思想政治教育方法创新的理论阐释

从理论上明确界定大数据视域下大学生思想政治教育方法创新的内涵与特征是本书的逻辑起点；阐释清楚大数据视域下大学生思想政治教育方法创新的理论基础，为本书奠定坚实的理论根基；指出大数据视域下大学生思想政治教育方法创新的重要意义，明确本书的重要性。

(2) 大数据视域下大学生思想政治教育方法创新的时代境遇

时代境遇是大数据视域下创新大学生思想政治教育方法面临的形势、机遇与挑战，研判客观形势、把握良好机遇与应对严峻挑战可以为大数据视域下大学生思想政治教育方法创新明确历史方位。

(3) 大数据视域下大学生思想政治教育方法创新的要素

基于系统论视角，大数据视域下大学生思想政治教育方法创新，既涉及系统内各要素的协同创新，也需要系统外良好环境的保障。本书将从理念、原则、途径、载体等系统内的各要素以及外部环境条件阐释如何推进方法创新。

(4) 大数据视域下大学生思想政治教育方法创新系列

建构出大数据视域下大学生思想政治教育方法创新系列，是本书的最终落脚点和逻辑终点。只有创新方法，才能切实推动大数据时代大学生思想政治教育方法发展，同时真正运用新方法指导大学生思想政治教育实践活动。

## 三、研究思路与方法

研究思路是架构文章的思想脉络和构思痕迹，研究方法是开展研究活动的方式、手段等的总和。本书以大数据视域下大学生思想政治教育方法创新的要素为逻辑，架构全书。在研究方法上，以唯物辩证法为指导，综合运用系统分析法、文献研究法和多学科研究法等多种方法。

### (一) 研究思路

本书围绕大数据视域下大学生思想政治教育方法创新开展研究，按照大数据视域下大学生思想政治教育方法创新"是什么""为什么要创新""如何创新""创新出了什么新方法"四个问题推进。

第一，回答大数据视域下大学生思想政治教育方法创新是什么，从理论上厘清大数据视域下大学生思想政治教育方法创新的相关概念、主要特征和理论基础，明确本书的论域。

第二，回答大数据视域下大学生思想政治教育方法为什么要创新，从大数据视域下大学生思想政治教育方法创新面临的新形势、新机遇和新挑战三个维度提炼出大数据视域下大学生思想政治教育方法创新的时代境遇，明确大学生思想政治教育方法创新已势在必行。

第三，回答大数据视域下大学生思想政治教育方法如何创新，从大数据视域下大学生思想政治教育方法创新的理念与原则、途径与载体、条件保障等要素入手，分别从方法创新的基本遵循、路径依托、保障措施等方面解决大数据视域下大学生思想政治教育方法怎样创新的问题。

第四，回答大数据视域下大学生思想政治教育方法创新出了什么新方法，以大学生思想政治教育过程逻辑为依据，明确大数据视域下大学生思想政治教育方法创新出的新方法有认识方法系列、实施方法系列、评估方法系列和反馈方法系列等。

## （二）研究方法

本书以唯物辩证法为指导，在坚持马克思主义立场、观点、方法的基础上，综合运用系统分析法、文献资料法和多学科研究法开展大数据视域下大学生思想政治教育方法创新研究。

1. 以唯物辩证法为指导

本书以马克思主义唯物辩证法作为总的方法论，并将唯物辩证法贯穿始终。普遍联系与永恒发展是唯物辩证法的两大基本特征。在唯物辩证法指导下研究大数据视域下大学生思想政治教育方法创新，一方面要求分析大数据视域下大学生思想政治教育方法系统内各要素如何创新；同时，还要求将大数据视域下大学生思想政治教育方法创新放在历史的纵向发展中考察，凸显出大数据视域下的新方法与传统方法的不同之处。

### 2. 综合应用多种具体方法

本书在坚持唯物辩证法的前提下，综合运用系统分析法、文献资料法、多学科研究法等具体方法展开研究。

（1）系统分析法

系统分析法源于系统科学，系统分析法是把要解决的问题作为一个系统，对系统要素以及系统与外界环境的关系进行全面分析，从而找出解决问题方案的一种有效方法。本书把大数据视域下大学生思想政治教育方法创新作为一个有机系统来看待。从系统论的视角研究大数据视域下大学生思想政治教育方法与外部环境的关系以及从内部研究大数据视域下大学生思想政治教育方法创新的理念、原则、途径、载体等问题。

（2）文献资料法

目前学界对大数据的研究成果颇为丰富，要全面把握大数据视域下大学生思想政治教育方法创新的相关理论，前提是必须通过多种途径充分掌握与大数据视域下大学生思想政治教育方法创新相关的文献资料，并去粗取精。笔者广泛收集大数据、大学生思想政治教育方法、网络思想政治教育方法、新媒体思想政治教育方法、大数据视域下大学生思想政治教育方法等相关资料，并对资料进行归纳整理，提炼出学界研究的主要成就以及存在的不足之处，从而为本书提供前期准备和理论支撑。

（3）多学科研究法

"大数据"是信息科学技术发展的新阶段，也是计算机学科研究的前沿问题。因此对大数据视域下大学生思想政治教育方法的创新研究必须避免思想政治教育单一学科的视角，应在马克思主义理论指导的前提下，从信息科学、教育学、传播学等多学科视角研究大学生思想政治教育方法创新，既要遵循大学生思想政治教育规律，又要体现出大数据的新元素。

## 四、研究重难点和创新点

重点，是指在复杂事物中或系统中主要的或重要的部分，研究重点是就研究课题的目标而论，是在研究过程中需要着重把握住的主要部分。难点，是指在复杂问题中或同类问题中难以解决的部分，研究难点是就研究课题的整个过程而论,是在研究过程中不容易被把握的部分。创新是指在现有基础上,提出新观点、创造新事物的过程,研究的创新点就是对前人研究进行的新突破。找准重点、突破难点,才能真正形成创新点。

(一)研究重点

本书重点在于准确阐释大数据视域下大学生思想政治教育方法创新的科学内涵。依据理解大数据的不同视角,从大数据理念、大数据技术、大数据载体等维度,结合创新的本质,界定大数据视域下大学生思想政治教育方法创新的内涵与特征。

(二)研究难点

本书难点在于建构大数据视域下大学生思想政治教育方法创新系列。按照不同逻辑,大学生思想政治教育方法可以分为不同的系列。本书以开展大学生思想政治教育活动的过程为逻辑,将方法创新系列构建为认识方法系列、实施方法系列、评估方法系列和反馈方法系列。

(三)研究创新点

本书的创新点在于,从理念、思维、技术等不同维度将大数据全方位、立体化融入大学生思想政治教育方法创新全过程。本书立足于提升大学生思想政治教育实效性,聚焦于大学生思想政治教育方法创新,以大学生思想政治教育过程为逻辑,建构出大数据视域下大学生思想政治教育方法创新系列。

# 第一章 大数据视域下大学生思想政治教育方法创新的理论阐释

信息技术的飞速发展把人类社会带入了大数据时代,这不仅意味着数据体量的裂变式增长,更重要的意义还在于人们能够借助大数据技术收集、分析、处理海量的数据信息,深度挖掘数据资源的内在价值。"大数据"这一新的技术浪潮使各行各业面临着巨大变革,对大学生思想政治教育方法带来的冲击也是前所未有的。开展大数据视域下大学生思想政治教育方法创新研究,主动利用大数据技术创新大学生思想政治教育方法,是时代发展的必然要求。科学界定大数据视域下大学生思想政治教育方法创新的内涵与特征、厘清大数据视域下大学生思想政治教育方法创新的理论基础、明确大数据视域下大学生思想政治教育方法创新的重要意义,是本研究的理论前提。

## 一、大数据视域下大学生思想政治教育方法创新的内涵与特征

要深入研究大数据视域下大学生思想政治教育方法的创新问题,首先需要准确把握大数据视域下大学生思想政治教育方法创新的科学内涵,以明确研究的论域。因此,准确界定大数据的内涵与特征、大学生思想政治教育方法的内涵与特征、大数据视域下大学生思想政治教育方法创新的内涵与特征,是开展大数据视域下大学生思想政治教育方法创新研究的首要问题。

### (一)大数据视域下大学生思想政治教育方法创新的内涵

把握大数据视域下大学生思想政治教育方法创新的科学内涵,是本研究的逻辑起点。而大数据、方法、思想政治教育方法及大学生思想政治教育方法是本书的核心概念。其中方法、思想政治教育方法、大学生思想政治教育

方法是元概念；大数据是关键概念，是研究大数据视域下大学生思想政治教育方法创新的基础。要准确把握大数据视域下大学生思想政治教育方法创新的内涵，必须对大数据、方法、思想政治教育方法及大学生思想政治教育方法的内涵有深刻认识。

1. 大数据的内涵

数据有广义和狭义之分。最初使用"数据"一词，专指阿拉伯数字，即确切的量的概念，如1、2、3、4等，是狭义的数据；广义的数据，则是计算机系统能够识别的一切电子信息，不仅包括数值、图表，还包括文字、图像、音频、视频等内容。大数据的风靡，主要缘于信息科学技术的迭代更新。美国施乐公司首席计算机科学家马克·韦泽提出了普适计算理论，他认为计算机诞生以来，人类的计算方式已经历了两个阶段的发展，将经历第三次浪潮。第一阶段是多人共享一台大型机，第二阶段是人手一台计算机，第三次浪潮是一人享用多台计算机，即普适计算时代，此时计算机彻底退居"幕后"，而无处不在的微型传感器和物联网能够帮助人们在任何时间地点，通过任何方式获取和处理各种信息。如果1946年世界上第一台计算机"埃尼阿克"的诞生标志着人类进入信息时代，则人类已经历了大型机时代、个人电脑时代，当前，人类正在向计算机的第三次浪潮迈进，大数据正是其幕后最大推手。

如今"大数据"已当仁不让成为IT界的热词，然而，对其内涵的界定尚未形成共识。"大数据"一词来源于欧美国家，早在1980年，美国未来学家阿尔文·托夫勒就在《第三次浪潮》中，热情地赞誉大数据为第三次浪潮的"华彩乐章"。20世纪末，美国数字化大师尼葛洛庞帝在《数字化生存》一书中热切地憧憬了数字化生活方式的具体状态。牛津大学大数据研究专家舍恩伯格与库克耶合著的《大数据时代》被誉为国外研究大数据的先河之作，真正把大数据从幕后推向台前。"大数据"一度成为信息科学技术领域的热词与研究的前沿，许多研究机构、专业人员和学者基于不同视角对大数据的内涵进行了界定，但至今尚未形成共识。代表性的观点主要有"资源说""技术说""方法论说"。

一种观点是"资源说"。认为大数据就是体量特别巨大的数据资源。如维基百科给出的定义是："利用常用软件工具捕获、管理和处理数据所耗时间超过可

# 第一章　大数据视域下大学生思想政治教育方法创新的理论阐释

容忍时间的数据集。"有学者直接指出："大数据是指大规模、超大规模的数据集。"[①] 有学者进一步指出："大数据指数据规模大，导致数据存储、处理和挖掘异常困难的那类数据集。"[②] 一种观点是"技术说"。认为大数据就是一种分析处理大规模数据的技术。如著名的国际数据公司 IDC（International Data Center）认为："大数据是为了从大容量的、不同类型的数据中获取有价值的信息而设计的新型架构和技术。"[③] 一种观点是"方法论说"。如大数据之父舍恩伯格认为："大数据是一种价值观、方法论，我们面临的不是随机样本，而是全体数据；不是精确性，而是混杂性；不是因果关系，而是相关关系。"[④] 黄欣荣认为："大数据不仅表现为数据规模巨大，其本质在于世界观与思维方式。"[⑤]

综上所述，基于资源的视角看，大数据就是信息技术飞速发展并与人类社会生活高度融合所催生的海量数据资源，这种数据资源并非冷冰冰的数据元素，而是新世纪的"石油"，是人类发现新规律、创造新价值的数据金矿；基于技术视角看，大数据就是能够分析和处理多源异构大规模数据的新型技术，是人类认识世界的"显微镜"和"望远镜"，其主要包括数据收集技术、数据挖掘技术、数据可视化技术等，这些新型技术能为人类带来"大发展""大智慧"；基于方法论的视角看，大数据就是一种世界观和方法论，不仅关注微观世界，更关注宏观世界。大数据将为人类带来认识未知世界、破解现实难题的新理念、新方法、新思维，正以势不可挡的威力深刻变革着包括政治、商业、金融、医疗、教育等人类社会的方方面面。本书基于多维视角，在借鉴学界已有研究成果的基础上认为：大数据是信息技术发展所催生的大体量、多类型、多结构、快增长的数据集合所形成的分析和处理大规模数据的新型技术以及所带来的探索未知世界、解决现实难题的新方法、新理念。简而言

---

① 方巍，郑玉，徐江. 大数据：概念、技术及应用研究综述[J]. 南京信息工程大学学报（自然科学版），2014(5)：405-419.
② 陈明. 大数据概论[M]. 北京：科学出版社，2015：7.
③ IDC 分析师：关于中国大数据市场的十大预测[EB/OL]. 中国统计网，http://www.itongji.cn/article/111313432012.html，2012-11-13/2017-03-29.
④ 寻找通往未来的钥匙[N]. 人民日报，2013-02-01(23).
⑤ 黄欣荣. 大数据对思想政治教育方法论的变革[J]. 江西财经大学学报，2015(03).

之，大数据既是全新的方法论，又是一种宝贵的资源和新型的技术，能够对人类社会的方方面面带来颠覆性的变革。

2. 方法、思想政治教育方法与大学生思想政治教育方法的内涵

目前，关于方法、思想政治教育方法、大学生思想政治教育方法的内涵，学界并未达成共识。而内涵的准确界定是开展科学研究的基础，方法、思想政治教育方法是大学生思想政治教育方法的元概念。因此，把握方法、思想政治教育方法是把握大学生思想政治教育方法的前提条件。

(1) 关于方法的内涵

方法历来为科学家们所重视，俄国伟大的生理学家巴甫洛夫曾高度评价过科学方法的重大作用，"有了良好的方法，即使是没有多大才干的人也能作出许多成就。如果方法不好，即使是有天才的人也将一事无成。"[①]目前学界对于方法的理解有多种视角。就方法一词的来源看，在中国最早的记录出自《墨子·天志中》，"中吾矩者，谓之方。不中吾矩者，谓之不方。是以方与不方，皆可得而知之。此其故何？则方法明也。"[②]此处指度量方形之法，可见汉语中方法的最初含义是指度量方形物体的标准或工具。故《辞源》对方法的第一条解释便是"度量方形之法"[③]，后引申为做事的办法和方术。就语义学来看，《现代汉语词典》认为方法是关于解决思想、说话、行动等问题的门路、程序等。《方法百科辞库》认为"方法是人们为达到目的、目标、指标所采用的手段、步骤、措施、途径等的设想。"[④]阿·迈纳认为，"方法是在给定的前提下，为达到一个目的而采取的行动、手段或方式。"[⑤]鲍亨斯基（Bochenski，J. M.）认为"方法是任何特殊领域中实施程序的方式，即组织活动的方式和使对象协调的方式。"[⑥]哲学则从方法的本质进行界定，如方法论辞典认为："方法是人们为了认识世界和改造世界，达到某种目的所采取的活动方式、程序和

---

① 袁运开，王顺义主编，陈敬全分卷. 世界科技英才录科学方法卷[M]. 上海：上海科学教育出版社，1998：4.
② 墨子[M]. 上海：上海古籍出版社，1989：54.
③ 辞源（修订本）[Z]. 北京：商务印书馆，2007：1382.
④ 周吉，陈文. 方法百科辞库[Z]. 武汉：湖北科学技术出版社，1989：2.
⑤ 阿·迈纳. 方法论导论[M]. 王路，译. 北京：生活·读书·新知三联书店，1991：5.
⑥ 鲍亨斯基. 当代思维方法[M]. 童世骏，等，译. 上海：上海人民出版社，1987：9.

## 第一章　大数据视域下大学生思想政治教育方法创新的理论阐释

手段的总和。"①以上三种对方法的不同解释，由个别上升到一般、由具体上升到抽象、由现象上升到本质，即由测量物体形状的具体工具演变为完成特定任务的程序、方式，再进一步凝练为达到某种目的的手段、途径、措施之总和。

本书基于哲学视角的方法解释，在借鉴学界已有研究成果的基础上认为：方法就是主体在认识和改造世界的过程中，为了达到一定目的、实现预期效果所遵循的方向原则以及所采用的途径、手段、步骤、工具之总和。要准确理解方法的科学内涵，需要把握好以下几个方面。

第一，方法是对客观规律的掌握与运用。方法与客观规律既有区别又有联系，方法是对客观规律的掌握和运用。规律是事物运动发展过程中固有的、内在的、本质的、必然的、稳定的联系，客观性是其根本特性。从表面上看，方法仅仅呈现为一种主观的形式，是主体为了实现主观目的、满足自身需要而确立的，是主体为了取得预期成果而使用的工具和手段，甚至是主体根据自身"喜好"进行取舍的结果，似乎方法纯粹是主观性的存在，但事实并非如此。与之相反，无论是认识方法还是实践方法，只有在符合对象客观规律以及主体认识规律和活动规律时，方能取得成效。其根本原因在于，一方面，从本质上来说，方法就是关于运用客观规律的知识类型。进一步而言，方法就是关于如何运用客观规律达到认识和改造对象目的的知识系统。正是从这个意义上来说，"任何方法都包含着对客体的属性和规律的认识，被认识到的客体的属性和规律，构成了方法的客观方面。"②另一方面，从根源上来看，主体的需要与目的是由客观条件决定的，而不是凭空产生的，更不是随心所欲的产物。因此列宁指出："事实上，人的目的是客观世界所产生的，是以它为前提的。"③当然，需要指出的是，客体的固有属性与客观规律本身并不是方法，只有把客观规律进一步运用到指导人们认识和改造世界以获得更多成果的实践活动中，才最终完成了规律向方法的转化。

第二，方法是达成目的的中介。马克思在《1844年经济学哲学手稿》中明

---

① 刘蔚华.方法论辞典[Z].南宁：广西人民出版社，1998：1.
② 王晖.方法论新编[M].上海：上海财经大学出版社，1997：2.
③ 列宁全集（第55卷）[M].北京：人民出版社，1990：159.

确指出,"正是在改造对象世界的过程中,人才真正地证明自己是类存在物。"①在此,马克思强调正是人类有目的性的能动活动把自身从动物界中提升出来,创造了人之为人的一切特征。《资本论》中,马克思在论述人类劳动过程的独特性时进一步指出:"蜘蛛的活动与织工的活动相似,蜜蜂建筑蜂房的本领使人间的许多建筑师感到惭愧。但是,最蹩脚的建筑师从一开始就比最灵巧的蜜蜂高明的地方,是他在用蜂蜡建筑蜂房以前,已经在自己的头脑中把它建成了。劳动过程结束时的结果,在这个过程开始时就已经在劳动者的表象中存在着,即已经观念地存在着。他不仅使自然物发生形式变化,同时他还在自然物中实现自己的目的。"②由此可见,人类自主自觉的活动与动物本能活动的本质区别集中体现在其目的性上。而人们提出目的并非本意,实现目的才是最终目的。方法则是关乎目的能否实现以及实现程度的关键性因素。正因如此,康德睿智地指出:"志于这个目的的人也志于他力量能得到的为达这个目的所不可少的工具。"③某种目的一旦确立,就必然需要根据目的选取一定方法。没有恰当的目的,再好的方法也无用武之地。反之,没有适宜的方法,再合理的目的终将成为镜中花、水中月。总而言之,目的与方法总是相伴而生、相互依存,方法天生的使命就是为实现目的、完成任务而服务,方法又是由人的目的决定的。

第三,方法是实现效果的桥梁。"哲学家们只是用不同的方式解释世界,而问题在于改变世界。"④无论是解释世界的认识活动还是改造世界的实践活动,人类都力求实现预期效果的最大化和最优化。然而,能否如愿以偿,方法的作用至关重要。方法适当,事半功倍;方法失当,则事倍功半;若方法错误,则事与愿违,甚至还可能产生有害的结果。可见,方法在此成为连接目的与效果的桥梁与中介,呈现为"目的—方法—效果"的关系。如果缺乏对三者逻辑关系的深刻认识或者对此视而不见,仅凭主观想象行事,必然导致就方法论方法、就形式论形式,最终将陷入"形式就是一切,效果微乎其微

---

① 马克思恩格斯文集(第1卷)[M]. 北京:人民出版社,2009:163.
② 马克思恩格斯选集(第2卷)[M]. 北京:人民出版社,2012:169-170.
③ 康德. 道德形上学探本[M]. 唐钺,译. 北京:商务印书馆,1957:33.
④ 马克思恩格斯选集(第1卷)[M]. 北京:人民出版社,2012:140.

# 第一章　大数据视域下大学生思想政治教育方法创新的理论阐释

的怪圈无法自拔。这样势必丧失人类实践活动的本性与初衷，造成实践活动自身的异化。与此同时，方法恰当与否，评判的最终标准也是活动效果的大小与有无。凡是达到了活动的预期目的，产生了良好的效果，就证明运用的方法是行之有效的，反之，则表明方法失当或者亟待改进与完善。

(2) 关于思想政治教育方法的内涵

方法与思想政治教育方法，是一般和个别的关系。根据一般方法的科学内涵与本质属性，结合思想政治教育活动自身的独特性，学者们对思想政治教育方法的内涵进行了深入的研究，并取得了丰富的成果。有学者认为："思想政治教育方法，就是教育者在对教育对象进行思想政治教育的过程中所采用的思想方法和工作方法。"[1]有学者认为："思想工作方法，就是教育者在为解决人们的思想问题而活动的过程中所采用的方法。"[2]有学者认为："思想政治教育方法，就是教育者在对受教育者进行政治教育、思想教育和品德教育过程中，为实现教育目标、传授教育内容所采取的与之相适应的方式或手段。"[3]有学者指出："思想政治教育方法，是教育工作者实现特定的教育目的必需的工具要素、中介要素、关系要素。"[4]有学者指出："思想政治教育方法，就是教育者为了实现教育目标、传递教育内容，对受教育者所采取的思想方法和工作方法。"[5]有学者指出："思想政治教育方法，是指思想政治教育者为了达到一定的目的，对教育对象所采用的手段和方式的总和。"[6]有学者指出："思想政治教育方法，是以思想政治教育者为主导，思想政治教育对象参与的思想政治教育活动，是使思想政治教育对象形成正确的思想观念和良好的道德品质所施加教育影响的各种方式、程序和手段的总和。"[7]有学者指出："思想政治教育方法，就是教育者和受教育者为了达到一定的教育目的所采用的手段和方式。"[8]有学者指出："思想政治教育方法，是指教育主客体为了实

---

[1] 王玄武. 思想政治教育方法论[M]. 武昌：武汉大学出版社，1985：2.
[2] 吴亦仙. 思想工作方法通论[M]. 福州：福建教育出版社，1988：2.
[3] 黄蓉生. 当代思想政治教育方法论研究[M]. 重庆：西南师范大学出版社，2000：19.
[4] 罗洪铁. 思想政治教育原理与方法研究[M]. 贵州：贵阳人民出版社，2002：308.
[5] 万美容. 思想政治教育方法发展研究[M]. 北京：中国社会科学出版社，2007：12.
[6] 刘新庚. 现代思想政治教育方法论[M]. 北京：人民出版社，2008：3.
[7] 祖嘉合. 思想政治教育方法教程[M]. 北京：北京大学生出版社，2004：3.
[8] 郑永廷. 思想政治教育方法论[M]. 北京：高等教育出版社，2010：3.

现思想政治教育目标，在思想政治教育实践活动过程中采取的一切思路、手段和程序的总和。"①从以上对思想政治教育方法内涵的界定来看，由初期占主导地位的，基于思想政治教育过程视角的描述性界定，发展到基于思想政治教育目的视角的本质性界定；由只强调"思想政治教育者采用的单一主体说"，到提出"教育者主导、受教育者参与"，再到最终演变为"教育者和受教育者采用"的双主体说。虽然研究视角各有侧重，观点尚且存在一定分歧，但总体而言，学者们的研究朝着纵深化和科学化方向发展。以一般方法概念的内涵为参照，在吸收借鉴以上研究成果的基础上，本书认为：思想政治教育方法是思想政治教育主客体为了达到思想政治教育目标、实现思想政治教育预期效果，所采用的途径、手段、步骤、工具之总和。

(3)关于大学生思想政治教育方法的内涵

方法与思想政治教育方法内涵的科学界定，为进一步界定大学生思想政治教育方法提供了理论前提。目前人们大多把大学生思想政治教育方法作为一个约定俗成、不证自明的概念，专门对此概念进行明确界定的并不多。即使进行了界定，也仅仅是置换了教育对象的主题词，如有学者认为："大学生思想政治教育方法，就是大学生思想政治教育者为完成一定的思想政治教育任务，在对大学生进行思想政治教育的过程中所采用的一切方式、办法或手段的总和。"②本书以思想政治教育方法内涵为依据，结合大学生思想政治教育活动的特殊性，作出如下界定：大学生思想政治教育方法是思想政治教育者和大学生为了实现思想政治教育目标、完成思想政治教育任务，所采取的结合大学生思想行为特征、遵循大学生思想政治教育规律的一切途径、手段、步骤、工具之总和。主要从以下方面理解把握。

第一，从存在方式看，表现为知识形态与工具形态。大学生思想政治教育方法，作为完成大学生思想政治教育任务所必需的途径、手段、工具、步骤的总和，从外在形式看，呈现为工具形态，从实质内容看，蕴含着丰富的理论知识，二者犹如一枚硬币的两面，有机统一、密不可分。从知识形态来

---

① 邹绍清. 当代思想政治教育方法论发展研究[M]. 北京：人民出版社，2013：19.
② 邓演平. 大学生思想政治教育论[M]. 长沙：湖南大学出版社，2010：277.

## 第一章　大数据视域下大学生思想政治教育方法创新的理论阐释

看，一方面，大学生思想政治教育方法本身无疑就是一个相对完整的知识体系，是在大学生思想政治教育长期实践活动中总结出来、经过教育实践反复检验且行之有效的方法理论。其表述为范畴体系、历史发展、方法规律、方法运用等知识形态，其实质是对大学生思想政治教育活动的本质把握。而教育实践中形成的具体方法一旦上升到方法理论的层面，就不再依附于其最初产生的具体场域，而具有了较强的独立性，成为指导未来大学生思想政治教育实践的理论武器以及新的历史条件下大学生思想政治教育方法创新的理论基础。正是从这个意义上来说，大学生思想政治教育方法就是经大学生思想政治教育实践证实，又用于指导新的大学生思想政治教育实践活动的宝贵知识。也正是由于大学生思想政治教育方法存在的知识形态，才使得每一个阶段积淀的经验与取得的成果成为开展新的实践活动和理论研究的起点。

从工具形态来看，大学生思想政治教育方法体现为助力大学生思想政治教育目标实现，帮助思想政治教育者处理教育实践中所面临具体问题的思路、手段和方式。需要特别指出的是，这里所述的工具并非其字面意思，即某种具体形态的器具，而是哲学意义上达成目的的一切手段之总和，既包括认识手段又包括操作手段。对此，毛泽东曾做过深刻论述，他指出："我们不但要提出任务，而且要解决完成任务的方法问题。我们的任务是过河，但是没有桥或没有船就不能过。不解决桥或船的问题，过河就是一句空话。不解决方法问题，任务也只是瞎说一顿。"[①]这里的"船"和"桥"并非仅仅是过河借助的具体工具，而是代表了由"此岸"抵达"彼岸"的方法和手段。如果没有"船"与"桥"，就只能"望河兴叹"。由此可见，大学生思想政治教育方法的工具属性，主要缘于其应用性和可操作性，舍此便无所谓大学生思想政治教育方法。作为一种工具形态的存在，它赋予思想政治教育者准确把脉青年大学生思想实质与行为特征以本领，它赋予思想政治教育者卓有成效地开展大学生思想政治教育活动以智慧，它赋予思想政治教育者引领青年大学生健康成长和全面发展以力量。

第二，从地位性质看，是连接思想政治教育者与青年大学生的中介。中

---

① 毛泽东选集(第1卷)[M].北京：人民出版社，1991：139.

介是客观事物相互联系与发展变化的中间环节,又是对立面双方相互统一的居间阶段。中介在德语中有相互依存之意。世界上一切事物都处于相互联系和相互作用之中,联系和作用的发生必须具备一定的条件,通过一定的方法和手段,否则既联系不上,也作用不了。这里使事物普遍联系得以发生、相互作用得以实现的条件、手段、环节正是哲学意义上的中介。恩格斯在《自然辩证法》中论述辩证思维时明确指出:"一切差异都在中间阶段融合,一切对立都经过中间环节互相过渡。"[①]列宁在《哲学笔记》中指出:"仅仅'相互作用'=空洞无物,需要有中介。""一切都经过中介,连成一体,通过转化而联系。"[②]因此,任何事物在普遍联系中都是中介性存在,发挥着联系功能、过渡功能与转化功能。大学生思想政治教育方法就属于此类连接教育者与受教育者的中介要素。思想政治教育活动实质上就是教育者与受教育者相互作用的一个过程。此过程的有序展开、有效运行,取决于思想政治教育者与青年大学生的良性互动。二者的良性互动并不会自发形成,必须借助于相应的中介系统,而思想政治教育方法则是其中不可或缺的重要组成部分。一方面,大学生思想政治教育者首先要通过一定的认识方法探明青年大学生所思、所想、所需及思想症结之所在,在此基础上借助一定实施方法、途径、载体作用于青年大学生,促使其思想行为发生积极转化。另一方面,青年大学生也通过一定方式随时把教育结果反馈给思想政治教育者,以便思想政治教育者依据具体情况优化教育活动。可见,一旦离开思想政治教育方法,思想政治教育者与青年大学生二者的关系将变得抽象而无法理解,相互之间的作用和影响也难以发生。

第三,从功能价值看,是实现大学生思想政治教育目标的桥梁。大学生思想政治教育目标,是思想政治教育者根据中国特色社会主义事业对造就合格建设者和可靠接班人的根本要求以及青年大学生健康成长、全面发展的内在诉求,是对思想政治教育活动使大学生思想政治品德素质在未来一定时期内所要达到预期结果的总体设想。它集中体现着国家、社会以及思想政治教

---

① 马克思恩格斯选集(第3卷)[M].北京:人民出版社,2012:909.
② 列宁全集(第55卷)[M].北京:人民出版社,1990:85.

# 第一章 大数据视域下大学生思想政治教育方法创新的理论阐释

育者对大学生的期望，在整个教育过程中起着定向导航的关键作用。然而，大学生思想政治教育目标作为一种观念形态的存在，在被思想政治教育者和教育对象理解、认同和付诸实施之前，是一种"自在的存在""为他的存在"，再"高大上"的目标也只能永远停留在主观领域内，绝不可能自我实现。唯有在思想政治教育者全面理解、高度认同的前提下，通过一定的思想政治教育活动把社会要求的思想道德规范转化为青年大学生的思想道德意识和内在素质，方能到达理想的彼岸。这里转化的根本途径就是针对青年大学生的思想行为特征，采取科学有效的方法实施思想政治教育。至于能否达到预期的教育目标，方法至关重要。正如南宋时期儒学大师朱熹在《孟子集注》中所指出的："事必有法，然后可成，师舍是则无以教，弟子舍是则无以学。"[①]古人早已揭示了"法"在教育过程中具有举足轻重的作用，离开了"法"，教师的教和学生的学都将无法进行。大学生思想政治教育同样如此，不借助一定方法，大学生思想政治教育活动则无法开展。进一步而言，若使用的方法不恰当，思想政治教育的任务仍然无法完成，思想政治教育功能也无从发挥。同样的教育内容、同样的教育对象甚至同样的教育者，采用不同的教育方法，可能起到截然不同的教育效果。例如对大学生进行革命精神教育，理论讲授法自然没有现场教育法效果好。因此，大学生思想政治教育方法恰如架设于思想政治教育目标与思想政治教育效果之间的桥梁，只有借助于适宜的方法，才能由目标的此岸顺利通往效果良好的彼岸。

3. 大数据视域下大学生思想政治教育方法创新的内涵

创新是一个古老而常新的词语，在党的十八大报告中出现55次，十九大报告中出现频次高达59次，明确指出："创新是引领发展的第一动力"。[②] 本书认为：创新就是主体为了促进社会发展与满足自身需求，在特定环境和条件下对自身掌握的知识和信息进行加工整合、重组再现，形成具有新效用的新思想、新方法的过程。这里需要特别指出的是，虽然创新与创造都强调新颖性和价值性，但不能把二者相混淆。创造是制造出前所未有的事情，侧重

---

[①] 朱熹. 孟子集注[M]. 上海：中华书局，1957：337.

[②] 习近平. 决胜全面建成小康社会 夺取新时代中国特色社会主义伟大胜利——在中国共产党第十九次全国代表大会上的报告[M]. 北京：人民出版社，2017：31.

于首创性，是一个"从无到有"的过程，创新既包括"从无到有"，也包括对已有事物的改造和更新，即"有中生优"。

大数据视域下大学生思想政治教育方法创新就是大学生思想政治教育者应用大数据这种新理念、新资源、新技术对原有大学生思想政治教育方法进行改造与发展或创造出新方法的过程。本质上就是借助大数据这把利器，为大学生思想政治教育铺路搭桥，突破传统大学生思想政治教育方法的瓶颈，使方法之桥更宽或搭建出功能更加强大的现代化大桥。需要从以下方面准确把握大数据视域下大学生思想政治教育方法创新的科学内涵。

(1) 明确大数据视域下大学生思想政治教育方法创新的主体

主体，是指有意识、有目的，能够从事认识活动和实践活动，并处于一定社会关系中的现实的人。思想政治教育主体，是思想政治教育活动的承担者和实施者。大数据视域下大学生思想政治教育方法创新是一项开拓性的实践活动。大数据视域下大学生思想政治教育方法创新的主体与一般意义上的思想政治教育主体相比，存在很大的差异性。他们与大学生思想政治教育实施主体既有联系又有区别。一方面，他们必须具备大学生思想政治教育实施主体所必备的思想素质、政治素质、道德素质、心理素质等。在此基础上，还需具备较强的创新素质，能够通过敏锐的观察，及时察觉到大数据对教育对象、教育环境造成的巨大冲击以及由此带来的现有教育方法的滞后和不适应，与时俱进地利用大数据对现有教育方法进行改进和完善，或者创造出从前没有的新方法，从而取得更好的教育效果。大数据视域下大学生思想政治教育方法创新主体的创新素质是一个合力系统，包括创新意识、创新思维、创新方法等。创新主体的创新意识是整个创新活动的灵魂与动力，是创新主体勇于追求方法创新、敢于冲破陈旧方法观念的束缚，不断形成新思想、产生新方法的心理状态和思想意识。创新思维是开展方法创新活动的发动机，是创新主体在学习和掌握已有大学生思想政治教育方法成果的前提下，借助大数据新资源、新技术，对已有方法进行优化，并产生新颖有效方法的思维方式，其实质是对惯性思维方式的突破，从大数据的视角审视已有方法的不足，力图形成新颖有效的新方法。创新方法是从事方法创新活动的金钥匙，是开展创新活动的程序、门路、方式之总和。唯物辩证法是创新活动的根本

第一章 大数据视域下大学生思想政治教育方法创新的理论阐释

方法,除此之外,根据适用范围大小区分,还包括一般方法和特殊方法。要达到事半功倍的效果,方法创新主体必须在牢固掌握根本方法的基础上,根据具体情况灵活运用模仿法、组合法、移植法等重要创新方法。由此可见,方法创新主体是具有更强主体性和创新性的思想政治教育实施主体。

(2)明确大数据视域下大学生思想政治教育方法创新的客体

客体,与主体相对,是指主体认识和实践的对象。思想政治教育客体,是思想政治教育的接受者和受动者,是思想政治教育主体的作用对象。① 创新客体就是创新主体在创新活动中所指向的对象,是创新主体凭借一定创新方法,把自己的愿望、要求诉诸其上的对象。② 创新主体的创新活动并不是无中生有,总要指向一定对象,是对已有对象改造、完善的结果。大数据视域下大学生思想政治教育方法创新同样如此,其客体指向非常明确。随着教育环境及教育客体的发展变化,曾经行之有效的教育方法已显得收效甚微。例如大学生思想政治教育者一直使用的面对面的个别谈话法,对于"70后""80后"大学生而言,成效显著。然而,以"90后""00后"为主体的"网生一代"大学生,更加青睐于通过E-mail、QQ、微博、微信相互交流,吐露心声,尤其是大数据时代的到来,使大学生的生活、学习、情感得以全方位记录。大学生思想政治教育者只有敏锐捕捉到新技术带来的深刻变革,将个别谈话法由现实场域延伸到网络场域,才能有效彰显出教育方法的时代性。利用大数据技术还可以使以往无法实现的思想政治教育方法变得切实可行。如伟大教育家孔子两千五百多年前提出的"因材施教"理念,直至今天仍然停留于理想层面,根本原因在于缺乏鉴别学生差异性的有效手段。大数据时代的到来,将助推因材施教的个性化思想政治教育成为现实。总而言之,大数据视域下大学生思想政治教育方法创新的客体,就是方法创新主体借助大数据加以改造和发展的思想政治教育方法。

(3)明确大数据视域下大学生思想政治教育方法创新的手段

创新手段是达到方法创新效果的工具,是创新主体施加影响于创新客体

---

① 祖嘉合. 思想政治教育方法教程[M]. 北京:北京大学出版社,2004:33.
② 殷石龙. 创新学引论[M]. 长沙:湖南人民出版社,2002:76.

的中介，是方法创新系统的重要因素之一。大学生思想政治教育方法创新的预期目标要得以实现，创新对象要向创新效果转化，必须借助一定手段，否则创新活动将无法进行。创新手段主要起着连接创新主体与创新客体的桥梁作用。一方面，它把创新主体的要求和愿望传递给创新客体，使创新主体向创新客体转化，在创新客体中实现创新主体的意图与目的，与此同时，它又把创新客体的属性、本质传递给创新主体，纳入创新主体的思想、观念、能力体系中，使客体主体化。新的方法、新的理论就是在创新主客体相互作用、相互转化过程中得以实现的。创新手段不同，往往带来不同层次的创新成果。从某种意义上来说，创新手段决定着创新水平的高低。大数据视域下大学生思想政治教育方法的创新，就是把大数据作为大学生思想政治教育方法创新的一把利器，着眼于大数据在大学生思想政治教育方法中的运用。大数据作为数字化时代的"显微镜"和"望远镜"，赋予人类穿越时空的超级本领。大学生思想政治教育方法一旦插上"大数据的翅膀"，就会显示出无穷魅力。借助大数据的威力，使大学生思想政治教育方法创新主体的意图更好地体现到方法创新客体中，使大学生思想政治教育方法更加精准化、科学化、个性化、现代化和人本化。另一方面，使方法创新客体的本质、特点更好地转变为创新主体的能力，让大数据在大学生思想政治教育方法运用中大放异彩。

(4) 明确大数据视域下大学生思想政治教育方法创新的目的

"目的"就是想要达到的地点或想要得到的结果。进一步，就是实践主体依据社会需要与客观现实之间的差距，借助观念、意识所预设的目标。从这个意义上说，目的就是预设的结果，是一种潜在的结果。人们从事任何创新活动，都是为了更有效地解决现存问题，或者更好地开拓未来，最终实现有益于人类的目的。"创"只是手段，"新"才是目的之所在。"大数据"只是改进大学生思想政治教育方法的手段，方法的发展与完善才是目的。大数据视域下大学生思想政治教育方法创新的最终目的，就是提升大学生思想政治教育方法的科学性和有效性，更好地完成大学生思想政治教育任务。大学生思想政治教育主体在思想政治教育过程中，总会碰到现有思想政治教育理论、现有思想政治教育方法、现有思想政治教育技术解决不了或不能有效解决的问题，于是具有创新素质的大学生思想政治教育主体势必想方设法创新和发展

## 第一章　大数据视域下大学生思想政治教育方法创新的理论阐释

现有的思想政治教育方法，力图解决问题。由此可见，虽然运用大数据创新大学生思想政治教育方法的旨归是增强教育的实效性，然而，为了实现此终极目标，在借助大数据创新大学生思想政治教育方法的过程中，必然会涉及方法创新的预期目标。为此，一是要诊断准确现有大学生思想政治教育方法存在的不足与缺陷，二是明确大数据的本质与功能，认清大数据何以能、何以不能以及何以可能、何以可为，在此基础上，找到两者的契合点。唯有如此，下一步的方法创新活动才具有可行性，形成的大学生思想政治教育新方法才更具有针对性与实效性。

**（二）大数据视域下大学生思想政治教育方法创新的特征**

特征是事物具备的特质，是一事物区别于它事物的基本标志。大数据视域下大学生思想政治教育方法创新是大学生思想政治教育方法创新的新形态，是借助大数据发展和完善大学生思想政治教育方法，不同于一般意义上的大学生思想政治教育方法创新，其凸显出明显的特征。

1. 大数据的特征

大数据是云计算、物联网、传统互联网、移动互联网迅猛发展催生的新资源、新技术、新方法，具有海量性、多样性、快捷性、价值性四个显著特征，四个特征就是四大标准，把大数据与一般数据相区别。

（1）数据的海量性

海量数据是大数据最直观、最鲜明的特征。数据的海量性不仅指数据规模极其庞大，而且指数据的多维度关联。换言之，海量数据＝"数据海洋＋数据网络"。数据概念古已有之，远古时代人类从事各种活动都需计数。最初使用实物计数法，如用贝壳、树枝、石子一一对应计数，但这种方法不便携带、不易保存。于是出现了"结绳记事"，早在《周易》中就记载了"上古结绳而治"。世界上其他国家如日本、埃及、秘鲁等也都有结绳记事的记载。结绳记事仍然存在诸多不便，又出现了"刻痕计数"，即用利器在兽皮或树皮上刻痕来计数。随着人类抽象思维能力的发展，逐渐形成数的概念和计数符号。春秋战国时期，中国创造了当时世界上最先进的计算方法——筹算。个于世界上通用的阿拉伯数字是由古印度创造的，传到了阿拉伯地区，又从阿拉伯地区传入欧洲，此后，由欧洲传到世界各地。这些印证人类文明进步的计数法与如今的大数据相比，显得微不足道。大数据时代，每个人都是数据的制造者、分享者和使用者，人们生活在数据的海洋里，被数据重重包围着。大数据突破了小数据时代落后的数据收集、存贮、分析工具的瓶颈，能够全过程、全方位获取对象的全体数据，导致数据规模极其庞大。至于这一规模到底有多大，目前尚未有确切数字。庞大的数据集不是孤立存在的，而是相互关联、相互印证的，每个数据都是数据网络中的一个节点，正是通过多维关联才获得自身存在的意义。

（2）数据的多样性

数据的多样性是指数据多源异构，即来源多样、种类繁多。小数据时代，数据来源比较单一，主要通过抽样调查获取，以结构化数据为主，用二维表存储在数据库中，并运用 Excel 软件进行处理。[①] 处理此类数据，只需根据数据属性及相互之间的关系，构造好明确规范的表结构，就可以存储在相应位置，以供处理、查询。但这种关系型数据库处理的对象必须是结构化、标准化的信息，如数字、符号等具有统一格式的数据。移动互联网、物联网的飞速发展，带来了数据的多样化。第一，数据来源多样，主要包括来源于人类网络活动所产生的数据、物联网收集的数据以及计算机系统生成的数据。物联网的发展使任何物品都有可能全天候不间断地生成状态信息；移动互联网以超乎想象的速度发展，社交网络每天产生的数据量呈爆炸式增长；无所不在的智能传感器也是大数据的重要来源。第二，数据种类繁多。由于大数据主要来源于互联网和传感器，决定了大数据包含多种类型。主要可以概括为三种，结构化数据、半结构化数据和非结构化数据。结构化数据是属性固定、格式统一，能够用关系型模型描述的数据，如数字、符号、字符串等。非结构化数据是无固定属性、无固定结构的数据，所包含的内容不能用固定属性刻画，如照片、图片、日志、视频等。半结构化数据是居于结构化数据和非结构化数据之间的数据，主要是超文本，如文档、网页等。

（3）数据的快捷性

数据的快捷性主要体现在数据增长速度快以及数据获取、存贮、处理速

---

[①] 郭晓科. 大数据[M]. 北京：清华大学出版社，2013：7.

## 第一章 大数据视域下大学生思想政治教育方法创新的理论阐释

度快两个方面。第一，数据增长速度非常快。小数据时代主要依靠人工有目的性地采集获取数据，例如抽样调查、科学实验等，由于受到采集工具、人力、物力、财力等诸多因素限制，采集频率、速度和数据量都比较受局限。比如人口普查是一项极其耗时耗力的事情，因此各个国家一般规定每隔五年或十年进行一次普查，普查结果经过各个部门层层上报和统计，准确性和时效性都很差。况且，对数据的滞后分析，往往造成"事后诸葛亮"的后果。大数据时代的到来，使得数据洪流每时每刻都奔涌而出，增长速度惊人。著名计算机科学家格林说过："全球每18个月新增的数据量，是人类以往全部历史所产生数据量的总和。"[1]第二，数据获取、存储、处理速度非常快，这里快的标准是小于1秒。传统数据处理方式或者是人工处理，或者是数据库系统批处理，一般每周、每月或每年出一次统计报告。传感器和物联网的广泛应用，实现了数据收集的自动化和智能化，数据的巨量涌现、动态增长需要及时而有效的处理，才能最大限度挖掘数据价值，否则就有可能使数据变为垃圾。

(4) 数据的价值性

大数据被誉为新世纪的"原油"，这形象说明了大数据的价值特性，即大数据的价值需要像"原油"一样不断"开采"和挖掘才能显现出来。简而言之，就是大数据的价值体现在价值高和价值密度低两个方面。第一，价值高。大数据拥有大智慧、蕴藏大价值，然而就像七巧板，孤立的数据体现不出任何价值，只有把碎片化的数据聚合到一起，数据价值才能显现出来。正如中国大数据科学家涂子沛所言：大数据之"大"，在于人类可以通过对数据的整合与分析，发现新知识、创造新价值，带来"大知识""大科学"和"大发展"。[2]第二，价值密度低，就是数据虽有价值，但如同沙滩中的黄金，密度极低。传统数据主要通过科学实验或抽样调查获取，服务于特定用途，每条信息都包含具有参考价值的信息。大数据则是对事物或人类行为全过程高粒度的即时记录，在获得更多数据的同时，也引入了大量无用或垃圾数据。以视频监

---

[1] 转引自郎为民. 漫画大数据[M]. 北京：人民邮电出版社，2014：71.
[2] 涂子沛. 大数据[M]. 桂林：广西师范大学出版社，2013：57.

控为例，遍布各大银行、路口、商场等地的摄像头 24 小时连续不断运转，大量视频数据产生并被存储下来，通常情况下这些视频数据不会引起人们的特别注意，除非作为特定用途，比如恰巧某一区域发生违法犯罪案件，需要通过视频图像锁定犯罪嫌疑人，此时仅仅一两秒的有效数据则成为至关重要的第一手资料，而要从大量不相关的视频数据中甄别出这一信息实属不易。就像"数据女皇"Mary Meeker 所作的一个贴切比喻，她把大数据比喻为整齐的稻草垛，而数据的价值就如同散落在稻草垛里的一根根缝衣针，利用大数据技术可以在稻草垛里找到哪怕是细如发丝的缝衣针。① 由此可见，大数据的真正价值正是在于运用数据挖掘技术，透过多维度的层层挖掘，找准问题症结，揭示事实真相。

2. 大学生思想政治教育方法的特征

大学生思想政治教育方法是思想政治教育方法的重要组成部分，是对思想政治教育方法的丰富与发展，与思想政治教育方法是特殊与一般、部分与整体的关系。因此，大学生思想政治教育方法除具有思想政治教育方法的科学性、价值性、实用性等基本特征之外，还具有突出的时代性、针对性、系统性特征。

(1) 彰显时代性

时代，就是人类的全部"生活活动"及所创造的"生活世界"具有相对的质的区别的社会发展阶段。② 时代性是指事物在动态发展过程中所体现出来的社会阶段性特征，是不同时代相区别的根本标志。大学生思想政治教育方法的实施对象是青年大学生，与一般意义上的思想政治教育方法相比，具有突出的时代性特征。这主要是由教育对象的特殊性决定的。青年大学生生理已经成熟、心理趋于成熟，他们思维活跃、精力充沛，对新事物极其敏感、倍加推崇，他们总是与时代脉搏同频共振，追逐着时代步伐前行。这就决定了大学生思想政治教育要接地气、入人心，就必须顺应时代潮流、紧跟时代步伐、紧贴大学生思想实际，善于运用透着时代气息、反映时代特征的思想政治教

---

① 转引自钱志新. 数据大金矿[M]. 南京：南京大学出版社，2013：8.
② 孙正聿. 马克思主义哲学智慧[M]. 北京：现代出版社，2016：379.

## 第一章 大数据视域下大学生思想政治教育方法创新的理论阐释

育方法。

大学生思想政治教育方法的时代性，首先体现在大学生思想政治教育方法载体具有很强的时代性。大学生思想政治教育方法在教育实践活动中是一个非实体性因素，必须借助一定载体才能发挥功能。大学生思想政治教育方法的载体，是大学生思想政治教育方法运用过程中，大学生思想政治教育主体所能把握的，能够承载和传递大学生思想政治教育内容的各种活动形式或物质实体。任何一种思想政治教育方法的运用都离不开相应的方法载体，如个别谈话法要借助个别谈话这种最传统的载体，网络教育法要借助网络新兴载体。大学生思想政治教育方法的载体总是随着时代发展与科技进步而不断丰富和完善，从最初的个别谈心、课堂讲授到现代的网络新媒体；从传统的读书活动、文体活动、学雷锋活动到如今形式多样的校园文化活动、学生园区管理等。当前，以微博、微信为代表的新媒体凭借其交互性、即时性、开放性等无可替代的优越性，正在引领大众传媒的新一轮时尚，并成为大学生思想政治教育者广泛运用的新方法载体。

大学生思想政治教育方法时代性的另一个重要体现就是大学生思想政治教育方法模式的时代性。大学生思想政治教育方法模式就是在特定环境条件下，具有相对稳定性的大学生思想政治教育方法的形式、规则。大学生思想政治教育方法模式的转换是人们对大学生思想政治教育规律和思想政治教育方法运用规律认识深化的显著标志。纵观大学生思想政治教育方法发展历程，可以发现不同时代大学生思想政治教育方法最显著的特征就是始终围绕方法模式的转换实现跃进和发展。[1] 从传统的客体性模式到主体性模式，再到当前学界对主体间性模式研究的方兴未艾，无不是对不同时期大学生思想政治教育时代特色的反映。传统社会强调一种自上而下、由外而内的灌输，加上教育手段的落后，使得主体性教育模式长期占据主导地位。现代社会随着青年大学生主体意识的凸显及交往手段的新变化，客体性教育模式已显得不合时宜。强调同样作为主体的教育者和受教育者的主体间性教育模式已成为必然

---

[1] 任志锋，杨晓慧. 大学生思想政治教育方法模式转换的历史轨迹与发展趋势[J]. 思想教育研究，2012(7)：64-68.

趋势。

(2) 凸显针对性

针对，有"对准某人某物"或"专有所指"之意。针对性就是指向性，强调能够切中事物的关键和根本。大学生思想政治教育方法的针对性，就是大学生思想政治教育方法要与思想政治教育内容、所处具体环境、青年大学生思想状况、身心特点、个性特征相适应，避免不顾对象、情景、条件等差异性的"一刀切"做法。这主要是由大学生思想政治教育过程的复杂性决定的，大学生思想政治教育过程涉及的教育对象、教育情境、教育目的都是复杂多样的，这种复杂性意味着必须针对不同教育对象、不同思想问题，采取不同的教育方法，有的放矢地开展思想政治教育活动。

大学生思想政治教育方法的针对性，首先体现在对大学生的个性特征具有很强的针对性，即大学生思想政治教育方法的实施要"因人而异"。大学生思想政治教育的对象是青年大学生，"千人千面"，不同时代以及同一时代的不同大学生在价值取向、道德层次、心理素质、认知能力、接受规律、兴趣爱好等方面均存在很大的差异性，大学生思想政治教育者正是在充分了解和掌握大学生个体差异的基础上，根据不同对象的特征因材施教，才形成了形式各异的方法。如辅导员在开展思想政治工作中，对教育对象存在的不同问题要区别对待，对于共性问题开展集中教育，对于个性问题则采用个别谈心法，同样是个别谈心法，对性格内向、敏感的教育对象要循循善诱，对于屡犯错误的教育对象则应该开门见山、一针见血。

大学生思想政治教育方法针对性的另一个重要体现是对大学生存在的思想问题具有很强的针对性，即大学生思想政治教育方法的实施要"对症下药""一把钥匙开一把锁"。由于不同大学生的社会经历、家庭环境、心理素质不同，因此产生的思想问题也就错综复杂、千差万别。这就决定了运用大学生思想政治教育方法开展思想政治教育，必须充分把握大学生的思想状况，对其关注的热点难点问题以及思想认识上存在的误区及偏差，都要做到了然于胸，从而针对不同性质的思想问题采取行之有效的方法。教育者应避免不分青红皂白，千篇一律的做法。例如，解决心理问题如果采用解决政治问题的方法，不仅起不到任何作用，还会使大学生产生抵触情绪和逆反心理。

第一章　大数据视域下大学生思想政治教育方法创新的理论阐释

（3）体现系统性

"系统"一词来源于古希腊语，意为由部分组成的整体。系统性强调事物的整体性、相关性、层次性等。大学生思想政治教育方法的系统性是指大学生思想政治教育方法是一个由若干类型方法以一定结构相互联系组合而成的有机整体，这一方法体系具有不同于各单一组成方法的新功能。

大学生思想政治教育方法是一个完整的系统，其系统性主要体现在整体性、层次性、动态性等方面。一是整体性。整体性是系统性最突出的表现，大学生思想政治教育方法是由主渠道思想政治教育方法和主阵地思想政治教育方法组成的有机整体。只有两个类型的方法相互配合、协同发力，才能切实发挥出最大功能、体现出最大价值。否则，就像恩格斯所指出的："我们抓不住整体的联系，就会纠缠在一个接一个的矛盾之中。"[1]二是层次性。层次性是系统性的一个重要体现，大学生思想政治教育方法是由不同层次的方法按一定规则和方式组成的有机整体。按作用、地位大小，可分为基本方法、一般方法和特殊方法；按适用范围，可分为课堂主渠道思想政治教育方法和日常主阵地思想政治教育方法；按实施过程，可分为认识方法、实施方法、评估方法和反馈方法。每一个层次的方法又可以进一步细分为不同类型的方法。三是动态性。大学生思想政治教育方法是一个"活"的有机体，总是处于不断演化之中，随着大学生思想政治教育目标任务、内容、对象、环境的变化而发展，在此过程中，落后于时代的陈旧方法不断被淘汰，新方法不断产生。

3. 大数据视域下大学生思想政治教育方法创新的特征

大数据视域下大学生思想政治教育方法创新，与一般意义上的大学生思想政治教育方法创新相比，融入了大数据新元素，即新理念、新技术、新载体，具有鲜明的科学性、现代性和融合性等特征。

（1）鲜明的科学性

"科学"一词来源于拉丁文，意为学问。科学性强调事物的客观性以及人类认识活动和实践活动的合规律性。大数据视域下大学生思想政治教育方法创新的科学性，是指基于大数据的大学生思想政治教育方法创新，能够客观

---

[1] 马克思恩格斯全集(第20卷)[M].北京：人民出版社，1971：506.

反映大学生思想行为变化的真实情况，更加符合大学生的思想行为发展规律，能够更有针对性地解决大学生的思想问题和心理困惑。这主要是由大数据的强大功能决定的，大数据能够实时、动态采集、分析大学生的思想行为数据，及时掌握大学生的思想动态，准确把握大学生的行为特征，进而形成与大学生思想行为特征和接受习惯相吻合的科学方法。

大数据视域下大学生思想政治教育方法创新的科学性，体现在对大学生思想行为的认识具有科学性，即基于大数据对大学生思想行为特征的认识符合大学生的实际情况。大学生思想政治教育方法，服务于思想政治教育者开展大学生思想政治教育活动，旨在提升大学生的思想政治素质，对象是青年大学生。因而，科学认识青年大学生，无疑成为创新大学生思想政治教育方法的前提条件和逻辑起点。与以往通过观察、调查、推断等带有很强主观性的认识方法不同，基于大数据认识大学生的思想行为特征，能够在自然状态下对大学生的思想行为进行记录、分析，"用事实说话"，通过这样的方式更能贴近大学生的真实情况。

(2) 突出的现代性

"现代"一词来源于拉丁语。现代性，虽然是一个时间范畴，但是本书的现代性，与传统性相对，强调事物具有现代社会的特质和属性，而并非强调事物的时间规定性。简言之，现代性的精神实质就是事物具有不同于旧质的新质。大数据视域下大学生思想政治教育方法创新的现代性，是指基于大数据的大学生思想政治教育方法创新与一般意义的大学生思想政治教育方法创新相比，更能凸显当代社会的阶段性特征。这主要是由大数据技术的先进性和大数据载体的新颖性决定的。

大数据视域下大学生思想政治教育方法创新的现代性，首先体现在大数据技术的先进性上，与传统的数据处理技术相比，大数据技术具有明显优势。大数据技术能够对包括结构化数据和非结构化数据在内的一切数据进行实时动态处理。大数据技术在大学生思想政治教育方法创新中起着决定性作用，离开了大数据技术，基于大数据的大学生思想政治教育方法创新便无从谈起。换言之，如果从技术的视角进行考量，基于大数据的大学生思想政治教育方法创新，实质上就是将大数据技术运用于思想信息收集、挖掘和可视化的各

## 第一章　大数据视域下大学生思想政治教育方法创新的理论阐释

个环节，使大学生思想政治教育方法创新的整个过程都体现出鲜明的现代性特征。

大数据载体的新颖性，是大数据视域下大学生思想政治教育方法创新现代性的另一重要体现。与传统信息载体相比，大数据载体具有突出的新颖性。传统信息载体主要以语言载体、书写载体、印刷载体、广播载体为代表，这类载体承载和传递信息的方式比较单一。在信息技术发展进程中，多媒体载体、影视载体、电脑载体相继问世，这些载体无论是承载还是传递信息，形式都更加多样化。大数据载体则更胜一筹，除了融合了其他所有载体的功能和优势之外，还具有以往任何载体无可比拟的智能性，即能够随时随地记录信息，并定制化地推送信息。而大数据载体在大学生思想政治教育方法创新中发挥着不可替代的作用，脱离了大数据载体，基于大数据的大学生思想政治教育方法创新同样无法进行。正是因为将大数据载体运用于记录、传递思想信息，大学生思想政治教育方法创新才具有明显的现代化特征。

(3) 有机的融合性

融合性强调两种或两种以上异质性事物的有机整合，融为一体。大数据视域下大学生思想政治教育方法创新的融合性，是指基于大数据的大学生思想政治教育方法创新，是在找准大数据与大学生思想政治教育方法二者契合点的基础上，将二者进行高度融合，将大数据真正融入大学生思想政治教育方法创新全过程、各要素，用大数据理念、大数据思维、大数据技术拓展大学生思想政治教育方法创新视野、丰富大学生思想政治教育方法创新手段，让创新的大学生思想政治教育方法系列蕴含大数据新元素，而不是简单生硬地用"大数据+大学生思想政治教育方法"。这主要是由大数据与大学生思想政治教育方法二者都可以对信息进行处理这一共同点决定的。

大数据视域下大学生思想政治教育方法创新的融合性，首先体现在将大数据处理信息的理念融入大学生思想政治教育方法创新全过程。具体而言，大学生思想政治教育方法创新主体在坚持以马克思主义理论为指导、以立德树人为宗旨的前提下，必须融入大数据理念，即"大数据有大价值"的理念和"一切用数据说话"的理念，将方法创新的全过程、各环节都建立在对各方面思想信息数据的全面掌握之上。

大数据视域下大学生思想政治教育方法创新融合性的另一重要体现是，将大数据处理数据的思维融入大学生思想政治教育方法创新全过程。换言之，就是大学生思想政治教育方法创新主体必须转变"差不多思维""平均化思维""线性思维"等传统思维方式，形成"精确化思维""个性化思维""非线性思维"等大数据思维方式。在整个方法创新过程中，要用大数据思维思考和审视问题。

大数据视域下大学生思想政治教育方法创新融合性的又一重要体现是，将大数据处理数据的技术融入大学生思想政治教育方法创新全过程。即是说，将数据采集技术、数据挖掘技术、数据可视化技术等大数据技术运用到包括认识方法系列、实施方法系列、评估方法系列和反馈方法系列的数据处理中，从根本上改变靠调查问卷采集数据、靠人工分析数据、靠表格展示数据的状况，切切实实让大数据技术在大学生思想政治教育方法创新中发挥用武之地。

## 二、大数据视域下大学生思想政治教育方法创新的理论基础

理论基础是一门学科形成和构建的理论依据，是支撑整个学科理论大厦的基石，贯穿于学科发展的全过程。大数据视域下大学生思想政治教育方法创新，同样需要坚实的理论基础。马克思主义关于人的本质理论、马克思主义关于人的全面发展理论以及中国共产党关于创新的理论，共同构成大数据视域下大学生思想政治教育方法创新的理论基础，成为大数据视域下大学生思想政治教育方法创新的根本点和立足点，为大数据视域下大学生思想政治教育方法创新提供方法论指导和方向指引。

### (一) 马克思主义关于人的本质理论

"人的本质到底是什么？"这是一个古今中外伦理思想家众说纷纭的问题。解答这个问题，经过了漫长的探索过程。"人是什么？""什么是人的本质？"这些对人来说看似十分简单的问题，长期以来却成为困惑人们的"斯芬克斯之谜"。在漫长的历史长河中，无数哲人、智者一直在探索和追问，并且从不同视角做出了各种各样的回答。如德国古典哲学创始人康德，把人具有理性的能力看作人与动物的根本区别，并掷地有声地提出了"人是目的"的论断，开启了重新重视人的主体地位的"哥白尼式"革命序幕。黑格尔则认为，人的本

## 第一章　大数据视域下大学生思想政治教育方法创新的理论阐释

质是绝对理念。费尔巴哈从人的自然属性理解人的本质，认为宗教和爱是人的本质。尽管各种观点都具有一定合理性，甚至在现实中都能找到相应的注脚，但他们所说的"人"不是停留于表面，就是失之偏颇，最终都未能真正揭示出人的本质。

1. 人的本质理论内涵

"人的本质到底是什么？"马克思主义从历史唯物主义出发对此问题作出了科学阐释。马克思批判了历史上一切剥削阶级的人性论，站在辩证唯物主义和历史唯物主义的高度，完成了人的本质理论的革命性变革。

(1) 人的本质是"自由的自觉的活动"

马克思在《1844年经济学哲学手稿》中提出："人的类特性恰恰就是自由的自觉的活动"①。实践活动是人和动物最本质的区别，也是产生和决定人的其他所有特性的根据。人的存在方式的根本特点是生产劳动，因为人的生产活动是一种有目的、有意识改造世界的创造性活动，揭示了人的主体性、能动性、创造性。马克思揭示了人的存在方式是劳动、实践，揭示了人具有主体性、能动性、创造性的特点。实践必定是人们交往之中的实践，是社会关系中的实践，实践具有社会性。人的本质是"自由的自觉的活动"，显示人在自由特质方面的属性与人存在的必然性、受制约性方面的属性辩证统一，揭示人及其实践不能脱离社会和社会关系而存在。

(2) 人的本质是"一切社会关系的总和"

马克思在《关于费尔巴哈的提纲》中指出："人的本质不是单个人所固有的抽象物，在其现实性上，它是一切社会关系的总和。"②这表明了人的本质的社会性。这一论断揭示人的主体性、能动性、创造性、实践性来源于人的社会性。因为劳动实践只能在一定的社会关系中以社会交往的形式进行，并在社会性劳动中才能形成思想意识和语言。人来源于动物界决定了其属性中无法抽掉自然属性，人作为自然存在物，其一切活动都依赖于自然、受自然规律支配。自然属性是人性发展的基础和起点。正如马克思所说："全部人类历史

---

① 马克思恩格斯全集(第42卷)[M].北京：人民出版社，1979：96.
② 马克思恩格斯文集(第1卷)[M].北京：人民出版社，2009：501.

的第一个前提无疑是有生命的个人的存在。因此，第一个需要确认的事实就是这些个人的肉体组织以及由此产生的个人对其他自然的关系。"① 人作为具有生命的自然体，首先具有衣、食、住、行、性等生理需要，同时还具有与生俱来的合群倾向、追求感官满足等心理需要。这些自然属性，从起源看，与动物性具有一致性，但从发展看，与动物有着本质区别，人的自然属性是社会化了的自然属性，是加入了文化和社会因素的自然属性。人的自然属性是人的一切活动的生物基础。精神属性是人与动物相区别的重要属性，也是人的最大骄傲。精神活动和思维能力贯穿于人们所从事的一切实践活动中，正是由于思维、目的、意志、情感等精神因素的参与，人类的劳动才区别于蜘蛛织网、鸟类筑巢、野兽觅食等动物本能活动。一旦撇开精神属性，就难以理解人在自然属性与社会属性上区别于动物的根本之处。

　　社会关系在人的实践活动中形成，又是人的实践活动的存在形式。如果人们不以一定方式结成社会关系共同从事活动并相互交换其活动，就不能进行任何真正意义上的主体活动。对此马克思作了精辟论述："甚至当我从事科学之类的活动，即从事一种我只是在很少情况下才能同别人直接交往的活动的时候，我也是社会的，因为我是作为人活动的。不仅我的活动所需的材料，甚至思想家用来活动的语言本身，都是作为社会的产品给予我的，而且我本身的存在就是社会的活动；因此，我自身所做出的东西，是我从自身为社会做出的，并且意识到我自己是社会存在物。"② 离开了社会关系，真正的人类活动便无从发生、无法维持，人的本质也无法形成。与此同时，人的实践活动的丰富性决定了社会关系的多样性。从宏观视角看，人类活动涵盖了经济、政治、文化、法律、艺术等各个领域；从微观视角看，人的实践活动包括工作、学习、交友、恋爱等各个方面，由此决定了人的社会关系的多样性和复杂性。人在物质生产实践中总要结成一定的生产关系，并在此基础上形成一定的政治法律关系和思想关系等，正是这些社会关系的总和构成了人的本质。

---

① 马克思恩格斯选集(第1卷)[M]. 北京：人民出版社，2012：146.
② 马克思恩格斯全集(第42卷)[M]. 北京：人民出版社，1979：122.

# 第一章 大数据视域下大学生思想政治教育方法创新的理论阐释

(3) 人的本质即"人的需要"

马克思和恩格斯在《德意志意识形态》中提出:"他们的需要即他们的本性。"①人的需要的丰富性是"人的本质力量的新的证明和人的本质的新的充实"②。这揭示出了人的本质发展的基本动力和最终原因。人作为生产力的主体因素,最根本的因素是其能力。因此,生产力与生产关系的运动归根到底是"个体本身力量发展的历史"。人的需要是人的生存状态的最深刻的表现形式,是人进行以生产劳动为主的生命活动的根本动因,是人的主体性、能动性、创造性得以产生的根据,进而也是说明人的形成和发展规律的根本因素。人的需要有两种基本形式:生存需要是维持人的生命机体正常运转的需要,是人的物质生产活动的内驱力,是社会发展的原动力,生产决定和制约着消费从而制约人的需要;发展需要是人建立于生产需要基础上的追求自我完善、自我超越的高级需求,是社会发展进步的内在的、不竭的驱动力。

马克思主义认为,"需要"并非人类所特有的,但人的需要与动物的需要有着本质区别。动物的需要是本能,人的需要则是人类在漫长的发展进程中自己创造的,人类的一切活动无非都是为了满足自己的需要。需要作为一种内在必然性,规定着人的活动。人的需要决定着人的本性。"把他们连接起来的唯一纽带是自然的必然性,是需要和私人利益。"③即人的需要是产生社会交往的原动力。"在现实世界中,个人有许多需要。"④人的需要不是单一的,而是多种多样的。同时,人的需要是社会存在和发展的基础和内驱力,社会历史就是人的需要不断产生和满足的过程,因而人的需要与实践之间的矛盾运动促进了人类社会从低级到高级的发展。"人们为了能够'创造历史',必须能够生活。但是为了生活,首先需要吃喝住穿以及其他一些东西。因此第一个历史活动就是生产满足这些需要的资料,即生产物质生活本身。"⑤人的需要的形成和满足受社会关系制约,人的需要和社会生产的矛盾也是形成和推动社会关系变化发展(社会变革)的最终原因,个体需要与集体需要的矛盾通过历

---

① 马克思恩格斯全集(第3卷)[M]. 北京:人民出版社,1960:514.
② 马克思恩格斯全集(第42卷)[M]. 北京:人民出版社,1979:132.
③ 马克思恩格斯文集(第1卷)[M]. 北京:人民出版社,2009:42.
④ 马克思恩格斯全集(第3卷)[M]. 北京:人民出版社,1960:326.
⑤ 马克思恩格斯文集(第1卷)[M]. 北京:人民出版社,2009:531.

史发展的合力实现。即是说，人的需要的性质水平和社会满足需要的程度是衡量社会进步的重要标志。

2. 人的本质理论奠定基础

大学生思想政治教育是建构在对"人"的教育基础之上的社会实践活动，与人性、人的本质属性有着内在的必然联系。因此，只有对人本身进行更加深刻的了解与分析，对人的本质属性进行更加准确的把握，才能增强大学生思想政治教育活动的针对性。不断拓展新内容，探索新方法，解决新问题，促进人的全面发展，才会显示其旺盛的生命力和自身的价值。人的本质理论，是马克思主义唯物史观的具体运用和生动体现，为大数据视域下大学生思想政治教育方法创新奠定了根本理论基础。

(1) 人的本质理论奠定把握大学生思想的现实基础

大学生思想政治教育的对象是人，因此，认识和理解人的本质是大学生思想政治教育增强科学性、实效性的前提，具有重要的理论和实践意义。马克思主义关于人的本质理论，是科学认识思想政治教育对象及其思想的基本理论依据。要着力把握人所处的各种社会关系，从大学生所处的一切社会关系的总和中去把握大学生的思想。既要着力分析大学生所处的社会经济关系及其对大学生思想的决定作用，从而把握大学生思想的基本倾向；又要注意对大学生所处的各种社会关系及其对大学生思想的影响进行全面分析，从而了解大学生思想的全貌。大数据时代的到来，必定会对大学生的思想产生广泛而深刻的影响，这就要求思想政治教育者必须深入分析和准确把握大数据时代带来的大学生的变化，如大学生思维方式、学习方式、交往方式的新变化，为大学生思想政治教育方法创新提供必然性前提。

(2) 人的本质理论奠定把握大学生思想的主体基础

大学生思想政治教育应从现实的人出发，以大学生的现实需要为基本前提，尽可能地满足大学生的现实需要，保证大学生在思想政治教育中的主体地位，以人为本。大学生思想政治教育要真正成为促进人格完善、提升个体精神境界、协调社会矛盾、构建和谐社会的有力手段，必须将大学生置于现实生活的场景中，坚持以人为本，切实关心大学生的根本利益和现实需求，才能实现大学生思想政治教育的现代超越。这就要求思想政治教育者必须由

# 第一章　大数据视域下大学生思想政治教育方法创新的理论阐释

"灌输"转变为"疏导",在潜移默化中引导大学生自觉形成正确的思想政治品德,实现"理论只要说服人,就能掌握群众;而理论只要彻底,就能说服人"的目标。将大学生思想政治教育置于大数据视域下,正是满足大学生的现实需要的迫切要求,有利于更精准、更全面地把握大学生的现实需要,进而更好地实现大学生思想政治教育目标。

(3) 人的本质理论奠定把握大学生思想的客观基础

人的本质是不断变化发展的,要求大学生思想政治教育必须与时俱进。人的本质并不是超历史的先验的规定,现实生活中永远也没有凝固不变的人的本质。人类的本质不是既定的,而是人类在改造自然与创造社会的过程中形成的。简言之,人的本质是人类实践活动的产物,人的本质的存在形式从根本上由特定历史发展阶段的社会关系和社会制度决定,对现实中的个体而言,由其所处人生阶段的各种社会关系之总和决定。正如马克思所说:"整个历史也无非是人类本性的不断改变而已。"[①]人的本质是变化发展的,而不是一成不变的。因此,大学生思想政治教育必须符合社会发展的客观要求,遵循社会发展的客观规律,努力实现人的个人价值与社会价值的和谐统一。人的本质的社会性决定了社会环境对大学生思想政治品德具有广泛而复杂的影响,这就要求大学生思想政治教育应有效调控社会环境,创设良好的教育环境。考察大学生的本质,必须把大学生放到具体的社会环境中,尤其要结合当前最鲜明的时代特征,全面客观地认识影响大学生本质的各种因素,特别是起决定性作用的因素。具体而言,就是大数据环境的全面形成,为大学生思想政治教育方法创新提供了客观条件。

(二) 马克思主义关于人的全面发展理论

"人的全面发展理论"作为马克思主义人类解放学说和共产主义理论的重要组成部分,在马克思主义理论体系中占有非常重要的地位,是贯穿马克思主义理论发展的一条主线。《共产党宣言》的发表是马克思主义关于人的全面发展理论形成的标志,马克思、恩格斯明确指出:"代替那存在着阶级和阶级对立的资产阶级旧社会的,将是这样一个联合体,在那里,每个人的自由发

---

① 马克思恩格斯文集(第1卷)[M]. 北京:人民出版社,2009:632.

展是一切人的自由发展的条件。"①从《青年在选择职业时的考虑》到《共产党宣言》,实现人的全面发展是马克思一以贯之的思想主张,所不同的是由中学时代的感性思考逐渐提升到理性的高度、由不成熟走向成熟、由抽象转向现实。其后,马克思在《政治经济学批判大纲》《资本论》《哥达纲领批判》等重要著作中进一步阐述了人的全面发展理论。

1. 人的全面发展理论内涵

马克思主义关于人的全面发展理论源于前人又超越前人,深刻揭示了造成人的片面发展、畸形发展的根本原因在于建立在私有制基础上的旧式分工。马克思站在人类社会发展的高度,全面考察了三种社会形态下人的发展状况:人的依赖关系是"最初的社会形态",极其低下的生产力决定了这种形态下的人处于"原始的丰富"状态;人的形式上的独立性是第二阶段,私有制基础上的旧式分工造成了人的裂解,"原始完满的人"成为片面独立的人;人的全面发展是第三种形态,生产力的极大发展、旧式分工的消灭、人的自主性的高度发展,使每一个人都成为自由而全面发展的人,整个人类社会成为"自由人的联合体"。针对人的片面发展,马克思揭示了"人的全面发展"的内涵,即"人以一种全面的方式,也就是说,作为一个完整的人,占有自己的全面的本质。"②结合人的本质的内在规定性,主要包括人的劳动能力的全面发展、人的社会关系的全面丰富和人的个性的自由发展。③

(1) 劳动能力的全面发展

人类的劳动不同于动物的本能活动,它是一种"自由的自觉的活动",这主要取决于人的创造性劳动能力,它是满足人的丰富需要的必要条件。人的需要从纵向看,表现为生存需要、享受需要、发展需要等多个层面,随着生产力的发展,需要的层次逐渐提升;从横向看,每一种需要在内容上包括很多方面,随着生产力的发展,包括的方面不断丰富。为了更好地满足需要,人们必然想方设法改进方法、改善手段,在此过程中人的劳动能力得以提升。

---

① 马克思恩格斯文集(第2卷)[M]. 北京:人民出版社,2009:53.
② 马克思恩格斯全集(第42卷)[M]. 北京:人民出版社,1979:123.
③ 袁贵仁. 马克思主义人学理论研究[M]. 北京:北京师范大学出版社,2012:270.

# 第一章 大数据视域下大学生思想政治教育方法创新的理论阐释

在马克思主义视野中，人的劳动能力就是"人的本质力量的公开展示。"①劳动能力的全面发展是人的全面发展的重要目标和前提条件。劳动能力包括多个方面，从不同维度，可以分为不同类型，但人的智力与体力在所有能力中均处于最重要的地位，体力是人活动时所支出的能量，智力主要指精神活动能力，尤其是抽象思维能力，包括记忆力、想象力、判断力等等。体力与智力是其他各种能力发展的基础和源泉。人的任何活动都是在体力与脑力的结合中完成的，唯一的区别只是，相对而言，体力劳动主要支出的是体力，脑力劳动主要支出的是智力。正因为如此，《资本论》中马克思指出："我们把劳动力或劳动能力，理解为一个人的身体即活的人体中存在的、每当他生产某种使用价值时就运用的体力和智力的总和。"②就人类整体而言，人的劳动能力的全面发展是指人类改造客观世界与改造主观世界的能力不断提升；就劳动者个体而言，是指劳动力由片面向全面的发展，具有从事各种实践活动的能力，能够适应不同劳动变换的需要，成为各个领域的行家里手。然而，人的劳动能力的发展并不是一蹴而就的，更不是随心所欲的，而是随着劳动实践的发展不断提升的。也正是在劳动实践过程中"生产者也改变着，他炼出新的品质，通过生产而发展和改造着自身，造成新的力量和新的观念，造成新的交往方式、新的需要和新的语言。"③纵观人类发展史，劳动过程就是主体力量在特定环境、特定活动中的实现，劳动结果就是主体力量的对象化。

(2) 人的社会关系的全面丰富

人是社会人，人的劳动也不是孤立的活动，总是在一定社会关系中进行的。"社会关系实际上决定着一个人能够发展到什么程度。"④以劳动能力为核心的一切能力的生成、发展和表现都必须依托一定的社会关系。劳动力要依托生产关系、精神力要依托精神关系，离开了人的社会关系，人的任何能力都无从发展。具体而言，人的社会关系的全面发展又体现在三个方面。第一，对象性关系的全面发展。最初的自然经济形态下，由于人刚刚脱离动物界，

---

① 马克思恩格斯全集(第42卷)[M]. 北京：人民出版社，1979：123.
② 马克思恩格斯文集(第5卷)[M]. 北京：人民出版社，2005：195.
③ 马克思恩格斯文集(第8卷)[M]. 北京：人民出版社，2009：145.
④ 马克思恩格斯全集(第3卷)[M]. 北京：人民出版社，1960：295.

人与人之间主要局限于"以自然血缘关系和统治服从关系为基础的地方性联系"①。贫乏、狭隘的社会关系限制着人改造自然的能力,从而直接制约着人的发展。商品经济条件下,物质交换关系的建立,促使个人活动空间得以空前扩展,商品交换所要求的平等冲破了狭隘血缘关系的局限,使人与人之间的新型关系普遍建立起来。虽然这种关系主要体现为物的关系,但"这种物的联系比单个人之间没有联系要好,或者比只是以自然血缘关系和统治服从关系为基础的地方性联系要好"②。这一阶段人的发展是片面的。第二,社会关系的高度丰富。"一个人的发展取决于他直接或间接进行交往的其他一切人的发展。"③正是在不同领域、不同层次、不同类型的交往活动中,人们各方面信息得到交流、视野得到开阔、观念得到刷新、能力得到提升,从而使自己得到充实、丰富和发展。脱离了一定的社会关系,人的全面发展就是一句空话。正是在这个意义上,马克思指出:"个人的全面性不是想象的或设想的全面性,而是他的现实联系和观念联系的全面性。"④第三,人对社会关系的高度自由。每个人都成为社会关系的主人,全面占有与控制社会关系。资本主义制度下虽然人的社会关系比较丰富,但人的发展仍然是片面和畸形的,原因就在于工人阶级受资本主义生产关系的奴役。与之相反,人类初期生产力极其落后,人的社会关系仍然显得较全面,就是因为当时的社会关系与每个人的利益相一致。

(3) 人的个性的自由发展

人的个性的自由发展是从人与自身关系的维度来审视的,就是主体能够按照本身固有的本性要求决定和支配自己的发展,是主体对自身本性的认可,是人发展的最高阶段和最高成果。在马克思主义视野中,"自由个性"包括:与他律相对应的自律性,能自己制约、支配自己;与强制性相对应的自由性;与盲目性发展相对应的自觉性;与依附性相对应的独立自主性;与重复性相

---

① 马克思恩格斯全集(第46卷)(上)[M]. 北京:人民出版社,1979:108.
② 马克思恩格斯全集(第46卷)(上)[M]. 北京:人民出版社,1979:108.
③ 马克思恩格斯全集(第3卷)[M]. 北京:人民出版社,1960:515.
④ 马克思恩格斯文集(第8卷)[M]. 北京:人民出版社,2009:172.

# 第一章 大数据视域下大学生思想政治教育方法创新的理论阐释

对应的独创性；等等。① 具体而言，包括以下几个方面：第一，人的自主性的发展。表明行为主体的个性发展能够遵从自己的意愿，不受外界干扰和左右，人成为自己的主人，实现自我主宰、自我决定、自我控制。在阶级社会里，统治阶级内部的个人享有极大的自主性，广大的被统治阶级则完全丧失了自主性，处于被控制的地位。第二，人的能动性的发展。表明行为主体的个性发展是自觉、积极、主动的，能够不断把自身潜能充分挖掘出来，而不是被动地受制于某种外在强制力量，使个性的发展偏离内在本质。第三，人的独创性的发展。在马克思看来，个性的独创性就是个人活动的"唯一性"和个人发展的自律性，② 是人的个性发展的最高目标和最终体现。当然，个性的独特性并不与人们之间的共同性相冲突。个性的自由发展不仅是个人发展的最高目标，也是社会文明进步的重要标志。

**2. 人的全面发展理论奠定基础**

马克思主义关于人的全面发展理论及其在当代中国的丰富和发展，为我们进一步认识新的时代条件下大学生思想政治教育的价值归宿提供了更为广阔的视野。人的全面发展理论为大数据视域下大学生思想政治教育方法创新提供科学指引，指明了大学生思想政治教育方法创新的目标与旨归，也为大数据视域下大学生思想政治教育提供了科学的理论依据和现实动因。

**(1) 人的全面发展理论奠定方法创新前提**

人的全面发展理论，要求大学生思想政治教育遵循社会发展的客观规律，符合社会发展的客观要求。社会主义社会是全面发展、全面进步的社会，它不仅需要全面发展、全面进步的人，而且正在不断培养和造就全面发展、全面进步的社会主义新人。没有全面发展的人就不可能有全面发展的社会主义社会，而没有全面发展的社会主义社会就不可能造就全面发展的人，二者之间存在一种相辅相成、互为因果的辩证关系。在社会主义初级阶段，中国特色社会主义高校应该始终注重主体自身的建设，把培养和造就全面发展的社会主义事业合格建设者和可靠接班人作为努力方向和最终目标。大数据视域

---

① 陈小鸿. 论人的自由全面发展[M]. 北京：人民出版社，2004：330.
② 陈小鸿. 论人的自由全面发展[M]. 北京：人民出版社，2004：326.

下大学生思想政治教育方法创新,就是为了更好地挖掘大学生潜力,更充分地展示大学生独立个性,更有力地彰显大学生主体价值,进而使大学生的自身能力随着社会的发展进步得到不断提高,不断趋向于全面发展的人。

(2) 人的全面发展理论奠定方法创新要求

马克思主义关于人的全面发展理论,对于确定大数据视域下大学生思想政治教育方法创新的目标任务具有直接的指导意义。个人的发展归根到底取决于社会的发展,大数据时代的到来,既向人的全面发展提出了更高的要求,又为人的全面发展创造着越来越好的客观条件。在当代中国,大学生思想政治教育方法创新必须反映大数据时代对个人发展的总要求,并遵循大学生身心发展规律,把大学生培养成为思想道德素质和科学文化素质全面发展的有理想、有道德、有文化、有纪律的社会主义新人。

(3) 人的全面发展理论奠定方法创新旨趣

马克思主义关于人的全面发展理论,要求变革大学生思想政治教育的方法手段。实现人的全面发展的重要保证是实施全面发展的教育,思想政治教育是题中应有之义。人的全面发展理论既规定着全面发展教育的正确方向,又是其中不可或缺的重要组成部分,同时也是大数据视域下大学生思想政治教育方法创新的旨趣所在。大数据视域下大学生思想政治教育方法创新,要想有生命力、有价值,就必须以"人的全面发展"这一最高命题为根本遵循,使方法创新的一切活动都围绕着实现大学生的全面发展,而不能离开、更不能背离这一初衷,并且衡量方法创新成功与否的最终标准也在于此。

(三) 中国共产党关于创新的理论

创新是推动人类社会发展的根本动力,人类社会发展史实质上就是一部不断开拓创新的历史。同样,中国共产党之所以能够日益发展壮大,也正是因为自党创立以来,一直高度重视推动各个领域的创新发展,历届领导人都非常强调创新的重要性,逐渐形成了中国共产党的创新理论。党的创新理论为大数据视域下大学生思想政治教育方法创新奠定了重要的理论基础。

1. 中国共产党创新理论的内涵

人类社会的发展是一个从野蛮到文明、从低级文明到高级文明、从片面到全面的渐进过程。创新是人类社会古老而又永恒的主题,是驱动社会发展

# 第一章 大数据视域下大学生思想政治教育方法创新的理论阐释

的根本动力,也是中国共产党不断创造辉煌的重要源泉。创新的理论是随着人类主体认识能力和社会发展水平的提高不断发展的。中国共产党关于创新的理论也是一个逐渐形成、发展和成熟的过程。中国共产党成立后,在不同历史时期,面对不同形势和任务,形成了一系列关于创新的重要思想。

(1)毛泽东的创新思想

自中国共产党诞生之日起,就将马克思主义确立为党的指导思想。但并不能从马克思、恩格斯、列宁、斯大林的著作中找到解决中国革命和中国建设问题的现成答案。并且,中国革命的实践一再证明,任何照搬照抄书本或外国经验的做法,必然导致革命的失败。以毛泽东为代表的中国共产党第一代中央领导集体,在民主革命时期,将马克思主义与中国革命实际相结合,突破了"城市中心论"的束缚,开创了农村包围城市的革命新道路。社会主义改造时期提出"一化三改"的过渡时期总路线,找到了一条适合中国国情的社会主义改造道路。《论十大关系》中毛泽东提出了探索适合中国国情的社会主义发展道路的重大任务。在读苏联《政治经济学教科书》时,毛泽东在原有三个现代化的基础上,又增加了国防现代化,是对马克思主义理论的创造性发展,这些弥足珍贵的宝贵思想在今天仍具有重要的启发意义。

(2)邓小平的创新思想

党的十一届三中全会后,改革开放成为最鲜亮的时代底色,创新发展成为最强的时代音符。以邓小平为代表的中国共产党第二代中央领导集体高度重视创新。首先,强调了理论创新的重要意义。邓小平指出:"如果固守成规,照过去的老框框一模一样地搞,没有一些试验、一些尝试,包括受一些挫折、有一些失败的尝试,肯定达不到我们的战略目标。"[1]真正的马克思主义者,就必须具有创新意识、具备创新精神,在实践中勇于创新。否则,必将一事无成。正如邓小平所强调的:"没有一点儿闯的精神,没有一点儿'冒'的精神……走不出一条新路,干不出新的事业。"[2]其次,指出马克思主义是理论创新的指导思想。理论创新必定要突破前人,要发现新知识或创造出未曾存

---

[1] 邓小平文选(第三卷)[M].北京:人民出版社,1993:318.
[2] 十三大以来重要文献选编(下)[M].北京:人民出版社,1993:1853.

在的新东西。然而，创新并非无源之水，而是要基于前人的基础和经验。因此，理论创新必然涉及对待马克思主义的态度问题，对此，邓小平明确指出："马列主义、毛泽东思想的基本原则，我们任何时候都不能违背，这是毫无疑义的。"①再次，指出实践既是理论创新的动力源泉又是检验标准。第一，实践是理论创新的动力之源。理论源于实践，理论创新的动力在于解决新的实践课题，同时理论创新的内容正是对实践经验的科学总结。"一个新的科学理论的提出，都是总结、概括实践经验的结果。没有前人或今人、中国人或外国人的实践经验，怎么能概括、提出新的理论?"②第二，实践是检验理论创新的标准。创新面向未来，包含着诸多可能性，受多种条件限制。因而，理论创新的效果最终要接受实践的检验。

(3) 江泽民的创新思想

以江泽民为代表的中国共产党第三代中央领导集体，站在世纪之交，从新的时代特点出发，对创新作了全面阐述，形成了系统的创新思想。首先，强调了创新的战略地位。江泽民将创新置于国家、民族、政党发展的战略高度进行定位，指出："创新是一个民族的灵魂，是一个国家兴旺发达的不竭动力，是一个政党永葆生机的源泉。"③其次，江泽民从构建创新型国家的高度指出："创新，包括理论创新、体制创新、科技创新及其他创新。"④创新是一个系统，理论创新是先导、体制创新是保障、科技创新是关键。各种创新并不是孤立存在的，而是相互影响、相互促进的，在相互作用中构成完整的创新系统。再次，准确界定了创新的本质。十六大报告明确指出："创新就要解放思想、实事求是、与时俱进。"⑤深刻揭示了创新的本质，即创新就是要根据实践的新发展以及实践发展提出的新课题，不断开辟新境界、形成新认识。

(4) 胡锦涛的创新思想

以胡锦涛为代表的新一届党中央领导集体，继承并丰富了中国共产党关于创新的重要思想，准确把脉社会发展的阶段性特征，结合当今世界新形势

---

① 邓小平文选(第二卷)[M]. 北京：人民出版社，1994：114.
② 邓小平文选(第二卷)[M]. 北京：人民出版社，1994：57-58.
③ 十五大以来重要文献选编(下)[M]. 北京：人民出版社，2003：2311.
④ 十五大以来重要文献选编(中)[M]. 北京：人民出版社，2001：1307.
⑤ 党员干部学习十六大报告讲座[M]. 北京：人民出版社、学习出版社，2002：12.

## 第一章　大数据视域下大学生思想政治教育方法创新的理论阐释

与当代中国发展变化新要求，不断推进理论创新，围绕建设创新型国家形成了具有时代特征的创新思想。首先，强调"解放思想、实事求是、与时俱进"的重要性。胡锦涛指出，解放思想、实事求是、与时俱进，是马克思主义活的灵魂。中国共产党无论在理论上还是实践上取得的每一个重大进步，都是坚持这条思想路线的结果。反之，一旦背离了这条思想路线，必然遭受挫折，甚至遭到失败。只有勇于创新、永不僵化，才能使中国特色社会主义事业创造更加辉煌的成绩。其次，提出走自主创新道路、建设创新型国家。胡锦涛指出："一个国家只有拥有强大的自主创新能力，才能在激烈的国际竞争中把握先机、赢得主动。"[1]自主创新能力是一个国家的核心竞争力，在激烈的国际竞争中，拥有自主创新能力的国家，就能处于世界领先地位，相反，缺乏自主创新能力，亦步亦趋，必将处于劣势地位。再次，强调创新条件的重要作用。胡锦涛就科技创新作了重要阐释，认为从创新体系内部看，需要"形成有利于优秀人才脱颖而出的选人用人机制"[2]；从创新体系外部看，要"努力营造鼓励人才干事业、支持人才干成事业、帮助人才干好事业的社会环境"[3]。

(5) 习近平的创新思想

党的十八大以来，以习近平同志为核心的党中央在继承中国共产党关于创新理论的基础上，立足国际国内形势新变化、基于国内发展新阶段、直面发展新问题、把握发展新特点，提出了一系列关于创新的新理念、新思想。首先，高度强调创新的重要性。党的十九大报告59次出现"创新"一词，出现频率之高，对创新的强调可见一斑。报告明确指出："创新是建设现代化经济体系的战略支撑。"[4]其次，系统阐述加快建设创新型国家的伟大战略。十九大报告全面、系统地阐述了建设创新型国家涉及的各个方面。一是实现科技创新，"要瞄准世界科技前沿，强化基础研究，实现……引领性原创成果重大突

---

[1] 十六大以来重要文献选编(下)[M]. 北京：中央文献出版社，2008：189.
[2] 十五大以来重要文献选编(下)[M]. 北京：人民出版社，2003：2446.
[3] 十六大以来重要文献选编(上)[M]. 北京：中央文献出版社，2005：624.
[4] 习近平. 决胜全面建成小康社会 夺取新时代中国特色社会主义伟大胜利——在中国共产党第十九次全国代表大会上的报告[M]. 北京：人民出版社，2017：31.

破。"①二是加强应用基础研究,"突出关键共性技术、前沿引领技术、现代工程技术、颠覆性技术创新,为建设科技强国、质量强国、航天强国……提供有力支撑。"②三是加强国家创新体系建设,深化科技体制改革,加快促进科技成果转化。四是倡导创新文化,强化对知识产权的保护。五是培养造就一大批具有国际水平的创新人才。虽然建设创新型国家,并非首次提出,但是与以往不同的是,十九大报告作出了深入完整的论述,涉及了建设创新型国家的方方面面,指导性和针对性更强。再次,指明了创新的方向。创新驱动发展,"创新是引领发展的第一动力"③,发展是创新的旨归。创新就是打破常规、革故鼎新,能更有效地认识和改造世界。发展则是一种前进的、向上的运动和变化,不仅是事实判断,还是价值判断,即发展的结果要能够满足主体的需要。

2. 创新理论奠定理论基础

大数据视域下大学生思想政治教育方法创新,是一种理论创新活动,具有一般创新活动的基本要素和特征。因此,只有对创新的意义有了更深刻的认识,对创新的条件有了更明确的把握,才能更有效地开展大数据视域下大学生思想政治教育方法创新活动。中国共产党关于创新的理论,是对创新的系统阐述,为大数据视域下大学生思想政治教育方法创新奠定了重要的理论基础。

(1) 创新理论奠定方法创新的必要性前提

中国共产党关于创新的理论,着重强调了创新的重要性,为大数据视域下大学生思想政治教育方法创新奠定了必要性前提。从实践需要看,要增强大学生思想政治教育的实效性,让大学生思想政治教育始终充满生机活力,从而确保思想政治工作在高校的生命线地位,就必须与时俱进、不断创新大学生思想政治教育方法;从理论发展看,要使大学生思想政治教育方法理论

---

① 习近平. 决胜全面建成小康社会 夺取新时代中国特色社会主义伟大胜利——在中国共产党第十九次全国代表大会上的报告[M]. 北京:人民出版社,2017:31.

② 习近平. 决胜全面建成小康社会 夺取新时代中国特色社会主义伟大胜利——在中国共产党第十九次全国代表大会上的报告[M]. 北京:人民出版社,2017:31.

③ 习近平. 决胜全面建成小康社会 夺取新时代中国特色社会主义伟大胜利——在中国共产党第十九次全国代表大会上的报告[M]. 北京:人民出版社,2017:31.

## 第一章　大数据视域下大学生思想政治教育方法创新的理论阐释

具有恒久魅力，就必须随着时代发展与形势变化不断开拓新视野、开创新境界、丰富新内容。尤其是当前，大学生思想政治教育面临的形势发生了显著变化：大数据环境日益形成、大学生对网络的依赖更强、网络空间对大学生思想观念的影响更加深刻……这一系列的变化，都迫切需要大学生思想政治教育方法的创新发展。思想政治教育者必须结合新的形势，推进大学生思想政治教育方法创新，才能使大学生思想政治教育方法具有感染力和吸引力。

（2）创新理论奠定方法创新的必然性前提

中国共产党关于创新的理论，全面、系统地阐述了建设创新型国家的伟大战略，为大数据视域下大学生思想政治教育方法创新奠定了必然性前提。建设创新型国家是一项复杂的系统工程，需要各个领域协同创新，尤其是需要创新型高等教育的强力支撑。思想政治教育是高等教育必不可少的重要组成部分，大学生思想政治教育又是重中之重，在建设创新型国家战略中发挥着培养创新人才的重要作用，具有坚定理想信念、塑造健康人格、培养平和心理、提升道德修养等重要功能。而这些功能能否被充分发挥，大学生思想政治教育方法是关键因素。只有使用符合大学生接受习惯、贴近大学生生活、富有时代气息的思想政治教育方法，才能增强思想政治教育实效性，进而更好地彰显出大学生思想政治教育助推创新型国家建设的时代价值。当前，随着大数据技术的日臻成熟、大数据应用的日益广泛，大数据时代特征也愈发鲜明。在此背景之下，基于大数据创新大学生思想政治教育方法已成为必然要求。

（3）创新理论奠定方法创新的要素基础

中国共产党关于创新的理论，明确指出创新是一个完整系统，涉及创新系统内外的各个要素，为大数据视域下大学生思想政治教育方法创新奠定要素基础。大数据视域下大学生思想政治教育方法创新，作为创新的一种重要类型，毋庸置疑也是一个完整的系统，需要系统内外各要素的支撑和配合。从系统内部看，要推进大学生思想政治教育方法创新，需要大学生思想政治教育方法理念、原则、载体与途径等各要素的协同创新；从系统外部看，大学生思想政治教育方法创新，离不开一定条件的保障作用，主要包括主体条件、技术条件、环境条件等。推进大数据视域下大学生思想政治教育方法创新，一方面要创新系统内的各要素，同时要着力于创造符合方法创新的外部条件。

## 三、大数据视域下大学生思想政治教育方法创新的重要意义

大数据浪潮汹涌而至,为青年大学生学习生活的方方面面带来了深刻变革,甚至直接改变着他们的生存方式,使尼葛洛庞帝预测的"数字化生存"成为现实。面对大数据的冲击,传统大学生思想政治教育方法严重滞后,借用大数据创新大学生思想政治教育方法,既能够丰富大学生思想政治教育方法理论,又能够指导大学生思想政治教育实践取得更大实效。

**(一)促进大学生思想政治教育方法理论发展**

大学生思想政治教育方法理论是研究大学生思想政治教育方法的理论学说,是对大学生思想政治教育方法运用的经验总结和理论提升,大学生思想政治教育方法是方法论体系的重要构成要素。因此,思想政治教育方法的发展能够促进方法论的不断完善,方法论的完善反过来能够更好地指导思想政治教育方法的具体运用。很多大学生思想政治教育方法起初是被不自觉地运用到思想政治教育实践活动中,尽管也取得了一定成效,但不利于方法自身的理论化、科学化发展。最初,方法理论也无明确体系,随着大学生思想政治教育实践的丰富发展和对大学生思想政治教育方法理论研究的深入开展,现有的大学生思想政治教育方法已有明确体系,并在思想政治教育中发挥着重要作用。

大数据时代的来临,使大学生思想政治教育面临着与以往截然不同的环境,大学生的思想行为特点、学习方式、交往方式都发生了根本变化,传统方法理论的滞后性明显凸显出来,大学生思想政治教育在整个高校教育工作中的"生命线"地位受到严重质疑。高校思想政治教育者唯有增强责任意识、担当意识,与时俱进,准确把脉大数据时代特征、追踪学生"数据化"变化、借鉴信息科学技术前沿理论,积极利用大数据技术对大学生思想政治教育方法进行创新,才能跟上时代步伐,使教育方法散发出其应有魅力。借助大数据创新大学生思想政治教育方法,并非对某一类型、某个层次或某种方法的创新,而是把大数据深度融入大学生思想政治教育方法各层次、各类型、各具体方法以及方法运用的全过程中。借用大数据带来的新资源,能够准确把握大学生的思想行为规律,增强思想政治教育方法的针对性和科学性;借用

# 第一章 大数据视域下大学生思想政治教育方法创新的理论阐释

大数据带来的新技术创新大学生思想政治教育具体方法，能够实现操作方法层面的现代化发展；借用大数据带来的新理念创新大学生思想政治教育方法理念，能够实现方法论层面的跃迁。

## (二)引导大学生思想政治教育实践取得更大成效

思想政治教育活动的开展必须借助于一定的方法和手段，思想政治教育方法在大学生思想政治教育中占有重要地位，是制约思想政治教育实效性的关键因素。科学的大学生思想政治教育方法是保证思想政治教育效果的重要条件。只有使教育方法始终充满时代气息、贴近大学生思想实际、反映大学生行为特征、回应大学生内在诉求，并且能够随着教育环境的变化不断发展，其实效性才能彰显出来。因而，长期以来，适应不同时期国家主要任务和人才培养需要，分别形成了一些具有时代特征的基本方法。

当前面临大数据的冲击，现有大学生思想政治教育方法出现了诸多不适应。然而，面对新的形势，部分思想政治教育者仍然固守落后的教育理念、遵循传统的经验思维模式，习惯于把学生当作填充知识的仓库和被改造的对象，沿用老一套教育方法，导致思想政治教育效果不尽如人意。这种状况与思想政治工作在高校整体工作中的重要地位不相符合，与党的十八大以来，以习近平同志为核心的党中央对高校思想政治工作的高度重视和突出强调不相符合，与中共中央国务院印发的《关于加强和改进新形势下高校思想政治工作的意见》中提出的"提高工作科学化、精细化水平"等新要求不相符合。因此，当务之急就是加强和改进大学生思想政治教育方法。如今的大数据时代，最显著的特征就是大数据环境的形成和大数据在各个领域的广泛运用，将大数据运用到大学生思想政治教育领域已成为必然趋势。当前，借用大数据创新大学生思想政治教育方法，有利于大学生思想政治教育者主动树立大数据意识、形成大数据思维，"运用新媒体、新技术使工作活起来，推动思想政治工作传统优势与信息技术高度融合"[1]。唯有如此，才能增强思想政治教育的吸引力和亲和力，从而确保大学生思想政治教育取得更大实效。

---

[1] 习近平. 把思想政治工作贯穿教育教学全过程 开创我国高等教育事业发展新局面[N]. 人民日报, 2016-12-09(1).

# 第二章　大数据视域下大学生思想政治教育方法创新的时代境遇

　　随着大数据技术和移动互联网的快速发展，大学生思想政治教育方法面临的客观环境发生了深刻变化：大数据时代背景逐渐形成、大学生思想行为数据化凸显、改革创新成为思想政治教育学科发展的强大动力，这些无疑成为大学生思想政治教育方法创新不得不面对的新形势。这种新的形势既为大数据视域下大学生思想政治教育方法创新带来了新资源、新手段和新平台等难得机遇，同时也使大数据视域下大学生思想政治教育方法创新面临着传统方法观念受到排斥、传统方法模式受到冲击、传统方法效果受到削弱等巨大挑战。新形势、新机遇和新挑战共同构成大数据视域下大学生思想政治教育方法创新不可回避的时代境遇。

## 一、大数据视域下大学生思想政治教育方法创新面临的新形势

　　形势，一般是指事物发展的状况。大数据视域下大学生思想政治教育方法创新的新形势，就是大数据视域下大学生思想政治教育方法创新面对的各种客观现实，是大学生思想政治教育方法创新的逻辑起点和现实条件。大数据时代背景逐渐形成、改革创新成为思想政治教育学科发展的强大动力、大学生思想行为数据化凸显，是大数据视域下大学生思想政治教育方法创新面临的新形势，也是方法创新主体必须关照的现实因素。

### （一）大数据时代背景逐渐形成

　　大数据时代，是指随着信息网络技术飞速发展及其与经济社会的深度融合，人类社会数据规模不断激增，人类存储、处理数据的能力不断提升，使

## 第二章　大数据视域下大学生思想政治教育方法创新的时代境遇

人们意识到通过大数据的挖掘和分析，能够发现数据背后的价值，从而高度重视大数据、积极应用大数据，推动人类社会创新发展的一个新时期、新阶段。社会生产力的发展，尤其是科学技术的日新月异，助推着人类社会快速从农业社会向工业化、信息化和网络化发展。如今，随着大数据的强势发展，数据化趋势势不可当，人类社会已迈入了大数据时代。正如马克思明确指出的：＂各种经济时代的区别，不在于生产什么，而在于怎样生产。＂①生产工具作为最重要的生产要素，是区分社会经济时代的根本标志。在大数据时代，大数据作为重要的生产要素与传统生产要素融为一体，各国政府相继出台大数据发展战略，加快推进大数据的广泛应用，加速了大数据时代背景的形成。

1. 大数据政策相继出台

大数据时代的到来，国家和政府层面的高度重视和战略规划是关键因素。② 随着新一轮信息化浪潮的强劲发展，大数据所代表的不再仅仅是重大的技术变革，还上升为国家发展的基础性战略资源。传统资源是非再生的有限资源。大数据作为新兴资源，可以复制、递增和共享，其开发和利用是无限的。大数据与其他生产要素融合，能够重塑经济发展方式，对社会发展产生深刻影响。毋庸置疑，大数据已成为国家之间的核心竞争力，谁掌握了大数据，谁就能在全球科技和产业竞争中占领战略制高点。因而，世界各国引发了一场大数据战略博弈。

中国政府高度重视大数据发展，习近平总书记视察中国科学院时指出：＂浩瀚的数据海洋就如同工业社会的石油资源，蕴含着巨大生产力和商机，谁掌握了大数据技术，谁就掌握了发展的资源和主动权。＂③在2014年两会政府报告中，首次将发展大数据上升为国家战略。2015年6月17日国务院常务会议再次强调大数据运用的重要性。同年8月31日，国务院印发＂促进大数据发展行动纲要＂，进一步从国家意志层面，系统部署了中国的大数据发展战略。中国共产党第十九次全国代表大会上，习近平总书记指出：＂推动互

---

① 马克思恩格斯文集(第5卷)[M].北京：人民出版社，2009：210.
② 王崇骏.大数据思维与应用攻略[M].北京：机械工业出版社，2016：49.
③ 习近平.把创新驱动发展战略落到实处[N].人民日报，2013-07-18(1).

网、大数据、人工智能和实体经济深度融合",①明确了大数据的发展方向。

2. 大数据技术不断发展

大数据技术的不断发展，是大数据时代形成的助推器。虽然大数据是一个时髦的概念，但与大数据相关的技术已经发展了相当长时间，正是大数据技术的日益成熟为大数据时代的到来奠定了技术基础。而助推大数据技术迅猛发展的背后推手则是数据科学。随着海量数据的大量涌现，传统的数据处理技术显得无能为力。大数据技术却能从海量数据中获取价值。基于数据处理的流程和过程，大数据技术主要包括数据采集技术、数据挖掘技术和数据可视化技术。

数据采集技术是大数据技术的基础。数据采集是数据处理的前奏和必备条件，要对数据进行处理，前提条件是将数据收集起来。虽然发展大数据技术的最终目的并不在于收集庞大的数据信息，而在于通过对这些数据的分析和挖掘，从中发现有价值的信息。但数据分析是建立在拥有大量数据的基础之上的。数据采集技术主要包括基于各类传感设备的采集和基于网络信息的采集，针对大数据的 ETL 工具采用分布式内存数据库、实时流处理等现代信息技术，实现了对海量异构大数据的实时收集和存储。②

数据挖掘技术是大数据技术的核心。是从大量数据中通过算法搜索隐藏于其中的信息的一种技术，所发掘的信息隐含于大量无用信息之中，并具有潜在的应用价值。数据挖掘连接着数据采集和数据可视化，是数据采集的逻辑延续，又是数据可视化的必要准备。只有从大量数据中挖掘出有价值的信息，数据采集才有意义，才能为数据可视化奠定基础。数据挖掘技术主要包括语义分析技术、聚类分析技术和关联规则分析技术等。数据挖掘技术的发展，为从海量数据中找出隐藏的知识和规律提供了技术条件。

数据可视化技术是大数据技术的关键。数据挖掘结果需要通过简明直观的方式呈现出来，才能最终被广大用户理解并应用于形成有效决策方案或预

---

① 习近平. 决胜全面建成小康社会 夺取新时代中国特色社会主义伟大胜利——在中国共产党第十九次全国代表大会上的报告[M]. 北京：人民出版社，2017：30.

② 赵勇，林辉，沈寓实. 大数据革命——理论、模式与技术创新[M]. 北京：电子工业出版社，2014：94.

第二章　大数据视域下大学生思想政治教育方法创新的时代境遇

测未来。虽然数据可视化技术只是对结果的展示技术，但仍然必不可少。缺失了数据可视化技术，用户面对深奥难懂的数据，将变得束手无策。基于大数据的数据可视化技术突破了传统的 Excel 表格和单一的图形化展示，通过交互式技术以图像、动画、视频等方式清晰明了地表达和传递信息，为人们洞察和理解复杂数据搭建了桥梁。

3. 大数据应用逐渐推广

大数据的广泛应用，是大数据时代形成的显示器。随着数据资源的不断积累和大数据技术的日益成熟，大数据已成为驱动各行各业创新发展的强大动力。研发大数据的最终目的在于造福于人类，只有在具体应用中，大数据的大价值才能由潜在状态向显在状态转化，才能切实发挥出其独特功能。大数据之所以能够推动各行各业创新发展，根本原因在于，一方面大数据能够发现过去无法发现的数据潜在价值，另一方面通过对不同数据集的整合能够创造出新的数据价值。总体而言，当前大数据主要应用于电子商务、社会治理和在线教育等领域。

电子商务是大数据应用的首要领域。主要通过用户分析，预测用户需求，基于此实现精准推送、广告追踪等应用。在大数据推动的电子商务革命中，唯有积极利用大数据杠杆创造商业价值，才能在新的商业模式中立足，否则必将被淘汰出局。在电子商务时代，用户可以通过注册拥有自己的账户，使用社交媒体，互联网企业则通过收集、分析用户大量的网络行为数据，掌握用户关系和用户特征，进而实现个性化推送。

社会治理是大数据应用的主要领域。主要应用大数据、物联网等技术，使社会治理水平得以提升，治理过程更加优化、更加科学、更加智慧。[①] 如大数据应用于智能电表，能根据用电需求和用电时段自动调整用电计费，实现错峰用电。大数据应用于交通管理，能够构建人与车、车与车、车与路的智能网络，将车辆分散到合适的道路上，实现有效治堵。大数据应用于社会治安，能够帮助打击网络犯罪和有预谋的社会犯罪。

在线教育是大数据应用的重要领域。主要通过对学生在线学习数据的收

---

① 杨雅厦. 应用大数据提升社会治理智能化水平[J]. 智库时代，2017(1)：44.

集、挖掘，掌握不同学生的学习情况，进而"让数据发声"，让教育部门决策者做出科学决策，让教育者认识到最合适的教育方式才是最有效率的教育方式，也让学生更好地了解自我。渗入了大数据的在线学习，不再仅仅是纯粹观看视频那么简单。以可汗学院的在线教育为例，"如果说那些吸引人的10分钟视频课程是可汗学院的心脏，那么时刻在后台运行的数据分析就是它的大脑。"①这些信息可以帮助可汗学院进一步分析学生的微观学习行为，进而改进教的方式，提升学的效率。当前兴起的"慕课热""微课热""翻转课堂"等都是大数据在教育领域的应用。

(二) 改革创新成为思想政治教育发展的强大动力

自1984年思想政治教育学科创立以来，至今已走过了40年，回顾这些年的发展历程，思想政治教育学科之所以从建立到深化、从不成熟到成熟、从发展到繁荣，根本原因在于：一方面，思想政治教育学科始终植根于中国特色社会主义伟大实践的坚实土壤；另一方面，改革创新贯穿于思想政治教育学科发展过程的始终。在新的时代背景下，思想政治教育学科发展面对全新的环境、全新的对象、全新的问题，只有与时俱进，不断推进思想政治教育创新发展，增强思想政治教育对现实问题的解释力和对社会关切的回应力，方能使思想政治教育学科发展迈上新台阶。

"初创—分化—整合"，是学科发展遵循的逻辑轨迹。任何一门新兴学科，都是在综合运用多门学科的理论和方法、博采众长的基础上形成和发展起来的横向学科。思想政治教育学科也不例外。② 初创时期，思想政治教育学科在充分借鉴和吸收哲学、教育学、政治学、伦理学、社会学、心理学等学科知识的基础上，形成了相对独立的学科体系。在发展进程中，随着学科体系日臻成熟，学科分化成为必然趋势，即需要深入学科内部进行细化、深化研究，在研究成果的基础上形成新的分支学科。在此基础上，要突破学科发展瓶颈，推动学科进一步发展，必须开展跨学科研究，加快与其他学科的交叉渗透，形成新的研究成果。这一进程反映了学科发展的一般规律和总的趋势。当前，

---

① 维克托·迈尔-舍恩伯格，肯尼思·库克耶. 与大数据同行：学习和教育的未来[M]. 上海：华东师范大学出版社，2015：52.

② 张耀灿. 试论思想政治教育学科的定位与建设[J]. 思想理论教育导刊，2006(7)：32-35.

## 第二章　大数据视域下大学生思想政治教育方法创新的时代境遇

思想政治教育学科正处于一个高度分化和高度综合相结合的重要发展期。只有打破学科壁垒，才能推动学科向更高层次发展。

从思想政治教育学科的发展方式看，在学科发展初期，一般以借鉴的方式为主，即借鉴教育学有关教育过程的要素凝练思想政治教育系统的元素，借鉴马克思主义哲学基本规律建构思想政治教育的原则方法，借鉴伦理学有关道德教育的主要内容提炼思想政治教育的道德要求，等等。随着学科向纵深方向发展，学科发展方式由借鉴式向自主创新转变，就是要增强学科自主创新意识，提升学科内生性发展能力，立足于学科特色，针对本学科特殊的研究域展开创造性研究，从而彰显出学科本色。学科经历了几十年的发展，思想政治教育学科发展处于融合发展、渗透发展时期，就是以开阔的学科视野突破学科边界，通过吸收其他学科的前沿理论、思维方式、崭新理念和研究方法等新鲜"给养"，推动思想政治教育进行创新。具体而言，思想政治教育学科在融合发展中取得一系列成果，如网络思想政治教育、思想政治教育传播学、思想政治教育管理学，等等。当前，思想政治教育学科正处于大有可为的时期。思想政治教育学科所处的学科环境，成为大数据视域下大学生思想政治教育方法创新需要考量的又一重要形势。

### （三）大学生思想行为数据化凸显

"人创造环境，同样，环境也创造人。"[①]任何新时代的诞生，都是人类发挥主观能动性不断实践的结果。同样，每一个时代都会塑造出打上那一时代烙印的不可替代、不可复制的思想行为特征。当今时代是一个多样、多元、多变的时代，尤其是以大数据技术和移动互联网技术为代表的信息科学技术的迅猛发展，使人类迈入了一个前所未有的崭新时代——大数据时代。大数据时代的来临，源于现代信息技术的发展，是人类创造性实践的结果。然而，大数据时代作为一种客观真实的存在，正在通过各种方式有形无形地变革着人们的生存发展方式。对于易于感知和接受新鲜事物、伴随网络发展而成长的青年大学生而言，其思想行为与"70后""80后"相比，已发生了显著变化。突出体现在日常生活数字化、人际交往虚拟化和学习方式个性化上。

---

① 马克思恩格斯文集(第1卷)[M]．北京：人民出版社，2009：172-173．

1. 日常生活数字化

数字化，就是将各种信息转变为一系列能够被计算机识别的二进制代码。数字化的过程，就是从"原子"到"比特"的过程。恩斯特·卡西尔把人定义为符号性动物，认为符号化的思维和符号化的行为是人类生活中最富于代表性的特征，并且人类文化的全部发展都依赖于这些条件。① 数字化的实质就是符号化，只不过是比传统符号化在更高层次上开拓了人的思维空间和活动空间，"使人不再生活在一个单纯的物理宇宙之中，而是生活在一个符号宇宙之中。"②移动互联网时代和大数据时代的到来，使人类的生活实现了史无前例的数字化。正因为如此，尼葛洛庞帝才断言"人类的每一代都会比上一代更加数字化。"③青年，尤其是青年大学生是时代最灵敏的晴雨表。他们敏锐地感知着时代的变化，始终走在时代前列，引领着数字化生活的走向。

20世纪90年代著名数字化大师、未来学家尼古拉斯·尼葛洛庞帝所预言的"数字化生存"在青年大学生身上正在一步步成为现实，"数字化生存"代表的是一种生活方式、生活态度以及每时每刻都与电脑为伍的生活状态。④ 一方面青年大学生被海量数据无时无刻、无所不在地包围着，另一方面他们的衣食住行、休闲娱乐、资讯服务等日常生活全面实现着数字化。有关日常生活的一切，仅仅通过手指动一动、指尖划一划，就能轻而易举在网络上完成。况且，基于大数据的移动互联网与传统互联网相比，具有了智慧，总是能"猜透"大学生的心思，各种个性化窗口弹出的内容、购物网站推送的商品似乎是专门定制的一样，让青年大学生有了不一样的全新体验。因而，通过网络使各种需求得到满足后，进一步强化着青年大学生对网络的依赖感，使数字化生存成为他们生存方式的新常态。因为当青年大学生敲打键盘，抑或是滑动触屏的时候，所追求的已不仅仅是信息内容本身，更是对心理需求得到满足后的一种愉悦感。而青年大学生日常生活的数字化反过来催生了数量更多、类型更丰富的数据资源。大学生日常生活的这种变化，成为大数据视域下大

---

① 恩斯特·卡西尔. 人论[M]. 甘阳, 译. 上海: 上海译文出版社, 1985: 35.
② 恩斯特·卡西尔. 人论[M]. 甘阳, 译. 上海: 上海译文出版社, 1985: 33.
③ 尼古拉·尼葛洛庞帝. 数字化生存[M]. 胡泳, 范海燕, 译. 海口: 海南出版社, 1997: 272.
④ 尼古拉斯·尼葛洛庞帝. 数字化生存[M]. 胡泳, 范海燕, 译. 海口: 海南出版社, 1997: 7.

学生思想政治教育方法创新必须面对的客观形势。

2. 人际交往虚拟化

人际交往的虚拟化，是一种基于网络空间的以"数字化交往"为基本模式的人际交往。①正如罗杰·菲德勒在《媒介形态变化：认识新媒介》一书中指出的，"媒介技术的发展，会直接影响21世纪人际交往的状况。"②随着大数据时代的到来，虚拟人际交往成为大学生最重要的交往形式，亦是其满足精神需要最基本的方式之一。马克思曾指出："一个人的发展取决于和他直接或间接进行交往的其他一切人的发展。"③虚拟人际交往在一定程度上是对现实人际交往的延伸和补充，并没有改变现实交往的本质，也不能完全取代现实交往。但对于"网生一代"青年大学生而言，虚拟交往已成为占主导地位的人际交往方式，在其健康成长和全面发展中具有至关重要的作用。与现实人际交往相比，虚拟交往极大地拓展了人际交往的时空范围、丰富了人际交往内容，有利于大学生主体性的彰显、个性的展现和潜能的发挥，对大学生具有强烈的吸引力。

大数据时代，互联网已成为青年大学生进行人际交往的无形背景。"网络真正的价值正越来越和信息无关，而和社区相关。"④就青年大学生而言，即是说，网络空间已不再是单纯获取信息的空间，更是一个实实在在交流思想、表达情感、互诉衷肠的虚拟交往场所。由于身份的匿名性、对象的广泛性、语言的生动性、媒体的多样性、交流方式的便捷性，虚拟交往独具魅力、备受大学生青睐。他们无论是遇到心理困惑、思想矛盾还是学习难题，总是习惯于到网络空间寻找答案和寻求帮助。尤其是智能手机的诞生和不断更新换代，使各种社交媒体如雨后春笋般蓬勃发展，便捷性、人性化程度越来越高。以QQ、微信为代表的即时通信工具成为大学生进行在线交流的首要选择。网络空间的各种"圈""群"，让大学生流连忘返、欲罢不能。因而，"我在看你，你却在看手机""面对面默不作声，却各自低头畅聊于网络世界"成为大学生人

---

① 黄少华，陈文江. 重塑自我的游戏 网络空间的人际交往[M]. 兰州：兰州大学出版社，2002：70.
② 黄少华，陈文江. 重塑自我的游戏 网络空间的人际交往[M]. 兰州：兰州大学出版社，2002：58.
③ 马克思恩格斯全集（第3卷）[M]. 北京：人民出版社，1960：515.
④ 尼古拉斯·尼葛洛庞帝. 数字化生存[M]. 胡泳，范海燕，译. 海口：海南出版社，1997：214.

际交往的真实写照。大学生在虚拟人际交往中，形成了海量的有关思想行为以及人际关系方面的数据。大学生人际交往的这种现象，成为大数据视域下大学生思想政治教育方法创新必须面对的又一客观形势。

3. 学习方式个性化

个性是个体身上特有的、稳定的、经常表现出来的心理特征的总和。个性既是个体之间相互区别的重要标志，又是个体表现出来的与众不同的性质和状态。学习的个性化，是指以学生个性差异为基础，适合每个学生的学习范式。学习的个性化，一方面是学生个性化的重要诉求，另一方面也是学生个性发展的重要途径。首先，大学生个体是个性形成发展的必要条件。脑科学和心理学研究成果表明，不同的生理是形成不同个性的前提条件。由于先天遗传和后天环境的不同，大学生被塑造成一个个独特的生命个体。其次，社会性是大学生个性形成发展的决定性因素。大学生的社会性并不是凭空产生的，而是在长期的学习生活中形成的。每个大学生所处的学习生活环境、所接受的家庭教育不同，决定了其需要、兴趣、能力、品质、气质、信念等各方面的差异性，即个性的差异性。大学生学习的个性化根源于其个性的差异性。

大学生学习的个性化体现在与学习活动相关的各个方面。大学生的学习活动是一个有机系统，基于这一系统涉及的要素进行审视，任何学习活动都是在具体时空范围内、指向一定内容、通过特定学习方式而展开。离开了其中的任何一个要素，学习活动既不可能发生，也无法有效完成。与之相应，与传统同步化、固定化、被动式的学习方式相比，学习时间的自由性、学习空间的泛在性、学习内容的选择性和学习方式的灵活性，是对学生学习个性化的最好诠释。随着大学生个性的不断彰显、信息科学技术日新月异的发展以及学习资源的不断丰富，大学生总是根据自身的需要和特点，自主选择最适合自己的学习时间和空间、最能满足发展需要的学习内容、最可行的学习方式。尤其是云教育的兴起，彻底颠覆了传统学习方式，在这个全新的教育平台上，学习资源应有尽有，大学生可以自由选择学习资源，时时处处进行学习，使学习更具个性化。总体而言，大学生的学习已从硬性学习发展为柔性学习。这一深刻的变化是大数据视域下大学生思想政治教育方法创新必须

第二章　大数据视域下大学生思想政治教育方法创新的时代境遇

考量的重要客观现实。

## 二、大数据视域下大学生思想政治教育方法创新面临的新机遇

机遇，即时机、机会，是客观形势为事物发展提供的有利因素。大数据能够把大学生的学习生活全面记录下来，并且通过去冗降噪、碎片加工、数据融合、语义分析等核心技术对抓取的"原始信息"分门别类。在此基础上，利用数据挖掘技术进行更深层次的分析，可以更好地洞察大学生的思想变化、行为特征、心理需求，为大学生思想政治教育方法创新积聚新资源、提供新手段、搭建新平台。

### (一)积聚大学生思想政治教育方法创新的新资源

资源就是一切存在于自然界和人类社会中、可被人类开发利用的物质、信息、能量的总称，换言之，资源就是能够为人类创造财富的具有相应数量积累和质量规格的客观存在形态，主要表现为物质态、能量态和信息态。资源是人类社会赖以存续与发展的根本条件，就像农耕时代的土地和工业时代的石油，数据已当之无愧成为大数据时代的基础性资源，更成为创新大学生思想政治教育方法的重要资源。大数据带来的数据资源以信息态存在，以结构化和半结构化形式为主，主要表现为文本形式、图像形式、语音形式和视频形式。大学生思想政治教育方法创新作为一项复杂的实践活动，必须依靠一定的资源作为支撑。大数据为大学生思想政治教育方法创新积聚了前所未有的数据资源，为大学生思想政治教育者全面深入地认识教育对象，开展个性化教育、预防性教育、针对性教育奠定了坚实基础，能够有效提升思想政治教育方法的科学性。

1. 积聚大学生思想政治教育认识方法创新的数据资源

准确认识和把握大学生的思想状况、个性特征和心理需要，是有效开展思想政治教育的前提。由于人力、物力、财力和技术手段的限制，传统的大学生思想政治教育认识方法一般采取抽样调查法，即从大学生群体中按照一定方式选取部分教育对象，采用开调查会、个别访谈、问卷调查等方式开展调查，获取少量样本数据，并将结论反推到全体。这样的方法无疑是认识教育对象的一条捷径，但也仅仅是在无法获取全体数据情况下的无奈选择，势

· 71 ·

必带来很大偏差。大数据实现了"全数据"模式，使"样本＝全体"变为现实。可以在"自然发生的条件下"，随时随地获取每一个学生的思想动态、情感变化、行为习惯等全方位信息，为客观全面地认识教育对象提供了数据资源的支撑。

2. 积聚大学生思想政治教育实施方法创新的数据资源

实施方法是大学生思想政治教育方法体系中最重要、最核心的组成部分，也是决定大学生思想政治教育实效性的重点和关键，而最有效的实施方法就是"因材施教"的方法。由于观念和技术的制约，传统的大学生思想政治教育往往不顾教育对象的差异性，采取统一的课堂讲授、讲座辅导、观看视频以及社会实践等方法，让所有学生学习同样的知识、向所有学生讲授同样的内容，教育效果不尽如人意。大数据使这种状况得到彻底改善，使个性化教育真正成为可能。丰富的数据资源使精准洞察大学生的内心世界变得不再困难，从而能够为每个大学生提供有针对性的教学内容、推送定制化的服务、采用个性化的教学方式。

3. 积聚大学生思想政治教育评估方法创新的数据资源

评估方法是评判大学生思想政治教育效果与价值的重要方法，其虽然是大学生思想政治教育最后一个环节所运用的方法，但在整个方法体系中发挥着至关重要的作用，直接影响着学生的学习方法和教育者的实施方法，进而很大程度上决定着教育的实际效果。目前的评估方法主要是由思想政治教育者作为单一评估主体，通过期末笔试的方式进行统一的终结性评估。这种单一静态的评估方法不能客观全面地反映思想政治教育效果。大数据"忠实"记录着大学生的日常学习生活轨迹，这些无声的"数据脚印"为动态化、立体化、定量化评估思想政治教育效果提供了良好契机。

4. 积聚大学生思想政治教育反馈方法创新的数据资源

反馈方法就是教育对象给出反应信息和思想政治教育者收集反应信息的方法。通过信息反馈，教育者能够更好地掌握教育情况，及时调控教育过程与教育行为。传统的大学生思想政治教育，往往通过教育者"察言观色"或与教育对象交流谈心等方式获取反馈信息，这种获取信息的方式带有明显的主观臆测性，信息的真实性有待进一步考证。大数据技术的运用，使实时动态

第二章　大数据视域下大学生思想政治教育方法创新的时代境遇

地获取贯穿于教育教学全过程的反馈信息变为现实，为准确了解大学生的思想反馈提供了真实全面的数据依据。

(二)提供大学生思想政治教育方法创新的新手段

手段是为达到一定目的所采用的措施与方式，达到任何目的、做任何事情，均离不开一定手段。按照不同标准，手段可以分为不同类型，按性质分，可分为活态手段、物质手段和技术手段。活态手段是以主体为载体、与主体及主体活动不可分割的手段，例如语言表达、表情变换、肢体动作等都是最原始的活态手段。物质手段是主体直接操作的物质工具，其本质是对人体器官的放大和延伸。如望远镜是对视力的延伸，可以让人类看到远处的风景。技术手段是相对独立于主体之外，以操作规程、知识形态等智能化形态存在的重要手段。大学生思想政治教育方法的创新，必须凭借一定的手段，并且手段的先进程度直接决定着方法创新的效果。随着信息技术的飞速发展，大学生思想政治教育方法创新的手段沿着最初的活态手段，如教育者的口头讲授、肢体操控、文字板书等方式发展为以音频、视频、多媒体等为代表的物质手段。当前，大数据作为一项新兴技术，为大学生思想政治教育方法创新提供了无与伦比的技术手段。

1. 提供信息获取新手段

大学生思想政治教育方法的科学化，首先有赖于对教育对象、教育环境的总体状况了然于胸，为此，必须全面收集相关信息。在传统的大学生思想政治教育信息收集中，信息来源比较单一、收集手段相对落后，主要通过观察、体验、交谈、问卷调查等方式，难免造成片面化、主观化等弊端。大数据技术从根本上改变了这种状况，大数据利用多个数据库接收来自大学生用户端(包括网页浏览、App软件应用、传感器读取等)的网络数据，并存储在可靠性高、可扩展的分布式数据库中，以便思想政治教育者随时调用和处理。这为获取各种半结构化、非结构化大学生思想行为数据提供了有力的技术支撑。

2. 提供信息分析新手段

大数据之大并不在于数据体量巨大，而在于能够带来大智慧、大价值。同样，大学生思想政治教育方法个性化、精准化的实现，也并不在于占有信息的体量之大，而是在于从大量看似毫不相关的碎片化、分散性数据信息中发现从前不曾发现的联系、挖掘出用传统技术难以发现的大学生群体思想行为规律及个体特征。传统大学生思想政治教育中，教育者主要凭直觉经验或抽象思辨对获取的信息进行加工分析，大数据技术以前所未有的维度量化着世界的方方面面，借助云技术、并行处理技术、集成技术等大数据挖掘技术，教育对象的思想状况轻而易举地实现了数据化，为解决以往方法创新的"痛点"提供了强大的技术支撑。

3. 提供信息呈现新手段

海量数据信息只有通过人们易于理解的方式呈现出来，才能释放出巨大能量。关于大学生的思想动态、情感变化、价值取向等数据信息也必须通过思想政治教育者看得懂的形式展示出来，才能"让数据发声"，否则再高端的数据分析技术、再多的数据分析结果也发挥不了任何作用。大学生思想政治教育者处理数据的传统手段主要是图像、图表和表格等平面化方式。大学生思想行为数据的急剧增长急需新工具，大数据可视化技术通过三维地图、动画技术、动态模拟等方法使曾经枯燥乏味、艰涩难懂的冰冷数据以生动直观的形式展现出来，大学生的群体特征和个体表现一目了然，思想动态趋势变得清晰可见，为思想政治教育者开展针对性教育、个性化教育、预防性教育提供了得天独厚的技术优势。

(三) 搭建大学生思想政治教育方法创新的新平台

"平台"泛指生产和施工过程中，为操作方便而设置的工作台，特指计算机硬件或软件的操作环境，引申为开展活动所需的条件或环境。平台对于大学生思想政治教育方法的创新同样至关重要，传统大学生思想政治教育方法运用的主流平台是思想政治理论课、校园主题网站、社会实践等。大数据为大学生思想教育方法创新搭建了智慧课堂、特色网络、虚拟实践等新平台。

1. 搭建智慧课堂新平台

对"智慧课堂"的理解有两种视角，即教育学视角和信息化视角。教育学提出智慧课堂是为了区别于传统的知识课堂，认为课堂教学并不是单纯传授知识，其根本任务在于促进学生智力的发展。信息化视角的智慧课堂侧重于强调教学手段的信息化、智能化，提出利用先进的技术手段营造富有智慧的

## 第二章 大数据视域下大学生思想政治教育方法创新的时代境遇

学习环境。大数据为大学生思想政治教育方法创新搭建智慧课堂新平台，主要是基于信息化视角提出的。通过将大数据技术有效嵌入思想政治理论课教学全过程，教育者能够实时掌握每个学生的学习情况，而教育对象个性化的学习需要也能够得到很好满足，从而真正实现课堂教学个性化、学习反馈即时化、互动交流立体化、资源推送智能化。

### 2. 搭建特色网络新平台

大学生思想政治教育方法运用的传统网络平台主要以校园网的思想政治教育专题版块、电子布告栏系统以及电子邮件、腾讯QQ为代表。这些平台在大学生思想政治教育中曾一度发挥过重要作用，但其弊端也是显而易见的。例如，虽然各高校建立了不同形式的思想政治教育网站，但单调重复的内容、滞后的更新速度，难以吸引青年大学生的注意力，导致点击率很低，甚至无任何点击，形同虚设。大数据为大学生思想政治教育方法创新搭建了网络新平台。一是智能化的校园门户网站。其能够根据大学生的浏览痕迹和阅读偏向，判断大学生的兴趣爱好、心理诉求，并适时推送针对性的思想政治教育内容。二是新兴社交平台。以微博、微信为代表的新媒体，以其方便快捷、双向互动、"碎片化"传播等优势，迅速在大学生中风靡，为思想政治教育的有效开展提供了不可多得的平台。三是思想政治教育应用软件。安装在移动终端上的思想政治教育应用软件具有移动化、情景化、趣味化等优点，能够随时随地根据大学生的个性差异和关注热点，精准推送契合大学生需要的教育内容和服务信息，实现思想政治教育的精准化、智能化和人性化。

### 3. 搭建虚拟实践新平台

大学生实践教育是高校为了配合课堂教学而有计划、有目的地组织大学生参与校园活动或社会实践，通过实践锻炼和现场体验等形式健全大学生成才机制的一种特殊教育形式。[①] 传统大学生实践教育受主客观条件制约，存在经费不足、参与面窄、形式化等诸多问题，严重影响其育人功能的充分发挥。大数据为大学生思想政治教育方法创新搭建了虚拟实践新平台，突破了传统

---

① 邱伟光. 大学生社会实践教育新论[M]. 上海：同济大学出版社，1994：17.

实践育人模式的瓶颈,使大学生在仿真环境中模拟生活、增长才干、提升能力。① 一是突破了时空限制,改变了实践结果的不可逆性。虚拟实践能够在虚拟环境下选择多向度发展模式,通过大数据仿真技术验证其选择的正确性,从而有助于提升现实选择的合理性。二是突破了"精英参与"模式,让所有大学生都有平等参与的权利和机会。三是突破了功能的单一性,集知识与技能、学习与娱乐、模拟与创造多重功能于一体,有利于增强思想政治教育方法的吸引力。

## 三、大数据视域下大学生思想政治教育方法创新面临的新挑战

挑战,是客观形势为事物发展带来的不利因素。事物总是存在两面性,大数据对于大学生思想政治教育方法创新而言,同样如此。在为其提供良好机遇的同时,新的挑战随之而来:大学生思想政治教育方法的传统观念受到排斥、传统模式受到冲击、方法效果受到削弱,新的挑战同样不可小觑。

### (一)大学生思想政治教育传统观念遭遇排斥

大学生思想政治教育方法虽然具有很强的实践性,但其深受思想政治教育观念影响,只有深刻认识到这一点,才能减少对方法选择与运用的盲目性,提升思想政治教育者探求先进方法的自觉性。当前,大数据对大学生思想政治教育方法的方方面面带来了革命性影响,首先就是强烈排斥传统方法的教育观念。

1. 排斥传统方法的主体观念

传统大学生思想政治教育中,思想政治教育者作为维护与传播国家主流意识形态的代表,享有角色赋予的绝对权威,是唯一的教育主体,在整个思想政治教育过程中的支配地位是毋庸置疑的,从教育计划的制订、教育内容的安排、教育进度的控制、教育方法的选择,无一例外都是由思想政治教育者决定的。青年大学生则被视为接受知识的容器,始终处于从属、被动地位,其主观能动性被有意无意忽略。正如马克思在《政治经济学批判》序言中所指

---

① 吴满意,等.大学生社会实践活动的新形式——虚拟社会实践[J].理论与改革,2010(2):122-124.

## 第二章　大数据视域下大学生思想政治教育方法创新的时代境遇

出的："物质生活的生产方式制约着整个社会生活、政治生活和精神生活的过程。……人们的社会存在决定人们的意识。"①同样，传统方法的主体观念是由过去相对封闭的教育环境、自上而下的信息传递方式所决定的，这种客观现实把思想政治教育者塑造成对知识和信息的垄断者。如今，大数据浪潮的到来，从根本上打破了旧有的信息传递格局，思想政治教育者和受教育者享有获取信息的同等权利，甚至青年大学生凭借对新媒体技术的熟练掌握，总是能够站在信息的最前沿。曾经不可撼动的"前喻文化"模式日渐式微，后喻文化和并喻文化逐渐居于主导地位。前喻、后喻和并喻三种文化模式是美国人类学家米德基于文化传递方向所做的分类。前喻文化是晚辈向长辈学习，后喻文化则相反，是长辈向晚辈学习，并喻文化是同辈之间相互学习。大数据催生的新的文化传递模式使传统主体观念面临前所未有的冲击。

2. 排斥抽象的理想人格假设

在传统大学生思想政治教育中，将"人的本质"视为思想政治教育的逻辑起点，这种教育观念往往将教育对象抽象为理想化的人格化身，只看到教育对象的共性、社会性，而忽略了其个性、自然性；只见森林一片，不见树木一棵；过度强调思想政治教育的工具价值而忽视其目的价值。带来的严重后果是，把"以人为本"的"人"异化为"抽象化的人"，陷入"见物不见人"的怪圈，导致思想政治教育产生功利化、工具化倾向。这种观念的形成有着特殊的历史背景，思想政治教育作为一项实践活动，起源于革命战争年代，其根本宗旨是服务于战争胜利的需要，作为一门学科，形成于改革开放之初，其存在的合法性是为了适应改革开放新时期社会建设对大量思想政治教育人才的迫切需要。然而，随着社会的快速发展，思想道德领域变得多元多样多变，大数据把这种变化演绎得淋漓尽致。一方面，青年大学生比以往任何时候都更容易接触到各方面的海量信息，封闭的信息环境被彻底打破；另一方面，大学生们的内心想法、利益诉求、情感表达等一切思想和行为都以数据的形式被记录下来，通过数据处理，"透视"教育对象的内心世界已不再困难。大数据使以往"抽象的人"变成"有血有肉""有需要""现实的""具体的"人，强

---

① 马克思恩格斯选集(第2卷)[M]. 北京：人民出版社，2012：2.

烈排斥着传统理想化的"抽象人"观念。

## (二)大学生思想政治教育方法运用模式经受冲击

大学生思想政治教育模式是在思想政治教育理念指导下,在大学生思想政治教育长期实践中,由大学生思想政治教育各要素相互联系、相互作用形成的,具有典型特征的实践范式或理论模型,是教育理论走向教育实践的中介。大数据风暴对大学生思想政治教育方法的传统模式造成了巨大冲击。就像文字的出现表面看来只改变了记录信息的方式,实质上却颠覆了知识传承模式,大数据的出现对于大学生思想政治教育而言,虽然仅仅改变了信息呈现方式,却强烈冲击着传统思想政治教育模式。

### 1. 冲击传统的单向灌输模式

单向灌输是传统大学生思想政治教育的主要模式,其基本特征是强制性、单向性。强制性意味着教育者处于一种居高临下的优势地位,是教育的主宰者,整个教育过程以"教"为中心,学生沦为被动的接受者,严重影响了其积极性的发挥。单向性意味着单一的主体性,教育者被视为名副其实的教育主体,学生则被当作被动的客体,本该充满人性化的教育过程简化为"我讲你记、我说你听"的"传递—接受"模式。这样的教育模式虽然在特定年代曾起过积极作用,但由于忽略了学生的主体性,其弊端逐渐凸显出来。尤其是当前大数据风暴汹涌来袭,对传统的单向灌输模式带来震撼性冲击。首先,"去中心化"的信息传递方式正在强势解构着自上而下的单向单一模式,教育者享有绝对话语权的局面难以为继,取而代之的是,师生、生生之间多向度、立体化的网状传播模式。与此同时,海量的数据信息从根本上挑战着社会主义主流意识形态的主导地位,不同意识形态的激烈交锋与冲突,使传统的灌输模式不再奏效。

### 2. 冲击传统的"德目主义"教育模式

"德目主义",即直接的道德教学,是通过专门的道德教育课程对学生进行道德教育。[1]"德目主义"教育模式也是传统大学生思想政治教育模式的典型代表,就是在统一的时间段、规定的地点,由专业的思想政治教育者对教

---

[1] 张忠华. 改革开放30年来德育目标的研究与反思[J]. 教育学术月刊,2011(1):20-24.

第二章　大数据视域下大学生思想政治教育方法创新的时代境遇

育对象讲授统一教育内容的模式。其重要特征是教育时间、空间、内容的固定化，教育形式的正面、正规化。由于传统教育模式一般以教师、以课堂为中心，所以时间、地点基本是集中和固定的，即使是辅导员与学生个别谈心，也是按事先约定的时间和地点进行。教育内容则主要基于教育的总体要求，并结合教育者自身的知识积淀与能力素养进行组织，这种整齐划一的教育模式往往把学生预设为"同质化"的个体。殊不知，青年大学生是具有不同兴趣爱好、不同需要的"异质化"个体。大数据技术的飞速发展及其与大学生学习生活的深度融合，使教育和学习突破了时空限制，智慧教育、在线教育、移动教育以及名目繁多的非线性教育迅速崛起。大学生既可以利用整段时间对大部头著作进行深阅读，又可以利用碎片化时间进行在线学习，还可以自如地在图书馆、教室、宿舍等现实空间与虚拟空间之间不停切换。这种泛在化的学习方式对传统的固定化教育模式带来了前所未有的冲击。

(三)大学生思想政治教育效果受到削弱

大学生思想政治教育方法，是思想政治教育方法大家庭中的重要一员，但其自身作为相对独立的整体，又是由相互联系、相互区别的各种方法类型所组成的。从实施过程看，其由认识方法、实施方法、评估方法和反馈方法组成；从实施途径看，其由主渠道思想政治教育方法和主阵地思想政治教育方法组成。这些方法类型都是通过长期的思想政治教育实践总结凝练而成，是被实践证明行之有效的传统方法。然而，大数据的飞速发展，使大学生思想政治教育面临全新的境遇，传统思想政治教育方法的实效性遭到严重削弱。

1. 削弱传统认识方法效果

以往思想政治教育者了解、掌握大学生的思想状况主要依靠眼睛、耳朵等身体器官感知、体察对象的情绪情感和思想变化，即"听其言，观其行"，或者使用问卷调查等间接方式。这些传统方法具有一定的优势，如直接观察法能够通过及时捕捉学生面部"微表情"及肢体语言的变化"读懂"大学生的内心世界。但传统方法的不足之处也是显而易见的，尤其是面对大数据的强烈冲击，其效果逐渐羽化。从大学生的思想行为特点看，他们正处于从青春后期向成年早期的过渡期，往往外露与含蓄共在。为了维护自尊，他们在教育者面前总是有所保留甚至刻意修饰，而"热衷"于把自己的生活点滴发布在微信朋友圈、QQ空间等网络新媒体上，并且随时根据心情变化进行更新，催生了大学生"思想行为大数据"，使传统思想政治教育认识方法显得不合时宜。

2. 削弱传统实施方法效果

从一定意义上来看，思想政治教育过程就是思想政治教育信息的传递和接受过程。基于此，传统大学生思想政治教育方法主要分为：以语言传递为主的方法、以直接感知为主的方法和教育者指导学生独立获取知识为主的方法。① 三种方法类型之下，长期思想政治教育实践中又形成了一些卓有成效的具体方法，如理论讲授法、课堂讨论法、谈话法、直观教育法、实践教育法、自我教育法等。这些形式多样的实施方法的共同特点在于：思想政治教育者主要以提升大学生思想道德素质为根本出发点，并结合教育者自身的知识积淀、经验积累和专业特长，一切教育活动皆按事先设计的方案和拟定的计划进行，很少考虑学生的内在需要和教育过程中的反馈信息。这种按部就班、千篇一律的陈旧方法，面临大数据的巨大冲击，显得黯然失色。大数据技术能够对每个学生的具体情况进行详细记录和分析，并根据每个学生的个性特点设计个性化教育方案，教育的整个过程充分体现"以学生为中心"的理念，这种人性化、智能化的教育方法使传统思想政治教育实施方法相形失色。

3. 削弱传统评估方法效果

思想政治教育评估是在收集、分析教育信息的前提下，对教育活动作出价值判断的过程。从根本目的看，教育评估是为了促进思想政治教育质量的提高，增强教育实效性；从直接目的看，是为了审视和评价思想政治教育效果。传统思想政治教育评估方法主要基于阶段性或周期性的教育数据，对学生的思想道德素质进行静态的终结性评价。当前，智慧教育环境的构建以及具有强大数据采集功能的移动终端的广泛运用，实现了全过程、全方位获取、分析学生课堂上下、校园内外、学习生活、思想行为等"全数据"信息，使传统静态、单一的思想政治教育评估方法的局限性进一步凸显出来。

4. 削弱传统反馈方法效果

反馈作为控制论的核心概念，指系统的输出以某种方式返回到输入端，

---

① 石云霞."两课"教学法研究[M].武汉：武汉大学出版社，2002：222.

## 第二章　大数据视域下大学生思想政治教育方法创新的时代境遇

并调节系统的再次输出，从而影响系统功能的全过程。思想政治教育的信息反馈，是在思想政治教育过程中，教育对象对教育信息作出反馈到教育者掌握反馈信息的过程。传统的大学生思想政治教育信息反馈方法，主要是直接反馈法，即教育者通过观察学生的课堂行为变化，或与学生进行交谈获取反馈信息。智慧课堂的搭建，使全程获取教育过程中的信息反馈变为现实，"两微一端"在大学生中迅速走红，使教育者随时随地获取实施教育后大学生思想情感变化的信息不再困难。这一系列的变化，使得传统信息反馈方法效果不断弱化。

# 第三章 大数据视域下大学生思想政治教育方法创新的理念与原则

理念,即最根本的思想观念;原则,即观察和处理问题的法则。大数据视域下大学生思想政治教育方法创新不是盲目随意的,必须以一定的理念和原则为指导,理念是活动的精神追求,原则是活动的依据准绳;理念引领活动方向,原则规范活动标准。"以生为本""数据为重""手段为要"三大理念是大数据视域下大学生思想政治教育方法创新的灵魂与根本指导思想,指引着方法创新的方向;"技术性与方向性相结合""精准性与实效性相结合""定量与定性相结合"三大原则是方法创新的根本遵循,规范着方法创新的准则。

## 一、大数据视域下大学生思想政治教育方法创新的理念

理念是最根本的思想观念,产生于实践,又对实践起指导作用。"以生为本"理念规约着大数据视域下大学生思想政治教育方法创新的根本方向;"数据为重"理念彰显着大数据视域下大学生思想政治教育方法创新的本质特征;"手段为要"理念体现着大数据视域下大学生思想政治教育方法创新的根本要求。"三大理念"成为引领大学生思想政治教育方法创新的航标和鹄的。

### (一)"以生为本"理念

"以生为本"理念,就是一切以学生为根本、为中心,是大数据视域下大学生思想政治教育方法创新的核心理念,规约着方法创新的总方向,贯穿于方法创新全过程,任何偏离"以人为本"理念的方法创新活动必然徒劳无功。

1."以生为本"理念的内涵

"以生为本"源于"以人为本",因而,把握"以生为本"理念的内涵,前提

## 第三章 大数据视域下大学生思想政治教育方法创新的理念与原则

是深刻理解"以人为本"。此处的"本"不是回答有关世界本源的哲学本体论问题，而是关涉人们实践活动的价值诉求等根本问题，与"末"相对。"以人为本"的精神实质就是人类的一切活动都要以人为根本，以满足人的需要、实现人的价值为出发点和落脚点。把握"人"的本质，是理解"以人为本"的关键所在。"人的本质不是单个人所固有的抽象物，在其现实性上，它是一切社会关系的总和。"[①] 社会关系是在具体的社会实践活动中形成的，正是人的需要及其对需要的满足推动着实践活动的生发与继续。正如马克思一针见血指出的："由于他们的需要即他们的本性，以及他们求得满足的方式，把他们联系起来。"[②] "历史不过是追求着自己目的的人的活动而已。"[③] 需要的产生并不是随心所欲的，而是由人们所处的客观物质生活条件决定的。即"现实的个人"在具体实践活动中产生了各不相同的需要。这就决定了必须从三个维度把握"人"：作为类存在的人、作为社会存在的人和作为个体存在的人，分别关注人与动物的区别、不同社会群体的区别以及不同个体之间的差别。当前在人的主体性不断彰显的时代背景下，在强调人的社会属性和社会价值的同时，也要关照人的个体需要与个体价值。"以生为本"是"以人为本"在大学生思想政治教育中的生动体现。"以生为本"就是在思想政治教育过程中，遵循"一切为了学生的发展、为了一切学生的发展"的价值准则，以学生的全面发展为根本宗旨，以学生的个性发展为重要目标，关注学生的变化，关切学生的需要，选择与青年大学生特点相适切的内容、方法、途径开展思想政治教育活动。从根本上看，这是由大学生思想政治教育活动的特殊性决定的，大学生思想政治教育是一门关于人的科学，主体客体是人，出发点和归宿点是人，目的是促进大学生的全面发展。[④]

大数据视域下大学生思想政治教育方法创新"以生为本"的理念，是指以提升大学生思想政治教育实效性，促进大学生健康成长全面发展为根本目的，着眼于运用大数据理念、大数据资源、大数据技术掌握大学生群体和个体的

---

① 马克思恩格斯选集(第1卷)[M]. 北京：人民出版社，2012：135.
② 马克思恩格斯全集(第3卷)[M]. 北京：人民出版社，1960：514.
③ 马克思恩格斯文集(第1卷)[M]. 北京：人民出版社，2009：295.
④ 郭秀丽. 以人为本：现代思想政治教育的根本理念[J]. 思想政治教育研究，2008(4)：28-30.

思想行为特征，满足大学生现实需要，并借助大数据技术创新符合大学生接受特点、尊重大学生主体地位、体现大学生个体差异的方法开展思想政治教育活动的理念。"以生为本"理念是大数据视域下大学生思想政治教育方法创新的核心理念，明确规定了此项活动的宗旨是通过增强思想政治教育方法的科学性，以更好地实现思想政治教育服务于大学生成长成才的需要。大数据是为方法创新服务的，是凸显方法人本性的重要手段，而不是为了追逐时髦，切不能本末倒置，更不能为了追求形式的新颖忘记了思想政治教育的初衷。准确把握"以生为本"理念，需要从以下方面入手：一是方法创新要以促进大学生健康成长全面发展作为出发点与落脚点。大数据时代最显著的特征就是大数据在各个领域的广泛运用以及大数据互联网环境的逐渐形成，因此，对置身其中的青年大学生带来了深刻影响，使其学习方式、日常生活、人际交往全面数据化，这种前所未有的变化为借助大数据创新大学生思想政治教育方法提供了客观条件，但思想政治教育者应始终铭记，大数据只是创新大学生思想政治教育方法的手段，创新方法的唯一宗旨是助力大学生全面发展目标的实现。二是借助大数据实现大学生思想政治教育方法的人本化、人性化、人文化。就是将大数据资源、大数据技术、大数据载体运用到大学生思想政治教育方法创新全过程，准确定位大学生的主导需要、确认大学生的主体地位、尊重大学生的个性发展，凸显大学生思想政治教育方法的创新服务于大学生群体和个体的全面发展和个性发展的主导价值取向，做到"围绕学生、关照学生、服务学生"①。

2."以生为本"理念的重大意义

大数据视域下大学生思想政治教育方法创新秉承"以生为本"理念，是落实立德树人根本任务的现实需要，是促进大学生全面发展的内在诉求，是保证方法创新正确方向的根本所在。

(1)落实立德树人根本任务的现实需要

党的十九大报告明确把立德树人作为教育事业的根本任务，习近平总书

---

① 习近平.在全国高校思想政治工作会议上强调 把思想政治工作贯穿教育教学全过程 开创我国高等教育事业发展新局面[N].人民日报，2016-12-09(1).

## 第三章　大数据视域下大学生思想政治教育方法创新的理念与原则

记在全国高校思想政治工作会议上进一步强调："高校立身之本在于立德树人。"①立德树人不仅是高等教育的根本使命，也是大学生思想政治教育的根本任务，更是大学生思想政治教育存在的合法性所在和本质要求。"树人"必先"立德"，"立德"是前提，"树人"是目的。"立"与"树"是手段，"德是基础"，"人"是核心。"立德树人"强调高校要把人才培养置于学校工作的中心地位。大数据视域下"以生为本"的方法创新理念以尊重大学生主体地位、满足大学生合理诉求、引领大学生健康成长、促成大学生全面发展为依循，其终极目的就是通过推进思想政治教育方法的与时俱进，从而更好地实现"树人"目标。由此可见，二者在"树人"的价值诉求上具有内在一致性，秉承"以生为本"的方法创新理念，是"立德树人"的题中应有之义，更是落实立德树人根本任务的现实需要。

（2）促进大学生全面发展的内在诉求

青年大学生正处于人生成长的黄金阶段，他们精力旺盛、奋发进取，渴望自己成长为全面发展的优秀人才，更好地实现人生价值。数字化全新生存环境的形成，一方面，有效拓展了青年大学生学习、生活、人际交往的时空范围，更新了信息获取的手段；另一方面，对数字环境的过度依赖带来了人的异化问题，不利于大学生成长成才。大数据视域下"以生为本"的方法创新理念，其主要旨趣在于借助大数据功能的充分发挥，促进大学生思想政治教育任务能更好完成。应着眼于利用大数据资源、技术、方法、载体，准确洞察大学生内心世界，深度挖掘大学生真实需要，并利用大学生乐于接受、契合大学生思想行为特点、富有个性化的方法塑造其健康人格，培养其科学思维方式，回应其现实诉求。应一改往日简单生硬说教、自上而下灌输的陈旧方式，从源头上扭转造成"单向度的人""同质化的人"的困境，有力地促进了大学生的全面发展。

（3）保证方法创新正确方向的根本所在

大学生思想政治教育方法创新的方向性主要体现在两个方面：一是正确

---

① 习近平. 在全国高校思想政治工作会议上强调 把思想政治工作贯穿教育教学全过程 开创我国高等教育事业发展新局面[N]. 人民日报，2016-12-09(1).

的政治方向，这是由思想政治教育特殊的学科属性及在高校人才培养中的独特功能决定的。在思想政治教育的诸多属性中，政治性是其首要属性；在高校各项工作中，思想政治教育居于生命线的地位，发挥着育人的重要功能。二是实效性、价值性，这是由方法的特有属性决定的，方法总是为一定目的服务的，大学生思想政治教育方法的价值也是在完成教育任务的过程中体现出来。但归根结底，无论是政治方向性还是价值性都服务于人才培养这个总方向、指向人才培养这个总任务。大数据视域下"以生为本"的方法创新理念，能够保证方法创新不偏离正确方向，始终围绕着大学生这个中心项，服从于提升大学生思想政治教育实效性的直接目标，服务于大学生成长成才的终极目标。

3. "以生为本"理念的基本要求

大数据视域下大学生思想政治教育方法创新秉承"以生为本"理念，必须实现思想政治教育方法的"三贴近"、个性化和定制化。

(1) 实现方法的"三贴近"

"三贴近"就是"贴近实际、贴近生活、贴近学生"。秉承"以生为本"的理念，要求大数据视域下大学生思想政治教育方法创新必须"贴近实际、贴近生活、贴近学生"。贴近实际，就是一切从大学生的实际出发，而不能从主观臆断出发。大数据运用于大学生思想政治教育方法的创新，一方面要全面掌握大学生的实际，同时致力于使思想政治教育新方法贴近大学生的实际需要。贴近生活，就是在大学生思想政治教育方法创新的过程中，要借助大数据技术，深入大学生的现实生活中去，了解大学生的现实关注点，聚焦大学生的生活诉求点，追踪大学生的生活变化新节奏，使创新的方法充满生活色彩、富于生活气息、反映生活变化，始终与大学生的实际生活同频共振。如同样的教育内容，应用微信进行传递，毋庸置疑，比通过思想政治教育专题网站传播更具有吸引力。贴近学生，要求大学生思想政治教育方法创新的过程中，必须尊重大学生主体地位、体现大学生意愿、满足大学生需求，创新的方法必须符合大学生的喜好、以大学生喜闻乐见的形式呈现出来。

(2) 实现方法的个性化

个性，就是矛盾的特殊性，是此事物区别于彼事物的特殊属性；教育学

## 第三章 大数据视域下大学生思想政治教育方法创新的理念与原则

视域下的个性是指个体在原有身心素质的基础上,通过社会环境和教育的影响以及主体亲身参与社会实践活动,在身心、智能、道德各方面形成的相对稳定的独特特征的总和。秉承"以人为本"的理念,在大数据视域下大学生思想政治教育方法创新中最根本的要求就是,必须实现方法的个性化,尊重教育规律和学生身心发展规律,为每个学生提供适合的教育。即强调方法的选择与运用不仅要关注大学生的共性特征,也要关照大学生不同群体的特征,更要重视微观个体之间的差异性,实现由数据驱动的"因材施教"。① 具体而言,就是利用大数据洞察每一个学生的真实情况,进而对学生的个性进行识别,并且基于每个学生不同的身心特点、兴趣爱好、学习风格、学习模式等个性表现选择相匹配的思想政治教育方法,实现由传统以教育者为中心、以单向灌输为主的教育向以学生为中心、以适切性教育为核心的教育模式转变。

(3)实现方法的定制化

"定制化"是经济学术语,本意是依据特定个体的具体需求,特意剪裁相关产品或服务,为其提供能满足其需要的、同时也能令其满意的产品或服务。如今,定制化已成为大数据在各个领域注入的一个关键性魅力元素,也是大学生思想政治教育方法创新追求的重要目标和希望达到的基本要求。秉承"以人为本"理念,要求大数据视域下大学生思想政治教育方法创新必须实现方法的定制化,即适应每个大学生在不同时间地点、针对不同教育内容对思想政治教育方法的不同需要,能恰到好处地提供与其需要相匹配的、贴心的方法服务,通过赋予方法"智慧",提升思想政治教育的亲和力。例如,视频网站已经从"猜你喜欢"进化到"知道你喜欢",向用户推荐的内容正是用户想要的,提供的推送服务甚至比用户本人更了解自己,似乎具有"读心术"的特异功能一样。思想政治教育方法的定制化,就是要达到此效果,能够根据每个大学生此时此刻、彼时彼刻不同的想法提供相应的方法,改变大学生对以往思想政治教育方法生硬呆板的刻板印象,重塑方法的人本化形象。

(二)"数据为重"理念

"数据为重"理念,就是一切以数据为重,是大数据视域下大学生思想政

---

① 刘三女牙. 大数据开启个性化教育新时代[N]. 中国教育报,2017-03-05(7).

治教育方法创新的显著标志，彰显着方法创新的本质特征，要求在整个方法创新过程中都必须高度重视数据作用、深度挖掘数据价值、充分发挥数据功能。

1."数据为重"理念的内涵

"数据为重"理念，是指在大学生思想政治教育方法创新过程中，要确立起以数据为重点的根本观念，将数据视为大学生思想政治教育方法创新的重中之重，使方法创新的整个过程都建立在坚实的数据基础之上，通过数据的获取、分析和有效利用，提升思想政治教育方法的科学性。正如习近平总书记指出的："谁掌握了数据，谁就掌握了主动权。"[1]即"得数据者得未来"。对于大学生思想政治教育方法创新而言，数据同样发挥着至关重要的作用。数据不仅是对过去的规律性揭示，更是对未来的方向性预示。"用数据说话"的时代，确立"数据为重"的理念，就是要充分收集大数据、深度挖掘大数据、善于利用大数据。"数据为重"理念是大数据视域下大学生思想政治教育方法创新的关键理念，明确指出了其基础和源泉。大数据为方法创新提供客观依据，奠定科学基础。准确把握"数据为重"理念，主要从以下方面着手。

(1) 数据是大学生思想政治教育方法创新的基础

数据产生于人们对事物数量的记录和计算，当今世界，数据技术革命日新月异，数据的本体地位得到了前所未有的提升，而不仅仅是描述事物数量关系的表征符号。那么，数据何以能成为大学生思想政治教育方法创新的基础和源泉？解决此问题，需要从数据与信息、知识、物质之间的关系入手。四者当中，物质处于最基础的地位，是世界的本源。数据与物质二者的关系密不可分，数据不是凭空产生、孤立存在的，而是人类用于表征物质属性和状态的一种方式。与此同时，数据又居于由数据、信息、知识三者构成的金字塔的底端，数据是承载信息的载体，知识是对信息的规律性提炼。正如数据专家涂子沛所指出的，数据向知识的跨越经过了两个环节，即数据被赋予背景则成为信息，在信息中发现规律则成为知识。[2] 由此可见，数据是信息和

---

[1] 习近平. 把创新驱动发展战略落到实处[N]. 人民日报，2013-07-18(1).
[2] 涂子沛. 大数据[M]. 桂林：广西师范大学出版社，2013：88.

## 第三章 大数据视域下大学生思想政治教育方法创新的理念与原则

知识的中间环节。大数据时代,一切皆可被数据化,曾经数据无法涉足、难以企及的人类精神世界,如今已变得像客观物质世界一样,能够凭借数据清晰呈现出来。借助于大数据技术驱动的智能设备,关于大学生的一切信息都能被数据化,包括社交网络上留下的文字、图片、音频、视频等网络思想行为信息;反映大学生学习状况的图书馆、教学楼、宿舍楼的出入门禁信息;反映大学生生活状况的食堂刷卡就餐、网上购物信息等等。这些折射大学生思想行为、兴趣爱好、情绪情感、生活习惯等极具个性化的信息通过数据被真实记录下来,让大学生的内心世界暴露无遗。通过对这些数据的深入分析,能够发现以往不曾注意到的影响思想政治教育效果的因素,掌握以往无法理解的大学生思想行为规律。简而言之,数据是发现规律的源泉,为创新大学生思想政治教育方法提供新的生长点。

(2)育人是大学生思想政治教育方法创新的目的

"数据之于信息社会就如燃料之于工业革命,是人们进行创新的力量源泉。"①没有关于大学生学习生活、思想情感、图书借阅情况等相关数据的记录与分析,基于大数据的思想政治教育方法创新将成为无源之水。这足以说明数据在大学生思想政治教育方法创新中发挥的核心作用。但是,不能"唯数据是从",应拒绝奉行数据主义。大学生思想政治教育方法创新的最终目的是通过打造新的育人方法、优化育人过程、提升育人水平,更好地实现培养社会主义合格建设者和可靠接班人的育人目标。大学生思想政治教育工作的方方面面都必须围绕这一目标展开,不能有任何偏离与违背,方法创新同样如此。大数据视域下大学生思想政治教育方法创新,就是从大数据的视角诊断大学生思想政治教育方法长期以来存在的顽瘴痼疾,并利用大数据达到使方法推陈出新、革故鼎新的预期目的。大数据在大学生思想政治教育方法创新中的运用并不是为了凸显大数据有多么无所不能、神通广大,而是为了促成育人目标的实现。更何况光芒四射的大数据也并非完美无瑕,甚至可能出现柏拉图在《理想国》中所描述的"洞穴隐喻"现象,即技术再先进也无法将数据尽数

---

① 维克托·迈尔-舍恩伯格,肯尼思·库克耶. 大数据时代:生活、工作与思维的大变革[M]. 盛杨燕,周涛,译. 杭州:浙江人民出版社,2013:230.

收集，所获取的数据也许仅仅是现实世界的投影，如果盲目崇拜数据，有可能误导人们的判断，或许带来制约人类直觉、创造力、天赋发展的更严重后果。因此，必须杜绝"数据至上"，即一味追求数据，时时处处以数据马首是瞻。

2."数据为重"理念的重大意义

大数据视域下大学生思想政治教育方法创新秉承"数据为重"理念，是顺应大数据时代的必然选择，是提升大学生思想政治教育质量的重要举措，是增强大学生思想政治教育方法科学性的内在要求。

（1）顺应大数据时代的必然选择

信息技术的飞速发展，使人类进入了大数据时代。大数据时代带来了商业、医疗、政治、社交等各个领域的深刻变革。作为信息技术的前沿阵地，高校成为数据化的焦点和重点。"一机（智能手机）在手生活无忧""一卡（校园一卡通）在手学习无忧"正在成为大学生学习生活的真实写照。数字化校园、智慧校园的建设，正在改变着大学生的学习生活环境，也重塑着思想政治教育环境，冲击着大学生原有的思维方式、交往方式、学习方式、生活方式以及信息获取方式，进而深刻影响其思想意识、道德观念、价值准则的形成和发展。刷卡痕迹反映着大学生的日常学习生活情况，微信朋友圈的评价内容折射着大学生的价值倾向，腾讯QQ空间发布的心情说说记录着大学生的成长历程。一个个鲜活的大学生可以还原为一串串数据的集合体。树立"数据为重"理念，能够以数据作为了解大学生思想行为特点的基础，作为创新大学生思想政治教育方法的途径和载体，有利于顺应大数据时代营造的数据新环境，助力思想政治教育方法新发展。

（2）提升大学生思想政治教育质量的重要举措

质量问题是大学生思想政治教育的核心问题，关乎大学生思想政治教育价值的彰显和目的的达成。大学生成长成才以及社会发展目标的实现程度是衡量教育质量高低的根本指标。提升质量是当前加强和改进大学生思想政治教育的题中应有之义。习近平在全国宣传思想政治工作会议上强调："关键是

## 第三章 大数据视域下大学生思想政治教育方法创新的理念与原则

要提高质量和水平,把握好时、度、效,增强吸引力和感染力。"[1]这一重要论断成为提升大学生思想政治教育质量的方法论遵循。就大学生思想政治教育质量而言,"时"是指从宏观上关照时代特征、微观上把握教育时机。"度"是指要在教育频度、力度与学生接受度之间保持适度张力。"效"就是保证思想政治教育有效、长效。确立"数据为重"理念,以学生思想行为数据为基础、以教育过程数据为参照、以教育结果数据为根本,既有利于定位当今时代的显著特征,又有助于把握恰当的教育时机;既能够反映教育力度与接受程度之间的相关关系,又能够体现教育频度与教育效果之间的动态关系。让"数据"贯穿于大学生思想政治教育质量提升的全过程、各环节,通过发挥"数据"的力量,更精准地把握"时"和"度",进而提高"效",使质量提升真正落到实处。

(3)增强大学生思想政治教育方法科学性的内在要求

科学性能反映人们主观认识与客观实际的吻合程度,即主观认识是否反映了客观事物的内在规律及本质特征,以及反映的准确程度与深刻程度。大学生思想政治教育方法的科学性主要体现在两个方面:一是大学生思想政治教育方法理论的科学性;二是思想政治教育者能够依据科学的方法理论,选择符合思想政治教育规律、大学生成长规律的方法开展思想政治教育活动。两个方面的科学性归根结底都依赖于对大学生思想行为规律的深刻揭示。改革开放以来,教育学、心理学、社会学、青年学等学科对大学生思想行为规律展开了深入研究,有价值的研究成果逐渐引入大学生思想政治教育方法领域,但总的看来,还只是初步实现了思想政治教育方法由经验型向科学型的转变。[2] 确立"数据为重"理念,能够从根本上改变以往研究大学生思想行为规律的抽样调查法中研究对象"被代表"的尴尬现象,减少由个别推导到一般、由个案推导到全体的过程中主观思辨导致的弊端。毕竟人的思想行为具有很强的主观性、主动性、非线性等复杂特征,不同主体在相同情境、同一主体在不同情境、甚至同一主体在不同时间的同一情境中都会表现出迥然不同的

---

[1] 把思想政治工作贯穿教育教学全过程 开创我国高等教育事业发展新局面[N].人民日报,2016-12-09(1).

[2] 黄蓉生.当代思想政治教育方法论研究[M].重庆:西南师范大学出版社,2000:188.

状态。因此用研究自然科学的"黑箱方法"并不能真实揭示大学生思想行为的客观规律。而随时随地产生的动态数据能够对每个大学生的思想行为轨迹进行准确刻画，能够从海量数据中挖掘出大学生的思想行为规律，从而为大学生思想政治教育方法理论的进一步科学化奠定基础，同时为思想政治教育者科学教学提供重要依据。

3. "数据为重"理念的基本要求

大数据视域下大学生思想政治教育方法创新秉承"数据为重"理念，必须注重全面收集数据、深度挖掘数据、善于利用数据。

(1) 全面收集数据

大数据时代，数据就像一座掺杂着大量沙子的金矿石，虽然蕴含价值的是数量极少的"金矿"，但"沙里淘金"的前提是必须占有大量数据。正所谓"巧妇难为无米之炊"，大数据视域下大学生思想政治教育方法创新，同样必须以拥有大量数据作为支撑。虽然大数据并不仅仅在于数据体量巨大，但海量数据的积累是形成大数据的前提；虽然收集数据本身并不会直接产生价值，但数据收集是大数据产生价值的源泉。大数据正是通过数据数量的急剧增长，实现从量变到质变的飞跃。与小数据时代获取少量数据的受控实验相比，大数据时代的数据收集具有实时动态性、真实性等明显优势。过去，思想政治教育者一般通过问卷、访谈、观察等人工方式收集学生的思想行为数据，得到的数据往往带有滞后性、刻意性、片面性等不足。大数据时代，思想政治教育者应全面收集来自社交网络、智能手机等的大数据，一条信息或少量数据也许并不能说明什么，但是长期追踪关于某个特定学生思想行为的大数据却能够准确勾勒出此学生的基本面貌。大数据时代信息收集与传统手段相比，就如同高像素相机与手工画像的区别，可以从不同角度、不同侧面全面反映对象，这样的方法收集到的信息有利于下一步对数据进行全方位分析。

(2) 深度分析数据

"大数据"虽然体量很大，但真正有用的大数据相当有限，绝大多数大数据不是思想政治教育者需要的数据。然而，有用的数据不会自动涌现，其价值也不会自动显现出来。因此收集到的数据只有经过分析处理，才能获取蕴含于其中的有用信息。数据分析的意义在于透过多维度、历时态的大学生思想行为数据,大学生思想政治教育方法创新前后的纵向对比数据,找到问题根源所在。大数据时代的数据分析,与小数据时代采用"孤立、静止、还原"的传统方法相比,更注重数据的整体性、相关性、多样性、动态性分析。思想政治教育者在方法创新过程中,要把方法创新的效果聚焦于全体学生一段时间以来的思想行为数据链,而不能总是把关注的目光局限于某几个学生某几组数据;要注重数据间相关关系的分析,找到影响方法实效性的各种因素,而不能总是执着于对某方面因果关系的探求。

(3)善于利用数据

学生思想行为大数据虽然表示的是过去的教育效果,但可以从中预测其未来发展;方法创新的科学性与否也可以通过大数据进行验证。大数据时代,思想政治教育者在方法创新的全过程都要善于利用大数据,树立"用数据说话""用数据创新"的全新理念,着力于运用数据及数据分析发现大学生思想行为新特点、新动向,提炼出思想政治教育方法新规律、新理论,创造出大学生思想政治教育新方法。例如,对于大学生发布在朋友圈里的心情日志,可以采用语义分析技术,及时识别异常情况,并积极采取预防措施做到防患于未然,从根本上扭转思想政治教育方法被动、滞后的局面。又如,对于思想政治理论课大数据,思想政治理论课教师要善于从不同角度加以利用,通过各种数据的全面对比,挖掘到隐含的规律,实现思想政治教育方法的个性化和定制化。需要注意的是,思想政治教育者要始终牢记收集、分析数据的根本目的是服务于大学生思想政治教育方法创新,而不是用作他途,更不能泄露学生的隐私。

(三)"手段为要"理念

"手段为要"理念,就是强调手段的重要性,是大数据视域下大学生思想政治教育方法创新的重要理念,要求方法创新过程中必须全面利用大数据资源手段、大数据技术手段和大数据载体手段。

1."手段为要"理念的内涵

手段就是为了达到某种目的而采用的方式和措施。做任何事情、达到任何目的,都必须采取一定手段,没有手段、手段不充分或者手段不恰当,目的就无从实现。"手段为要"理念,是指在大学生思想政治教育方法创新过程中，要确立大数据手段关键性地位，认识到大数据手段在大学生思想政治教育方法创新中的决定性作用，方法创新的过程要基于对大数据资源、大数据技术和大数据载体手段的有效利用，方法创新的效果很大程度取决于对大数据手段利用的程度。正是通过对大数据手段的充分运用，大学生思想政治教育方法的时代性和现代性才得以彰显。目标确定之后，手段就成为决定性因素。正如科学社会主义与空想社会主义的根本区别并不在于最终要达到的目标，而在于实现目标的手段。大数据视域下大学生思想政治教育方法创新之所以区别于一般意义上的大学生思想政治教育方法创新，正是在于运用了大数据这种新兴手段。"手段为要"理念是大数据视域下大学生思想政治教育方法创新的基本理念，规定了方法创新活动的条件和路径，大数据手段为方法创新提供了最先进的工具。准确把握"手段为要"理念，主要从以下方面入手。

(1) 大数据手段是大学生思想政治教育方法创新的决定性因素

手段与人类实践活动密不可分，人类的任何一项活动都离不开一定手段的选择和运用。人与动物的区别不仅体现在人类活动的目的性上，而且还在于人能够按照目的的不同要求，创造出各种适切的手段，促使目的得以实现。手段的创造主要表现为外在于人的工具的发明创造以及内在于人的知识、思维、程序的改进与完善。恩格斯在《劳动在从猿到人的转变中的作用》中明确指出，"利用外部自然界"与"改变自然界"是人同动物的"最终本质差别"，[①]而根源正在于创造和使用手段的能力。大学生思想政治教育方法创新作为一项开创性活动，同样需要借助相应手段。手段的先进程度直接决定着方法创新的效果。大数据作为信息技术发展的最前沿，也是当前科技发展的最高水平，理应成为大学生思想政治教育方法创新的重要手段。从本质上看，方法本身就是完成大学生思想政治教育任务的一种手段，为了使这种手段更加有效，则需要借助大数据对其进行完善和创新。大数据作为方法创新的手段，决定着方法创新达到的层次与水平。况且，大数据时代，大学生思想政治教育系统的各个要素都被"数据化"了，如果借用管理学中"经济人""社会人"的假说，那么今天的青年大学生无疑已成为典型的"数据人"，随之带来了大学

---

① 马克思恩格斯选集(第3卷)[M]. 北京：人民出版社，2012：997-998.

## 第三章 大数据视域下大学生思想政治教育方法创新的理念与原则

生思想政治教育存在方式的根本变化。在此情形下，离开大数据手段谈方法创新，就等同于用肉眼观察遥远的太空，可望而不可即。

（2）运用大数据手段的目的是增强大学生思想政治教育方法的实效性

目的与手段是人类一切实践活动的两个基本要素，它们是相互联系而存在、相互作用而发展的。就像美国著名教育家杜威所认为的："脱离了手段的目的乃是一种在感情上的放纵。"①反之，脱离了目的的手段，将变得盲目而无所适从。大数据作为一种手段，相对于创新大学生思想政治教育方法而言，能够助推大学生思想政治教育方法的存在形态发生根本变革。但就其本身而言，大数据手段不存在性质上的好坏与价值取向上的对错，关键取决于其服务的大学生思想政治教育方法创新的目的，这是由二者的基本关系决定的。在二者关系中，大数据手段具有依附和从属的性质，始终处于被支配的地位，始终服从、服务于大学生思想政治教育方法实效性提升的目的。如果这种关系发生了颠倒或者偏离，那么势必带来混乱，甚至陷入为了大数据而大数据、见物不见人的悖论。

2."手段为要"理念的重大意义

大数据视域下大学生思想政治教育方法创新秉承"手段为要"理念，是实现大学生思想政治教育方法信息化的关键所在，是促进大学生思想政治教育方法在当代发展的题中之义。

（1）实现大学生思想政治教育方法信息化的关键所在

信息是表征客观事物状态、性质、规律等的符号，只要存在物质及物质运动，必然存在信息。信息化是使信息表征的内涵、功能、价值逐渐扩大，使之得以在更大范围广泛传播，在更多领域得以体现。② 信息技术的强劲发展是其背后的强力推手。大学生思想政治教育方法信息化，就是通过信息与信息技术在大学生思想政治教育方法中的大力推广与全面运用，提升方法的信息技术含量，凸显方法的时代感，增强方法的实效性。具体体现在两个方面：一是信息及信息技术在大学生思想政治教育方法中的运用；二是助推大学生

---

① 习近平. 把创新驱动发展战略落到实处[N]. 人民日报, 2013-07-18(1).
② 何克抗. 我国教育信息化理论研究新进展[J]. 中国电化教育, 2011(1)：1-19.

思想政治教育方法的网络化、智能化发展。两个方面的实现都有赖于信息技术的强力支撑。大数据作为创新大学生思想政治教育方法的重要手段，显而易见已成为当前信息技术发展的时代标志，不仅能够为大学生思想政治教育方法创新提供海量可供分析的信息，还能够为进一步分析、挖掘隐藏于信息背后的规律性知识提供先进的大数据技术支撑，同时为利用大学生思想政治教育方法传递思想政治教育信息提供大数据载体。树立"手段为要"理念，能够将大数据技术贯穿大学生思想政治教育方法创新全过程，实现方法的信息化发展。

(2)促进大学生思想政治教育方法在当代发展的题中之义

大学生思想政治教育方法的当代发展，是指结合当前新的时代背景，对大学生思想政治教育方法进行改进和创新。当前时代背景下最突出的表现就是科学技术发展日新月异，各个学科领域新的理论成果层出不穷。当代大学生思想政治教育方法发展，必须积极借鉴和吸收现代科学发展最新成果，丰富和发展符合现代化要求的大学生思想政治教育方法体系。实现大学生思想政治教育方法由传统向现代转型，最重要的标志就是现代化手段的运用。毫无疑问，大数据作为现代科技发展成果的典型代表，为大学生思想政治教育方法手段的现代化创造了良好条件。在这种新的基础上，思想政治教育者必须改变传统方式，掌握和运用大数据新手段，改进和更新方法，才能实现大学生思想政治教育方法的当代发展。当然，需要指出的是，强调大数据手段的运用，并不能生搬硬套大数据，而是要切切实实把大数据手段运用到方法创新的全过程、各环节。

3. "手段为要"理念的基本要求

大数据视域下大学生思想政治教育方法创新秉承"手段为要"理念，必须注重利用好大数据资源手段、载体手段和技术手段，三种类型的手段是相互联系、层层递进的关系，只有将三种手段有机结合，才能挖掘出大数据在大学生思想政治教育方法创新中的重要价值。

(1)注重利用大数据资源

"资源"一词来源于经济学，传统资源观把资源界定为有形的自然物质或环境，随着科学技术发展，尤其是信息化时代的到来，人们形成了新的资源

第三章　大数据视域下大学生思想政治教育方法创新的理念与原则

观，认为资源就是在一定社会历史条件下存在的，能够满足人类需要并可以为人类开发利用，在社会各领域的活动中经由人类劳动而创造出财富的各种要素的总和。[①] 这种界定把资源的外延扩展到无形的知识、文化、信息等要素，更加科学合理。大数据资源当属此列，并且就像农业时代的土地一样，毋庸置疑，大数据已成为大数据时代的核心资源。利用好大数据资源，是大学生思想政治教育方法创新的前提和基础。只有利用好这个关键资源，才能突破传统方法粗放型、欠科学的瓶颈。一方面，要充分利用大学生日常学习生活中留下的各种"数据资源"，为全面掌握大学生的思想、个性、需要等，进而为开展针对性教育奠定客观基础。另一方面，要利用好校园内丰富的数据资源创新思想政治教育方法，如"校园随手拍"记录下的无数个瞬间是案例教学法不可多得的鲜活资源。同时，应利用好校内外的经典数据资源，如感动中国人物、校史校情校训等改进和创新典型教育法。

（2）注重利用大数据载体

大数据载体是传媒载体发展的新阶段，为大学生思想政治教育方法创新注入了新鲜元素。与传统载体相比，具有平等性、交互性、渗透性、智能性等无可比拟的优越性。利用好大数据载体，是大学生思想政治教育方法创新的关键，不仅能够突破时空界限、重塑信息传递模式，还能够增强思想政治教育内容呈现的灵活性，从根本上改变以往大学生思想政治教育方法自上而下、单向灌输、死板生硬的痼疾，展现出方法应有的魅力。遵循"手段为要"理念，必须高度重视大数据载体在方法创新中的重要作用，明确大数据载体包括的类型以及各种类型的特点与功能，牢牢把握住运用大数据载体的目的是服务于大学生思想政治教育方法创新这个根本。在此基础上，应充分发挥出新兴网络媒体、即时通信工具、电子传媒、思想政治教育软件等各类大数据载体的优势，同时让各种大数据载体相互结合、优势互补、形成合力。如对大学生进行爱国主义教育，既可以通过微信、微博等网络新媒体发布爱国主义故事、视频、图片等，又可以利用思想政治教育软件推送国家重大赛事、重要政治事件，尤其是中国取得的重大成就等，还可以通过校园的电子显示

---

① 陈华洲. 思想政治教育资源论[M]. 北京：中国社会科学出版社，2007：32.

屏滚动展示历史上的本土性英雄人物，或者各种方式并用，以提升吸引力。

(3) 注重利用大数据技术

技术广泛存在于人类目的性活动的各个领域，是人类活动的基本方式。[①] 大学生思想政治教育活动也不例外。大学生思想政治教育技术最初诞生于教育实践活动中，遵循"实践—技术—理论"进路，随着大学生思想政治教育方法理论的不断发展，理论的发展超越了教育实践和教育技术的现实状况，走到了教育技术发展的前面，逐步形成"理论—技术—实践"的主导模式，但无论哪种发展模式，技术始终围绕"如何教""怎样教更有效"这条中心线索。技术是通过方法这个中间环节发挥作用的，技术的先进程度直接影响着方法的发展层次。大数据作为大数据时代的核心技术，是大学生思想政治教育方法创新的重要支撑，是助推大学生思想政治教育方法实现飞跃的决定性因素。遵循"手段为要"理念，就是要充分认识到大数据技术的极端重要性，将大数据技术运用于大学生思想政治教育认识方法、实施方法、评估方法、反馈方法创新的全过程，推动大学生思想政治教育方法全面发展。

## 二、大数据视域下大学生思想政治教育方法创新的原则

原则是观察与处理问题的法则或准绳，是人们对客观事物规律性认识的结果，受规律制约又体现着规律。大数据视域下大学生思想政治教育方法创新必须遵循"技术性与方向性相结合""精准性与实效性相结合""定量与定性相结合"的原则。"三大原则"成为大数据视域下大学生思想政治教育方法创新的基本要求和根本准则。

### (一) 技术性与方向性相结合

"技术性与方向性相结合"是大数据视域下大学生思想政治教育方法创新的首要原则，在三大原则中处于决定性地位，规定和统领其他两项原则的方向，是大学生思想政治教育方法创新的根本遵循。

1. 技术性

技术是人类改造自然的能力的标志，其本质就是在认识和领悟规律的基

---

[①] 王伯鲁. 马克思技术思想论纲[M]. 北京：科学出版社，2009：31.

## 第三章 大数据视域下大学生思想政治教育方法创新的理念与原则

础上，把它们在实践中加以利用。技术是一个历史范畴，起初至多表现为劳动者的技能，到了文明高度发达的今天，现代技术已成为推动各个领域发展转型的强大杠杆。技术性就是有关技术方面的属性，大数据视域下大学生思想政治教育方法创新的技术性就是大学生思想政治教育方法创新全过程都要高度重视对大数据技术的运用，将大数据技术视为大学生思想政治教育方法创新的根本手段，嵌入方法创新的每一个环节。通过对大数据技术功能的最大限度发挥，实现大学生思想政治教育方法创新的目的。这是大数据视域下大学生思想政治教育方法创新的关键，也是撬动大学生思想政治教育数据资源发挥大价值的巨大引擎，还是大数据思想政治教育方法与网络思想政治教育方法相区分的根本。如果仅仅强调大数据资源、大数据载体，却忽视了大数据技术在方法创新中的运用，或者无法突破大数据技术瓶颈，数据资源、数据载体的作用将得不到充分发挥，最终陷入"望数兴叹"的尴尬局面。同时，缺少了大数据技术这个支点，创新结果将无异于网络思想政治教育方法。大数据优于网络的根本之处在于大数据不仅能够为大学生思想政治教育方法创新带来新资源、提供新载体，更重要的还在于大数据具有洞察一切的能力，其背后的强劲推手正是大数据技术。

2. 方向性

方向就是前进的目标，追求的理想。大数据视域下大学生思想政治教育方法创新的方向性，就是大学生思想政治教育方法创新的全过程都必须以正确的方向为导向，方法创新的一切活动都必须坚持中国特色社会主义总方向，不能有丝毫偏离和动摇。这是大学生思想政治教育的本质体现，是由中国高等教育的根本性质和核心任务决定的。全国高校思想政治工作会议上，习近平总书记明确指出："我们的高校是党领导下的高校，是中国特色社会主义高校。""我国高等教育肩负着培养德智体美劳全面发展的社会主义事业建设者和接班人的重大任务，必须坚持正确政治方向。"[①]大学生思想政治教育作为高等教育的重要组成部分，发挥着"生命线"的重要作用，确保高校和高等教育的

---

① 把思想政治工作贯穿教育教学全过程 开创我国高等教育事业发展新局面[N]. 人民日报, 2016-12-09(1).

社会主义方向是其天职和使命,也是其得以存在的合法性所在。从思想政治教育的起源看,其本质就是坚持主流意识形态的主导和灌输。① 因而,大学生思想政治教育理应一以贯之地坚持社会主义主流意识形态灌输。方法创新正是为了提升"灌输"效果,牢牢掌握社会主义意识形态在高校的领导权、管理权和话语权。方向性原则是保证大数据视域下大学生思想政治教育方法创新性质的基本准则,起着把关定向的重大作用。如果大数据视域下大学生思想政治教育方法创新不突出方向性,势必导致方法的改革与创新脱离正轨。因此,大学生思想政治教育方法创新必须将方向性置于首要地位,中国特色社会主义大学办学的总方向和总目标决定了大学思想政治教育方法创新必然是为培养社会主义事业建设者和接班人保驾护航。这就决定了大数据视域下大学生思想政治教育方法创新的方向必须与高校育人的总目标、总方向相一致,与党和国家的教育方针相一致。在整个方法创新过程中,必须始终坚持马列主义、毛泽东思想和中国特色社会主义理论体系,以及习近平新时代中国特色社会主义思想的指导地位,不忘大学生思想政治教育方法创新的初心,保持大学生思想政治教育方法的中国特色社会主义本色;必须始终坚持为社会主义现代化建设服务、为人民服务,培养全面发展的社会主义建设者和接班人。

3. 技术性与方向性相结合

技术性与方向性相结合的原则,是指大数据视域下大学生思想政治教育方法的创新,既要把大数据技术深度嵌入方法创新的各个环节,提升大学生思想政治教育方法的技术含量,又要保证大学生思想政治教育方法创新方向的正确性,用坚定、正确的政治方向引领方法创新活动。二者相辅相成、相互促进,成为大数据视域下大学生思想政治教育方法创新最基本的要求。首先,技术性要以方向性为前提。离开了方向性,技术性将难以实现其价值,甚至有可能带来负价值。毛泽东曾指出:"没有正确的政治观点,就等于没有灵魂。"② 政治方向同样是大学生思想政治教育方法创新的灵魂,规定着大数据

---

① 郑永廷.思想政治教育学原理[M].北京:高等教育出版社,2016:93.
② 毛泽东文集(第7卷)[M].北京:人民出版社,1999:226.

第三章　大数据视域下大学生思想政治教育方法创新的理念与原则

技术运用于方法创新的宗旨。爱因斯坦曾对科学技术的中立性做过深刻阐释，他指出："我们时代为其在人的理智发展中所取得的进步而自豪。……当然，我们一定要注意，切不可把理智奉为我们的上帝；它固然有强有力的身躯，但没有人性。……理智对于方法和工具具有敏锐的眼光，但对于目的和价值是盲目的。"[①]大数据技术同样具有价值中立性，可以为宣传社会主义意识形态服务，同样能够成为宣传资本主义意识形态的尖端武器，所以必须以坚定、正确的政治方向为其定向导航。其次，方向性要以技术性为基础。离开了技术性，方向性就失去了动力和依据。再美好的理想，没有先进技术的支撑，也将变为空中楼阁。马克思认为科学技术是"历史的有力杠杆"，是"最高意义上的革命力量"。[②]马克思对科学技术的重要作用给予高度肯定。大数据技术对于大学生思想政治教育方法创新而言，无疑就是最有力的杠杆，起到重塑思想政治教育方法的巨大作用。概而言之，技术性与方向性在大学生思想政治教育方法创新中的作用，就如同一辆车的方向盘与马达，只有二者协同发力，车辆才能朝着预定目标又快又好地行驶。同样只有将技术性与方向性有机结合起来，大学生思想政治教育方法创新的预期目标才能实现。

**(二)精准性与实效性相结合**

"精准性与实效性相结合"是大数据视域下大学生思想政治教育方法创新的根本原则，在三大原则中处于核心地位，是"方向性与技术性相结合"原则的进一步深化，又是"定性与定量相结合"原则的前提，决定着方法创新的质量与层次，是大数据视域下大学生思想政治教育方法创新的基本遵循。

1. 精准性

精准就是精确、精密、非常准确。精准性就是有关精准的特性，与粗放性相对而言，是事物发展到一定阶段，尤其是发展到科学阶段和成熟阶段的必然要求与本质体现。随着大学生思想政治教育学科日益成熟，粗放型的大学生思想政治教育方法向精准型转变已成为当务之急。大数据为这一转变提供了无与伦比的强大手段。大数据视域下大学生思想政治教育方法创新的精

---

① 爱因斯坦文集(第3卷)[M].北京：商务印书馆，1979：349.
② 马克思恩格斯全集(第19卷)[M].北京：人民出版社，1963：372.

准性就是大学生思想政治教育方法创新过程中必须以提升方法的精准性为根本要求，在精准识别大学生思想特点的基础上，以大学生的个性特点为基础，依托大数据手段针对不同教育对象、对象的不同需求，实施不同的思想政治教育方法，切实做到"一把钥匙开一把锁"、精准发力，实现大学生思想政治教育方法创新。这是大数据视域下大学生思想政治教育方法创新的优势所在，也是大学生思想政治教育方法智慧性的具体体现，更是创新后的新方法与传统思想政治教育方法的根本区别所在。精准性原则真正体现了"以生为本"的核心理念，尊重学生人格、关照学生心理需求，能够根据不同类型、不同个性的教育对象以及同一教育对象在不同时间的不同思想状况针对性地实施适切的思想政治教育方法。例如，借助大数据技术对大学生的思想、情感、学习各方面信息进行分析，针对各自的个性、心理特征选择有针对性的方法，对于性格内向、不善言辞的学生可以通过微信、微博等新媒体不定时地推送具有教育意义的案例；对于平时非常活跃，突然沉默寡言的学生，或者对于平时比较乐观，突然消极悲观的学生，大数据语义分析技术能够通过大学生在网络上留下的蛛丝马迹及时识别，进而采取预防教育法，防患于未然。贯彻精准性原则，首先，要利用大数据技术精准识别大学生的个性特点、内在诉求、实际困难，精准识别是精准施教的前提，否则可能导致隔靴搔痒或者徒劳无益的不良后果。其次，采用针对性教育方法实施精准教育，精准施教是精准识别的目的，也是影响教育效果的关键因素，能够直抵心扉，易于被大学生接受。

2. 实效性

实效即产生的实际作用、带来的实际效果。实效性是指实践活动产生的实际结果与预设目标间的张力关系，是实践结果对于预期目的是否实现以及实现程度的价值判断。[①] 判断标准则是实践结果对实践目标的实现程度，实现程度高，表明实效性强；实现程度低，表明实效性差。追求高实效性是人类任何实践活动的理想目标。大数据视域下大学生思想政治教育方法创新的实效性就是大学生思想政治教育方法创新活动必须以提升方法的实效性为旨归，

---

① 葛喜平. 高校德育过程实效性低的理性分析与对策研究[J]. 学术交流，2009(9)：168-173.

第三章　大数据视域下大学生思想政治教育方法创新的理念与原则

方法创新的一切活动均以此为根本着眼点和落脚点，这也是考量大学生思想政治教育方法创新成败的依据和准绳。如果大数据视域下大学生思想政治教育方法创新偏离了实效性这一最直接的目的，则必然陷入形式主义而导致徒劳无功的后果。马克思、恩格斯向来高度重视宣传工作的实效性，为了使宣传教育取得良好效果，恩格斯在给奥·倍倍尔的信中，专门就宣传策略进行了阐述。在斗争形势发生新变化后，马克思、恩格斯进一步提出斗争策略也必须根据具体情况的变化而改变。同样，大数据视域下大学生思想政治教育方法创新的根本原因就在于面临的形势发生了深刻变化，大数据新环境开始形成，方法创新的根本目的在于提升大学生思想政治教育方法的实效性。贯彻实效性原则，要把实效性作为大数据视域下大学生思想政治教育方法创新的根本着力点，并作为衡量方法创新成功与否的标准。

3. 精准性与实效性相结合

精准性与实效性相结合的原则，是指大数据视域下大学生思想政治教育方法创新，既要确保大学生思想政治教育方法创新的精准性，在大数据技术驱动下，一改往日千人一面、一成不变的大学生思想政治教育方法，真正做到千人千面、丰富多彩，满足大学生对思想政治教育方法的不同偏好，又要把实效性作为大学生思想政治教育方法创新的最终目标，着力于提升大学生思想政治教育方法的实效性。二者相互规定、相互制约，成为大数据视域下大学生思想政治教育方法创新最根本的要求。首先，实效性要以精准性为基础。离开了精准性，实效性必将沦为空谈，甚至可能导致大学生产生抵触情绪和逆反心理。脱离了精准性，也就失去了利用大数据创新大学生思想政治教育方法的本真意义。大数据的突出优势正是体现在对教育对象不同特征的精准识别、不同需求的精准挖掘、教育方法的精准可控、教育效果的精准评估，从而全面实现精准施教。大数据能"透视"一切的强大功能，可以推动大学生思想政治教育方法的精准化发展，进而提升方法的实效性。其次，精准性要以实效性为目的。实效性是大学生思想政治教育方法创新的灵魂，离开了实效性，精准性将变得毫无意义。不以实效性为根据的精准性，不仅没有任何存在价值，还有可能带来不良后果。简而言之，精准性与实效性在大学生思想政治教育方法创新中的作用，犹如射箭中弓箭与靶子的关系，只有目标明确、精准发射,才能射中靶心。同样,只有将精准性与实效性紧密结合起来,以精准性促进实效性、以实效性带动精准性,大学生思想政治教育方法才能实现新的突破。

(三)定量与定性相结合

"定量与定性相结合"是大数据视域下大学生思想政治教育方法创新的重要原则,在三大原则中处于基础性地位,是"方向性与技术性相结合""精准性与实效性相结合"两大原则的进一步深化和落脚点,集中体现着方法创新的基本要求,是大数据视域下大学生思想政治教育方法创新的重要遵循。

1. 定量

量与质是表征事物的两种基本规定性的哲学范畴。从本质上来看,量是以时间或空间为形式,在运动中存在的事物外在界限的规定性。① 定量是指测定物质所含各种成分的数量或者确定某种事物的确切数量值。换言之,就是从数量的方面表征事物间的联系和相互作用,其特点是严密可靠且高度精确。② 对于一门学科而言,量化程度是其成熟化、科学化程度的显著标志。对此,马克思明确指出:"一种科学只有在成功地运用数学时,才算达到了真正完善的地步。"③定量化正是大学生思想政治教育理论发展在新形势下对方法提出的新要求,也是大学生思想政治教育方法进一步深化发展的必然趋势。大数据量化一切的本领,无疑为这一要求的满足提供了难能可贵的金钥匙。大数据视域下大学生思想政治教育方法创新的定量原则就是大学生思想政治教育方法创新过程中必须以增强方法的量化为基本准则,通过方法的定量化推进方法的科学化和精准化,让大学生思想政治教育方法名副其实登上科学殿堂。这是大数据视域下大学生思想政治教育方法创新带来的最深刻的变革和最直接的体现。定量化原则是实现精准性原则的前提条件,同时又是遵循技术性原则最直观的体现和产生的必然结果。定量化原则体现了"手段为要"的根本理念,在大学生思想政治教育方法创新中,通过大数据手段的运用,实现方法和方法使用的量化,使方法运用得恰到好处。贯彻定量化原则,首先,

---

① 时新. 序是量的存在方式[M]. 太原:山西人民出版社,1998:52.
② 王培智,等. 软科学知识辞典[M]. 北京:中国展望出版社,1988:28.
③ 拉法格,等. 回忆马克思恩格斯[M]. 马集,译. 北京:人民出版社,1973:7.

## 第三章 大数据视域下大学生思想政治教育方法创新的理念与原则

要利用大数据手段量化大学生的思想行为,判定思想行为的强弱、存在问题的大小、影响的深度和广度等,如对于道德品质有问题的学生,利用数据采集技术对其在网络上的信息进行收集,通过语义识别技术进行分析,并通过数据可视化技术清晰呈现出存在问题的程度。其次,根据大学生存在问题的程度,通过各种大数据载体推送相应的教育内容,并实时跟进,一旦发现现有方法不再奏效,适时进行调整。

2. 定性

性即事物的性质,就是一种事物区别于其他事物的根本属性。定性,就是确定事物的性质,是指把考察的重点放在事物"质"的方面,去研究事物的构成要素及要素间的相互关系,从而揭示事物的质的规定性。① 与定量相比,定性主要侧重于对事物性质的把握和对事物要素间本质关系的规律性探寻,重点是对事物总体趋势的分析。其特点是具有很强的思辨性,注重价值判断性和认识的深刻性。定性化是大学生思想政治教育方法的内在规定性,也是大学生思想政治教育方法创新区别于其他方法创新,尤其是区别于自然科学方法创新的根本标志所在。自然科学方法具有价值中立性,而大学生思想政治教育方法具有很强的意识形态性。大数据视域下大学生思想政治教育方法创新的定性原则就是大学生思想政治教育方法的创新必须以保证方法的正确性质为根本要求,通过确保方法的定性化,以进一步明确大学生思想政治教育方法创新的宗旨,让大学生思想政治教育方法始终为培养社会主义接班人和建设者服务。这是大数据视域下大学生思想政治教育方法创新必须守住的根本原则和不能逾越的底线。定性化原则是落实方向性原则的具体要求,又是实效性原则的必要条件,体现了"以生为本"的核心理念。在大学生思想政治教育方法创新中,通过确保方法的正确性质,实现大学生思想政治教育育人的最高目标。贯彻定性化原则,首先,要坚持以马克思列宁主义、毛泽东思想、邓小平理论、"三个代表"重要思想、科学发展观以及习近平新时代中国特色社会主义思想作为方法创新总的指导思想。其次,要以教育规律、思想政治工作规律、大学生成长规律为方法创新的基础。

---

① 王培智,等. 软科学知识辞典[M]. 北京:中国展望出版社,1988:28.

3. 定量与定性相结合

定量与定性相结合的原则，是指大数据视域下的大学生思想政治教育方法创新，既要确保大学生思想政治教育方法创新的社会主义意识形态性，又要利用大数据手段着力增强方法的量化程度，二者相互补充、相辅相成，成为大数据视域下大学生思想政治教育方法创新的根本要求。一直以来，由于传统观念和科学技术的限制，大学生思想政治教育方法创新存在重定性、轻定量的弊端，进一步追问，这种现象的根源在于人文学科与自然学科间的壁垒尚未被打破。坚持方法创新的定量与定性相结合原则的实质，就是将信息技术发展的最新成果与大学生思想政治教育方法理论相结合的生动体现。首先，定性是定量的前提和依据。没有定性作为根基的定量是盲目的、没有任何价值的。定性主要是从宏观上和总体上确认事物的根本属性，解决"是什么""是不是""为什么"等问题。定性是认识事物的起点，是划清事物界限的根据，只有确定了事物的质，才能进一步把握事物的量。大学生思想政治教育方法创新涉及人的思想这个复杂的系统，因而，要增强方法的针对性，必须对大学生思想政治教育的各种方法进行定性，分清各种方法所要解决的不同性质的思想问题，进而将各种性质的方法进行归类整理。其次，定量是定性的深化和具体化，使定性更加准确和科学。没有定量作为支撑的定性毫无说服力，定量是对事物内在要素数量关系的精确把握，解决"有多少""是多大""程度如何"等问题，只有进一步把握了事物的量，才能更深刻、更全面、更清晰地认识事物的质。思想政治教育者不仅要对不同性质思想政治教育方法针对的不同思想问题进行明确区分，还要利用大数据手段对大学生存在思想问题的程度进行进一步把握，唯有如此，才能真正增强大学生思想政治教育方法的科学性和针对性。需要指出的是，虽然大数据就像"第三只眼"一样，无时无刻不在记录、量化着一切，但是由于人的思想行为除了具有理智的一面，还受到一定非理性因素或偶然因素的影响，因而定量原则需要掌握一定的模糊度。正如钱学森在"大成智慧学"中所指出的智慧由"量智"和"性智"组成，前者倾向于逻辑思维，后者倾向于形象思维。大数据技术的飞速发展，在"量智"方面已远远胜出了人脑，但对于那些"只能意会、不能言传"的默会

第三章　大数据视域下大学生思想政治教育方法创新的理念与原则

知识，大数据并不是万能的，难以发挥"性智"能力。① 此时仍然要借助于人类的形象思维，进行创造性分析。大数据视域下大学生思想政治教育方法创新同样如此，必须坚持定量与定性相结合，二者不能偏废。

---

① 祝智庭. 智慧教育新发展：从翻转课堂到智慧课堂及智慧学习空间[J]. 开放教育研究，2016（1）：18-26，49.

# 第四章 大数据视域下大学生思想政治教育方法创新的途径与载体

途径即路径、道路的意思,就是完成任务、实现目标必经的通道。载体最初是科学用语,指能够传递能量或承载其他物质的物质。思想政治教育载体,是指在思想政治教育过程中能承载思想政治教育信息,为思想政治教育主体所操作并使主客体发生作用关系的一种物质存在方式及其外在表现形态。① 大数据视域下大学生思想政治教育方法的创新不是凭空进行的,总是需要通过一定途径和凭借一定载体,通过拓展途径、优化载体,才能够推动大学生思想政治教育方法创新。数字化智慧课堂、大数据校园文化、大学生虚拟社群是方法创新的主要途径;网络媒体、手机媒体、数字电视媒体、思想政治教育软件是方法创新的主要载体。

## 一、大数据视域下大学生思想政治教育方法创新的途径

大数据视域下大学生思想政治教育方法创新的途径,就是为了有效实现大学生思想政治教育方法创新目标,在大学生思想政治教育方法创新过程中所通过的基本道路,或者所选择的基本路径。大数据视域下大学生思想政治教育方法创新离不开相应的途径,只有途径有效,大学生思想政治教育方法创新活动才得以展开。依据大学生思想政治教育方法运用领域的侧重点不同,方法创新的途径主要包括构建数字化智慧课堂、营造大数据校园文化氛围和

---

① 董世军. 现代思想政治教育载体论[D]. 长春:吉林大学,2008:11.

# 第四章　大数据视域下大学生思想政治教育方法创新的途径与载体

依托大学生虚拟社群。

## （一）构建数字化智慧课堂

数字化智慧课堂的构建是大数据技术、移动互联网技术飞速发展对思想政治理论课提出的崭新要求，也是二者与思想政治理论课深度融合的必然结果，是大数据视域下大学生思想政治教育方法创新的首要途径。数字化智慧课堂的构建有利于增强大学生的主体地位，有利于创新思想政治理论课模式，有利于增强思想政治理论课的吸引力。打造微课堂、创设翻转课堂、创新慕课教学课程是构建数字化智慧课堂的实践路径。

1. 数字化智慧课堂的内涵及特征

数字化智慧课堂是信息技术与课堂教学相互融合的结果，与传统课堂相比，具有教学决策数据化、学习个性化、资源推送智能化、评价即时化等特征。

（1）数字化智慧课堂的内涵

"智慧"主要有两个不同层面的含义，即心理学上的聪明、有谋略、有见识和技术上的智能化。因而，界定"智慧课堂"，相应也有两种不同的理解：就课堂目标看，智慧课堂更强调促进学生智力的开发；就课堂教学手段看，智慧课堂强调对信息技术手段的运用。两种理解都是相对于传统课堂而言的。大数据视域下大学生思想政治教育方法创新中的数字化智慧课堂概念是基于教学手段的视角提出的，是信息技术与课堂教学相互融合的结果。其内涵是在大数据、移动互联网、云计算等现代信息技术的强力支撑下，通过引入新型教学方法和理念，将信息技术全面融入思想政治理论课堂教学过程中，变革教学模式，构建数字化、智能化、个性化的课堂教学环境，以促进课堂教学效率提升、教学方式创新的新型课堂模式。

（2）数字化智慧课堂的特征

与传统课堂相比，数字化智慧课堂主要有以下特征。

第一，教学决策数据化。决策是思想政治理论课教学过程中普遍存在的一种行为，是为了实现一定教学目标，在占有一定信息的基础上，凭借一定方法和工具，对影响教育目标实现的各种因素进行分析、判断后，对教育行动做出决定。教学决策的科学化是成功施教的前提条件。数字化智慧课堂以信息技术平台为重要支撑，基于大学生动态学习数据的实时收集和深度挖掘，对大学生课堂学习行为进行全程跟进式记录和即时分析，以便随时掌握大学生学习的真实情况，据此有的放矢地决定教学对策和适时调整教学策略。整个教学决策过程建立在学生的客观学习数据之上，教师在对学生学习全数据掌握的基础之上做出决策，一切靠数据说话。这从根本上改变了以往思想政治理论课教师仅仅凭经验、靠主观判断来进行决策的历史，将教学决策奠定在坚实的数据基础之上，使教学过程发生了一场脱胎换骨的变化。

第二，学习个性化。学习个性化相对于模式化学习而言，是指根据学习者个性特点和发展潜能，采取灵活、适合的方式充分满足学习者个体需求的学习方式。[①] 是以学生的个体差异性为起点，以丰富的学习资源为基础，以满足学生个性化学习需要为核心，以促进学生个性的自由全面发展为宗旨的学习方式。传统的思想政治理论课堂由于受到观念、技术等条件限制，无法顾及每个学生的差异性，个性化学习变为一种奢望。数字化智慧课堂完全不同于传统课堂，以大数据、云计算、物联网等为代表的新一代信息技术保障以及丰富的教学资源，为实现个性化学习提供了坚实基础。课前以学生利用移动终端学习微课、慕课相关课程的数据为基础，通过对数据的挖掘分析，了解学生的认知水平和学习状况，从而根据学生对知识的不同掌握情况，有针对性地设置教学计划。课中教师根据不同学生的学习偏好、学习状况布置新的学习任务，并通过智能平台跟踪测试，根据测试结果，调整教学内容与教学方法。课后依据学生在网络上留下的思想行为数据，发现问题所在，并个性化实施后续教育。一切教学、学习行为都基于大数据技术，变革了传统思想政治理论课标准化课堂模式下"统一教材、统一内容、统一进度"的程式化教学方式。

第三，资源推送智能化。"智能化"源于人机交互过程中，强调机器逐步具备类似于人类的学习和理解事物、处理问题并做出判断及对策的能力。[②] 引申为使对象具备灵敏准确的感知能力、正确的思维与判断能力以及行之有效

---

[①] 马颖峰，陶力源. 信息技术环境中的个性化学习探索[J]. 中国教育信息化，2008(16)：31-33.

[②] 吕尚彬，刘奕夫. 传媒智能化与智能传媒[J]. 当代传播，2016(4)：4-8.

## 第四章 大数据视域下大学生思想政治教育方法创新的途径与载体

的执行力。资源推送智能化就是指思想政治理论课通过数字化智慧课堂教学平台的建设,在教学过程中针对不同学生或同一学生不同时间的需要,适时推送适切的学习资源,服务于大学生自主学习的需要。其本质是按需推送学习资源,是智慧课堂"智慧"性的根本体现,也是智慧课堂区别于传统信息化课堂的内核所在。传统的学习资源推送模式主要是搜索引擎推荐、最新资源推荐等,这些资源推荐方式存在的最主要问题就是不能区分推荐对象的差异性,对所有对象推荐的内容无任何差别。智慧课堂凭借强大的技术平台,能够推荐学生所需的学习资源,包括各种类型的学习内容、学习方法或者学习辅导。

第四,评价即时化。评价是思想政治理论课教学过程的一个重要环节,是对学生的学习态度、学习方法及学习效果等进行价值判断的活动,主要起着调控、激励等作用。评价即时化就是在思想政治理论课数字化智慧课堂教学中,以大数据、云计算等信息技术为支撑,以教学目标为准绳,以评价标准为依据,以学习过程中的数据为基础,通过对学生学习全过程的动态伴随式评价,完成对学生学习效果的实时诊断,真正实现了从主观评价向客观评价、从终结性评价向过程性评价、从注重结果向促进发展的转变。整个评价过程建立在对学生学习行为数据的实时记录和实时分析之上,通过分析结果的呈现实现对学生学习状况的评价,评价结果客观全面。

2. 构建数字化智慧课堂的意义

构建数字化智慧课堂是大数据技术与大学生思想政治教育相结合的首要价值追求,能够有效增强大学生的课堂主体地位,创新思想政治理论课教学模式,提升思想政治理论课吸引力。

(1)增强大学生的课堂主体地位

建构主义理论认为,知识的获取并不是通过教育者的灌输,而是学生利用必要的学习资料,通过意义的自主建构而获得。传统的思想政治理论课堂中,思想政治理论课教师是教学过程的唯一主体,不仅主导着整个教学活动,还主导着学生的学习活动。上课"讲什么""怎么讲"完全由教师单方面决定,学生处于被动接受的地位。课堂活动中为以教师讲授为主,学生没有任何选择权,只能被动听和记。数字化智慧课堂的构建使传统的师生角色发生了根本变革，教师不再是教学过程的控制者，而更多是学生学习的引导者和组织者。学生也彻底改变了往日被动接受知识的状况，通过课前预习教师推送的学习资料，针对相关问题，在学习平台上展开讨论；课中积极参与课堂学习，并对教师汇总的问题进行讨论与交流，完成学习任务后，通过学习平台进行随堂测试并及时提交；课后在完成教师推送的作业的基础上，以移动学习终端为平台，与教师、同学交流学习收获、心理困惑等。通过课前、课中、课后的深度参与，数字化智慧课堂成为名副其实的意义建构性课堂，学生也成为当之无愧的课堂主体。

(2)创新思想政治理论课教学模式

思想政治理论课教学模式是指在一定思想政治教育理论指导下，为实现一定教学目标而构建的较为稳定的教学活动结构和程序。主要包括思想政治理论课教学系统内各要素间的关系以及教学活动的程序性。思想政治理论课教学模式作为连接教学理论与教学实践、教学目标与教学要求的中介，具有很强的可操作性，对教学实践活动具有很强的指导性。教学模式的变革必然带来教学方法的创新和教学效果的增强。数字化智慧课堂彻底改变了传统课堂中教师课前按教学要求备课、课中按教学大纲讲授、课后布置作业的纵向模式以及横向的灌输模式。教学流程上由"先教后学"变为"先学后教""以学定教""边学边教"。学生课前可以通过观看微视频、慕课教学课程等了解学习内容，教师依据收集到的学习数据掌握学生的学习情况，并针对不同学生的问题实施个性化教学。教学方式上也发生了颠覆性变革，从"以教为主"转变为"以学为主"，从教师中心地位转变为学生中心地位，从封闭式课堂转变为开放式课堂，从单向度灌输转变为师生、生生之间多维度、立体化交流互动。

(3)提升思想政治理论课吸引力

吸引是把别的物体、力量或别人的注意力引到自己这方面来。思想政治理论课的吸引力就是思想政治理论课堂能够吸引大学生的眼球、抓住大学生的心，让大学生内心愉悦，感受到思想政治理论课的独特魅力，进而使大学生心向往之的内在力量。简言之，就是思想政治理论课富有磁性，能够吸引大学生的注意力。提升吸引力是增强思想政治理论课实效性的重要前提。影响思想政治理论课吸引力的因素主要有思想政治理论课教师、教学目标、教

第四章　大数据视域下大学生思想政治教育方法创新的途径与载体

学方法和教学载体等。数字化智慧课堂凭借完备的信息技术系统,实现了思想政治理论课教师由知识"布道者"向学习"促进者"、思想"引领者"角色的转变,重塑了教师形象;推动教学目标由"规范约束"向"促进发展"转变;重构了教学目标;促进教学方法由单调枯燥向多样化转化,创新了教学方法;实现了教学载体由"一支笔、一张嘴、一块黑板"向移动终端发展,丰富了教学载体。进而,通过教师吸引力、教学目标吸引力、教学方法吸引力和教学载体吸引力的提升,促使思想政治理论课堂吸引力的大幅度提升。

3. 构建数字化智慧课堂的实践路径

数字化智慧课堂聚焦于课堂、聚焦于教学、聚焦于学生,是实现大学生思想政治教育目标的主要手段,也是大数据视域下大学生思想政治教育方法创新的根本途径,主要通过打造微课堂、创设翻转课堂以及创新慕课教学课程等措施来实施。

(1) 打造微课堂

微课又称"微课程",是以微型教学视频为主要载体,针对某个学科知识点或教学环节而设计开发的一种情景化、支持多种学习方式的在线视频课程资源。[①] 微课是大数据时代思想政治理论课教学改革的新契机和新视角,也是构建数字化智慧课堂的具体路径。微课堂,就是以大学生的学习规律为依据,以思想政治理论课内容为主题,将思想政治理论课内容分解为一系列具有目标、任务、方法、资源等在内的微型课程体系。[②] 具体而言,一是将思想政治理论课的内容进行分类,确定微课专题。二是就每一个专题而言,围绕核心问题,针对不同学生的理解能力、学习偏好等制作若干不同层次的独立微视频,每一个微视频严格遵循"注意力10分钟法则",以保证最大限度吸引学生的注意力,并将微视频上传到微教学平台,以供学生随时随地在线学习。三是针对不同学生特点精准推送微课视频,引导学生自主学习,并通过微教学平台随时记录学生学习情况,以便后续针对性地改进和完善。通过打造逻辑完整、短小精悍、主题精炼的特色微课堂,能够直击学生学习兴趣和需要,

---

[①] 赵国忠,傅一岑. 微课:课堂新革命[M]. 南京:南京大学出版社,2015:6.
[②] 曲中林,余德英. 微课堂·微课题·微实践:师范类专业课程与教学论的"微效应"[J]. 河北师范大学学报(教育科学版),2017(2):97-102.

切实发挥出微课堂的宏大效应。

(2) 创设翻转课堂

翻转课堂是指颠倒课内外学习时间与内容，变"师讲生听""先教后学"为"生学师导""先学后教"，变"学是为了教"为"教是为了学"，将学习的自主权真正回归学生。其实质是通过打破既有的教学顺序，实现学生的自主学习与互动交流。与传统课堂相比，翻转课堂满足了学生个性化学习、自主思考的需要，最大限度体现了学生的主体性。创设思想政治理论课翻转课堂，主要涉及课外与课内两个方面：就课外而言，思想政治理论课教师将要讲解的知识点进行归类整合，制作成系列微课，上传到网络学习平台。学生课前通过网络学习平台按照自己的步调学习，学习过程中可以通过网络平台留言板或社交媒体，就学习情况与其他同学进行交流。网络平台也会记录下学生的学习行为数据。就课内而言，主要用于高效解决学生学习过程中存在的疑难问题，在这一专属时间内，针对学习中存在的困惑，学生相互之间进行深度探讨或求助于教师，直到问题解决。需要强调的是，翻转课堂的价值并不在于其形式的新颖，而在于其自由、能让学生主动学习的核心要义。

(3) 创新慕课教学课程

慕课是大规模的网络开放课程，被誉为"印刷术发明以来教育领域最大的革新"，慕课推行的理念是"任何人，在任何时间、任何地方，能学到任何知识"。区别于传统的视频公开课，慕课不再仅仅是一个镜头、一段视频那么简单，而是一个有讲授、有参与、有评价、有反馈的完整的教学模式。"互动""互助"和"行为评价"是慕课最大的亮点。思想政治理论课的思想性和意识形态性与自然科学等知识性课程有很大不同，必须对思想政治理论课慕课教学课程进行创新。在视频制作上，突出内容的思想性和鲜活性，尽量选取生活中存在的现实问题或者国际国内发生的重大政治事件作为案例，以问题激发学生思考，增强内容的吸引力，避免纯知识性讲解带来的枯燥性。通过慕课学习平台采集的学生学习行为数据，发现存在的思想问题，在通过说理、讨论等方式进行积极引导的同时，强调学生在行为上的践行。

(二) 营造大数据校园文化氛围

营造大数据校园文化氛围是大数据时代背景下大学生思想政治教育主阵

## 第四章　大数据视域下大学生思想政治教育方法创新的途径与载体

地建设的时代诉求,是大数据视域下大学生思想政治教育方法创新的根本途径。大数据校园文化环境的营造有利于树立大数据意识,有利于促进利用大数据的行为。加强大数据校园物质文化建设、加强大数据校园精神文化建设、注重大数据校园交际文化引导是营造大数据校园文化氛围的实践路径。

1. 营造大数据校园文化氛围的内涵

校园文化作为社会文化系统的有机组成部分,是以校园为空间,以学生、教师为参与主体,以校园精神为底蕴,以文化的多学科、多领域广泛交流及特有的生活交往为基本形态,具有时代特点和学校特色的一种群体文化。[①] 校园文化是一种重要的亚文化形态,其建设与发展离不开整个社会主流文化的发展与建设。营造大数据校园文化氛围正是大数据背景下整个社会大数据文化氛围日臻浓郁的大气候对高校提出的迫切要求。营造大数据校园文化氛围是指有目的、有计划地将大数据资源、大数据技术、大数据载体等融入高校校园文化中,促使师生树立大数据意识、形成大数据思维、运用大数据资源。准确把握营造大数据校园文化氛围的内涵,需要从以下方面入手。

(1)营造大数据校园文化的主体

营造大数据校园文化的主体就是大数据校园文化的直接创造者、建设者和反映者,是由校园内师生共同组成的集合体。在各构成要素中,大数据校园文化主体是能动因素,其数据意识和数据涵养直接决定着大数据校园文化的水平和层次,推动着大数据校园文化的发展与传播。其中教师主体起着主导作用,应该成为大数据校园文化的积极倡导者和大数据资源利用的践行者,要有意识地利用大数据技术进行学习、开展教育。大学生是大数据校园文化主体中最大的群体,发挥着核心作用。他们是大数据的制造者、使用者,更应该是大数据校园文化建设的主要依靠者。学校领导、管理人员和职工是大数据校园文化主体的重要组成部分,学校领导要高度重视校园大数据环境的营造,将校园大数据系统建设作为高校应对大数据冲击的首要之策,管理人员应主动学习,积极应用大数据技术进行智能化管理,职工要善于利用学校的大数据资源,让自己融入大数据校园文化的营造过程中。

---

① 黄伟. 校园文化概论[M]. 海口:南海出版公司,2005:2.

(2)营造大数据校园文化的载体

大数据校园文化载体是承载、传导大数据校园文化的各种物质实体、精神存在或活动形式,为大数据校园文化建设提供物质条件和方向引领,主要包括班级文化、宿舍文化、社团文化等形式。大数据校园文化的营造,首先,要加强班级文化载体建设,班级文化是以班级为单位,班级全体师生在学习、生活中共同创建的物质财富和精神财富的总和,班级文化是班级的灵魂,对班级成员的思想行为有着直接影响。班主任、辅导员作为班级文化建设的引导者,要积极推动班级管理系统数据库建设,能够对班级同学思想行为进行准确洞察、及时干预。可以通过班级群的建立,利用大数据技术全面掌握学生情况、精准推送学习资源、提供个性化心理辅导等。其次,要加强宿舍文化载体建设,宿舍文化是宿舍成员在学习、生活、休息、交往等共同活动中形成的物质文化和精神文化的总和,对宿舍成员的思想行为有着深刻影响。宿舍园区应设立电子屏幕,在不同时段智能化播放针对性内容。各个宿舍园区应通过大数据系统为学生推送停水、停电、天气变化等贴心消息,让学生切身体会到大数据的无穷魅力。再次,加强社团文化建设,社团文化是大学生根据自己的兴趣、爱好、专长等在参加社团活动中形成的物质文化与精神文化的总和。要建立大数据协会,定期组织大数据研讨、培训会议,并在校园内开展大数据知识的宣传、普及活动。

(3)营造大数据校园文化的目的

营造大数据校园文化的目的就是营造大数据校园文化要达到的预期结果和目标,规定着活动的方向和路径。营造大数据校园文化的根本目的,并不是凸显大数据的时尚光环,而是通过将大数据有机融入校园文化的各个方面,让全校师生能够随时感知到大数据就在身边,体会到大数据的神奇功能,进而树立起大数据意识、形成大数据思维、加快利用大数据的行动,为大数据视域下大学生思想政治教育方法创新奠定基础。

2. 营造大数据校园文化氛围的意义

大数据校园文化氛围通过导向功能、教育功能和熏陶功能的发挥,有利于师生树立大数据意识,促进利用大数据的行为。

第四章　大数据视域下大学生思想政治教育方法创新的途径与载体

(1) 有利于树立大数据意识

校园文化的首要功能就是导向功能，即校园文化能够引导师生确立正确的价值观，形成校园文化所倡导的价值理念和思想观念。其导向功能的发挥并不像制度建设那样具有强制性，而是通过对师生思想观念上的价值引领、精神召唤，促使其接受、认同并自觉遵守。大数据校园文化以其独特的精神内涵与文化氛围，萦绕在学习生活于其中的师生员工身边，潜移默化感染着他们，使其在思想观念、行为方式、价值取向等方面受到无形的巨大影响。通过大数据校园文化的熏陶，师生在不知不觉中体会到大数据的无穷魅力，进而从思想深处提高对大数据重要性以及大数据对学习生活的重要价值的认识，增强自觉自愿学习、运用大数据的主动意识，促进重视大数据理念的形成。

(2) 有利于促进利用大数据的行为

校园文化具有强大的行为约束功能，大数据校园文化在营造过程中，会自然而然形成运用大数据的价值取向和行为准则，支配和影响着师生的行为方向，要求置身于其中的师生共同遵守和践行。与通过强制性发挥作用的机制不同，大数据校园文化通过浓厚的大数据文化气息对师生进行思想上的熏陶、感染，使师生对大数据的价值、功能产生强烈的认同感，从而自主自觉地了解、学习大数据知识，在日常学习生活中主动利用大数据资源。这是一种柔性的约束机制，通过不成文的行为准则引导师生进行自我行为约束，让师生深切感受到只有积极运用大数据，才能获得更好的学习生活资源，才能跟上时代前进的步伐，融入校园生活中。反之，如果疏离于大数据校园文化环境，拒绝运用大数据，则无法受惠于大数据带来的丰富资源，也无法享受大数据提供的极大便利，同时必然会被师生排斥和抛弃。

3. 营造大数据校园文化氛围的实践路径

从存在形态看，大数据校园文化主要有大数据校园物质文化、大数据校园精神文化和大数据校园交际文化等。因而，营造大数据校园文化氛围的实践路径主要从加强大数据校园物质文化建设、加大大数据校园精神文化培育以及注重大数据校园交际文化引导三个方面着力。

(1) 加强大数据校园物质文化建设

校园物质文化是学校着意创造的，并体现着学校某种价值、信仰和观念，为师生感官所直接触及的表意象征。① 是校园文化的外显部分，也是学校赖以存在和发展的物质基础和先决条件。大数据校园物质文化是大数据校园文化的重要组成部分，是承载大数据校园文化的物质载体，主要是指大数据校园硬件环境的配备与展示，主要涉及感知层、网络层和应用层三个方面。加强大数据校园物质文化建设，一是将传感器嵌入校园的教室、食堂、宿舍、图书馆等主要场所，形成智慧校园的"眼睛"与"耳朵"，能持续、高粒度地记录学生在校园内的活动轨迹。二是构建完备的、全覆盖的校园移动互联网和传统互联网系统，实现高效、安全、实时传输信息。三是通过物联网技术使智慧校园具备灵敏的"中枢神经"，实现信息的互通互联，并实现对信息的智能化处理。

(2) 加大大数据校园精神文化培育

校园精神文化是高校在长期发展过程中形成的特定的文化环境和精神氛围，② 是师生共享的价值理念、精神面貌、道德规范或共同认可的文化意识，是校园文化的内核与灵魂，对师生的影响具有深刻性和直接性。大数据精神文化是大数据校园文化的核心，是师生共同营造并认同的一种群体意识，具有强大的内聚力，对师生的思想观念、思维方式、行为方式有着很强的塑造功能。加大大数据校园精神文化培育是高校适应大数据时代育人环境变化提出的崭新时代课题。应从以下两个方面着力，一是针对大数据的内涵、特点、功能等，要用精炼准确的语言提炼出大数据文化的内涵，内涵的凝练必须简明易懂、重点突出、客观真实。二是采取各种方式宣传大数据文化，如可以通过组织大数据兴趣爱好小组开展校园宣传周活动，通过宿舍楼电子展板介绍大数据的发展及运用情况，通过定期邀请大数据专家举行大数据相关讲座等。

(3) 注重大数据校园交际文化引导

校园交际文化即校园人际文化，是指校园内人与人在互动过程中形成的相对稳定的行为模式和生活方式。是校园文化的动态层面，体现在师生相互

---

① 周伟民，李昌邦，李谧. 校园文化概论[M]. 海口：海南出版社，1992：64.
② 何独明. 大学校园文化概论[M]. 成都：西南交通大学出版社，2010：268.

## 第四章 大数据视域下大学生思想政治教育方法创新的途径与载体

间的交往活动中,反过来又强化着师生的交往心理和交往行为。大数据校园交际文化是指将大数据融入师生交往活动中,让大数据成为师生交往的重要手段,使数据化交往成为师生、生生、师师交往的一种常态化方式。通过智能手机、平板电脑等移动终端,师生可以随时随地根据感兴趣的话题加入不同的群,分享有价值的内容,实现数据化的生活方式。注重大数据校园交际文化的引导,一是要引导学生认识到数据化交往方式的优势,并将其作为与教师、与同学交流的首选方式。二是要引导学生以正确的价值观引领自己的数据化生活,在交往过程中做到不信谣、不传谣,始终传播积极向上的正能量信息,共同营造一个健康和谐的数据化空间。

### (三)依托大学生虚拟社群

大学生虚拟社群是随着大数据、移动互联网的飞速发展在大学生群体中出现的一种新的社群形态。依托大学生虚拟社群开展思想政治教育是大数据时代大学生思想政治教育方法创新的崭新途径。其有利于拓展大学生思想政治教育的时空范围,有利于增强大学生思想政治教育的渗透性,有利于拓展大学生思想政治教育资源。准确把握大学生虚拟社群的结构,积极引导大学生虚拟社群健康发展是依托大学生虚拟社群的实践路径。

1. 大学生虚拟社群的内涵及特征

大学生虚拟社群是信息技术与大学生交往行为深度融合产生的一种新型社群形式,与传统大学生群体组织相比,具有成员关系的紧密性、交往方式的间接性、信息沟通的去中心化等特征。

(1)大学生虚拟社群的内涵

社群是指人们通过互动而形成的、由某种社会关系连接起来的共同体,在这个共同体中,成员具有共同身份和某种团结感及共同期待。[1] 社群内成员通过思想交流、情感互动、情绪感染,形成大体相似的态度和大致相同的价值观,为了共同利益往往做出一致的选择。大学生虚拟社群是指由于共同的兴趣或目的而聚集在网络虚拟空间,进行共同活动的大学生群体,[2] 是信息技

---

[1] 王思斌.社会学教程(第三版)[M].北京:北京大学出版社,2010:94.
[2] 徐建军.大学生网络思想政治教育理论与方法[M].北京:人民出版社,2010:211.

术高度发展,并与大学生交往行为深度融合催生的一种新型社群形式。

(2)大学生虚拟社群的特征

与现实社群相比,大学生虚拟社群将大学生人际交往的空间由现实世界拓展到虚拟空间,使大学生人际交往法则由"一对多"向"多对多"转变。具体而言,大学生虚拟社群主要具有以下特征。

第一,成员关系的紧密性。现实中的大学生社群主要是根据专业、宿舍、社团等现实学习生活的时空维度,在长期共同的学习生活过程中通过互动交流而形成。与之不同,大学生虚拟社群则是在成员共同的兴趣爱好、共同关注的话题、共同利益等基础之上形成和发展起来的,大多是功能性社群。成员间关系的主要维系点是兴趣、利益、情感等。其中以兴趣爱好为基础结成的虚拟社群,常常会围绕共同的兴趣在网上展开讨论。以利益为基础形成的虚拟社群,成员的加入主要是为了满足某种需要。如加入考研群主要是为了获取信息资料、交流学习经验,以增强学习效果。以情感维系的虚拟社群,其成员总是上网互吐心声、相互倾诉。由此可见,大学生们之所以乐意加入各种虚拟社群,根源在于他们能够获得信息、心理、情感等各方面的支持。虽然网络是一个虚拟空间,但在虚拟空间活动的大学生,又是有着各种需要的一个个有血有肉的现实的人,各类大学生虚拟社群的维系点使群体成员互动频繁,相互之间关系密切。

第二,交往方式的间接性。大学生虚拟社群是依靠信息技术聚集在网络空间的群体,与现实大学生社群面对面的直接交往方式不同,大学生虚拟社群成员间的互动主要依赖于网络平台,表现为"人—机—人"的间接互动方式。成员之间的相互交流不是直接的,而是通过了互联网这一中介,是一种"身体不在场"的沟通。与现实社群通过语言和非语言进行沟通相比,大学生虚拟社群通过虚拟互动平台,凭借文字或符号进行沟通。沟通过程中隐去了相貌、衣着、肢体语言等非语言符号。因而,文字信息及各种表情符号就成为影响交往效果的关键因素。正因为如此,在大学生虚拟交往中形成了丰富的网络语言,各种生动活泼的网络流行语体迅速在网上走红,备受青年大学生追捧。不同风格的语体通过活泼的语言形式,贴切地表达思想与情感,这也正是虚拟人际交往的独特魅力所在。

第四章　大数据视域下大学生思想政治教育方法创新的途径与载体

第三，信息沟通的去中心化。现实社群一般是按科层制组织起来的，成员间根据资源、信息逐渐递减的态势，自上而下呈金字塔式分布格局。通常情况下，金字塔的顶端就是信息发布的中心。与之相反，大学生虚拟社群交往中，屏蔽了许多可视化的现实特征。群体成员以ID号进行着完全平等的交流，没有严格的"受者"和"传者"之分，也不必总是阅读来自一个信息源的消息。马克·波斯特将这种交往方式概括为"双向化、去中心化"交往，并进一步指出"信息方式中的主体已不再居于绝对时空的某一点，不再享有物质世界中某个固定的制高点，再不能从这一制高点对诸多可能选择进行理性的控制。"①大学生虚拟社群同样如此，成员间沟通的目的不在于控制对方，而在于分享信息。微博、微信、QQ各种崭新的交流工具前所未有地满足了大学生"参与、分享"的强烈欲望，造就了一个人人参与、平等交流的去中心化的沟通环境。

2. 依托大学生虚拟社群的意义

依托大学生虚拟社群开展思想政治教育，是积极应对大数据时代大学生人际交往新变化的有效举措，有利于拓展大学生思想政治教育的时空范围，有利于增强大学生思想政治教育的渗透性，有利于丰富大学生思想政治教育资源。

（1）有利于拓展大学生思想政治教育时空范围

大学生虚拟社群是大学生基于共同兴趣或利益自发形成的结构松散且关系紧密的非结构化群体，群体成员能够随时随地分享信息、展开讨论、进行交流。依托大学生虚拟社群开展思想政治教育能够极大限度拓展思想政治教育的时空范围。传统大学生思想政治教育由于受技术条件限制，其途径主要是课堂讲授和社会实践，二者均有明确的时空限定，必须在同一时间、同一地点，对不同学生讲授同一内容，其实效性可想而知。大学生虚拟社群的出现，为大学生思想政治教育的有效开展提供了良好契机，思想政治教育者不必按传统方式将学生按统一时间集中到规定地点接受教育，而是可以在任何时间和地点将教育内容以不同呈现方式推送给社群成员，社群成员利用移动

---

① 马克·波斯特. 信息方式[M]. 北京：商务印书馆，2000：8.

终端便可自由学习。学生在学习过程中遇到任何问题同样可以利用移动终端向社群成员请教,或者在社群内展开讨论。

(2)有利于增强大学生思想政治教育的渗透性

渗透性思想政治教育相对于灌输式思想政治教育而言,强调在其他社会实践活动的开展中植入隐性教育之魂,实现思想政治教育与其他实践活动的融合。① 换言之,就是运用间接方式,让受教育者在不知不觉中接受教育,是一种受教育者觉察不到的无意识教育。与单向灌输的显性教育相比,能够避免教育对象的对抗情绪与逆反心理,提升教育效果。依托大学生虚拟社群开展思想政治教育,能够将思想政治教育内容渗入虚拟社群活动中,让社群成员在参与社群活动中受到教育。思想政治教育者要增强渗透意识,善于将思想政治教育内容巧妙地渗入各类虚拟社群活动中,如围绕国内外新近发生的重大事件展开讨论而形成的虚拟社群,思想政治教育者要因势利导,根据讨论主题的不同,渗透相应的思想政治教育内容。如围绕建军90周年阅兵活动进行讨论形成的虚拟社群,在讨论中应渗透爱国主义教育内容,增强大学生的民族自豪感。围绕世界杯而诞生的虚拟社群,在探讨足球比赛的同时,应渗透团结、友善、合作等道德教育方面的内容,使大学生的道德素质得以提升。

(3)有利于丰富大学生思想政治教育资源

大学生思想政治教育活动的有序、高效开展离不开丰富的资源。以往大学生思想政治教育资源主要来自思想政治教育者,来源的单一化导致资源的贫乏化。大学生虚拟社群作为一个学生相互交流信息的大型互动群体,每个社群成员都是信息的提供者,各方面信息聚集到一起,宛如一个超大型信息超市。信息来源的多样化带来了信息内容的丰富性,况且网络上的思想政治教育资源与传统思想政治教育资源不同,传统教育者讲授的思想政治教育信息主要取材于教材,相对比较陈旧和枯燥,难以吸引学生的注意力。而来自大学生虚拟社群的思想政治教育信息内容非常丰富,涉及时事政治、地理人文、重大赛事、日常生活等各个方面,贴近生活、贴近大学生心理需要,具

---

① 白显良.隐性思想政治教育基本理论研究[M].北京:人民出版社,2013:39.

## 第四章　大数据视域下大学生思想政治教育方法创新的途径与载体

有很强的时效性和新颖性，更为大学生所喜闻乐见。这些取之不尽的宝贵信息，极大地充实了大学生思想政治教育资源。

3. 依托大学生虚拟社群的实践路径

大学生虚拟社群的诞生为有效开展大学生思想政治教育提供了新的生长点。依托大学生虚拟社群开展思想政治教育，必须从准确把握大学生虚拟社群的结构，引导大学生虚拟社群健康发展两个方面着力。

(1) 准确把握大学生虚拟社群的结构

结构是物质系统各种要素内在的联系与组织方式，即系统各元素的相互作用中比较稳定的方式、顺序及强弱。[①] 大学生虚拟社群的结构是指社群内各成员间的内在联系和互动方式。虚拟社群的结构决定虚拟社群信息传递的路径以及社群成员间相互影响的方式。因而，唯有准确把握大学生虚拟社群的结构，才能更好地利用其开展思想政治教育。总体而言，大学生虚拟社群主要有圈式结构和链式结构两种类型。一种是圈式结构。社群成员围绕讨论主题形成一个相对闭合的圆圈，具体而言，社群成员围绕一定主题进行互动，共同话题成为成员间的维系点。随着互动频度和深度的增加，社群内成员间的态度、价值观发生相互影响。一种是链式结构。社群成员间主要通过人际链条相互影响，集中讨论的话题并不多。如微信朋友圈就是典型的链式结构，通过微信的转发功能，能够使某些信息以几何级数传播，带来的群体效应同样不可小觑。

(2) 引导大学生虚拟社群健康发展

绝大多数大学生虚拟社群是自发形成的，积极影响与消极影响并存。为了扩大积极影响，将消极影响转化为积极影响，确保大学生虚拟社群健康发展，保证其正向功能的充分发挥，必须加强引导。一是加强对大学生虚拟社群发展方向的引导。大学生思想政治教育者要探索建立基于虚拟社交平台数据的消极影响识别模型，利用大数据来识别社群发展趋势，及时对偏离正确方向的社群加以干预。该模型通过大数据采集技术对虚拟社交平台上的全数据进行收集，运用自然语言处理技术、机器学习等算法，对消极倾向进行识

---

[①] 霍绍周. 系统论[M]. 北京：科学技术文献出版社，1988：36.

别,并积极引导。二是加强对大学生虚拟社群内意见领袖的引导。意见领袖是在人际传播中,经常为他人提供信息、施加影响的活跃分子。大数据能够量化一切,意见领袖同样可以通过系列参数被精确计算出来。思想政治教育者要密切关注意见领袖的动态,加强对其思想观念的正向引导。

## 二、大数据视域下大学生思想政治教育方法创新的载体

大数据视域下大学生思想政治教育方法创新的载体,是指能够承载思想政治教育信息,在大学生思想政治教育方法创新过程中为思想政治教育者所掌握和使用,促使主客体发生相互作用以达到方法创新目的所凭借的物质形式。大数据视域下大学生思想政治教育方法创新必须借助于一定载体,依据传播技术和终端的不同,方法创新的载体主要包括网络媒体、手机媒体、数字电视媒体和思想政治教育软件。

### (一) 网络媒体

对于"90后""00后"在校大学生而言,网络化生存已成为其生活新常态,学习、购物、交友、恋爱等几乎一切活动都可以在网络上轻松完成。这也为大数据视域下大学生思想政治教育方法创新带来了最重要的载体形态。网络媒体的运用有利于增强大学生思想政治教育方法的亲和力,有利于增强大学生思想政治教育方法的时代感,有利于形成大学生思想政治教育方法的新合力。依托门户网站、社交媒体、网媒论坛创新大学生思想政治教育方法是运用网络媒体的具体路径。

1. 网络媒体的内涵及特征

网络媒体,就是以网络作为承载和传递思想政治教育内容的媒体。大数据视域下大学生思想政治教育方法创新的网络媒体,与一般网络媒体相比,具有可控性、教育性等特征。

(1) 网络媒体的内涵

网络媒体,即"以网络为媒体",是指在思想政治教育过程中思想政治教育者所利用的能够承载、传递思想政治教育信息的网络媒体。网络媒体以互联网为技术依托,是开展大学生思想政治教育最重要的载体形式。大数据视域下大学生思想政治教育方法创新的网络媒体,是指大数据视域下大学生思

第四章　大数据视域下大学生思想政治教育方法创新的途径与载体

想政治教育方法创新过程中，思想政治教育者运用的能够实现方法创新的网络媒体。网络行为是产生大学生思想行为大数据的关键来源，反过来网络又是大数据发挥作用的重要平台，同样也是大数据视域下创新大学生思想政治教育方法的基本载体。

（2）网络媒体的特征

大数据视域下大学生思想政治教育方法创新的网络媒体与一般网络媒体相比，除了具有一般网络媒体的特征之外，还具有以下两个显著特征。

第一，可控性。可控性就是使某人、某物处于自己的管理或影响之下。网络媒体的可控性，就是在大学生思想政治教育方法创新过程中，能够发挥大数据功能，并且被思想政治教育者掌握和驾驭的网络存在形式。思想政治教育鲜明的目的性，决定了大学生思想政治教育方法创新过程中运用的媒体必须体现思想政治教育者的主观意志，能够被教育者感知、认识、支配和控制。互联网诞生以来，网络作为承载和传递信息的媒体就客观存在，并且随着互联网的发展不断丰富。然而，并不是所有的网络存在形式都能成为思想政治教育媒体。只有客观上能够被思想政治教育者控制，主观上思想政治教育者具有驾驭其能力的网络存在形式，才能称为思想政治教育网络媒体。否则，没有进入思想政治教育者视野，无法被思想政治教育者把握的网络形式，不属于网络媒体。同样，只有被思想政治教育者掌握，并能根据其特点、功能为大数据视域下大学生思想政治教育方法创新服务的网络形式，才能称之为网络媒体。否则，就仅仅是一种客观的网络存在形式而已。

第二，教育性。教育性就是具有教育人的价值和属性。网络媒体的教育性，就是大数据视域下大学生思想政治教育方法创新过程中，所依托的既能够承载思想政治教育内容，又能够用来进行思想政治教育内容传递与教育的网络形式。网络媒体是大数据视域下大学生思想政治教育方法创新系统中的一个重要组成要素，必须服务于方法创新系统的总目标，即借助大数据助推大学生思想政治教育方法创新，提升大学生思想政治教育方法有效性，进而更好地实现大学生思想政治教育的育人宗旨。因而，大数据视域下大学生思想政治教育方法创新的网络媒体，一方面，要能够承载大学生思想政治教育内容，体现大学生思想政治教育的根本要求，另一方面，要能够被思想政治教育者用来传播思想政治教育内容,实现思想政治教育目标。必须同时满足这两个条件,才具备成为大数据视域下大学生思想政治教育方法创新网络媒体的前提条件。否则,若承载的信息与思想政治教育内容不一致,或者不能传递思想政治教育内容的网络形式,均不能列入网络媒体的范畴。如一些不健康的门户网站、色情暴力网络游戏等网络形式,都不能称之为大数据视域下大学生思想政治教育方法创新的网络媒体。

2. 运用网络媒体的意义

网络媒体是传媒媒体中的新元素,是新媒体的典型代表。大数据视域下大学生思想政治教育方法创新过程中,运用网络媒体有利于增强大学生思想政治教育方法的亲和力,有利于凸显大学生思想政治教育方法的时代感,有利于形成大学生思想政治教育方法新合力。

(1) 有利于增强大学生思想政治教育方法的亲和力

亲和力原是化学领域的术语,本意是指不同原子之间的关联特性,引申为使人亲近、愿意接触的力量。思想政治教育亲和力就是思想政治教育对于教育对象的吸引力、感召力和说服力。① 大学生思想政治教育方法的亲和力是指思想政治教育过程中运用的教育方法对青年大学生具有感染力和吸引力,表现为大学生对思想政治教育方法的亲切感、信任感和接受度。与传统的语言文字媒体、活动媒体、管理媒体相比,网络媒体对于大学生具有很强的亲和力,更容易受到大学生的喜爱和认可。其原因并不在于形式的"新、潮、炫",而在于其与大学生的思想行为契合度更高,尤其是运用备受大学生追捧的微博、微信等网络微媒体开展思想政治教育,与大学生人际交往方式高度契合,更加贴近大学生实际、符合大学生信息接收习惯,这样的教育方式也更易于为大学生所接受。

(2) 有利于凸显大学生思想政治教育方法的时代感

时代感就是顺应时代趋势、反映时代要求、具有时代特征,是事物与时俱进发展的结果。大学生思想政治教育方法的时代感是指大学生思想政治教

---

① 张正光. 提升思想政治教育亲和力的有效路径[J]. 思想理论教育导刊, 2017, (5): 139-141.

## 第四章 大数据视域下大学生思想政治教育方法创新的途径与载体

育方法能够随着时代发展、科技进步、大学生思想行为特征的变化而不断演进，总是能够反映时代要求、凸显时代特征。只有具有时代感的大学生思想政治教育方法才有生命力，大学生思想政治教育方法媒体是其时代感的集中体现，同时又是时代发展的产物。当今时代最显著的特征之一就是信息技术飞速发展带来的网络新媒体，其让信息传播方式发生了革命性变革，而带来的更深层次影响是，使大学生的交往方式、学习方式、思维方式都实现了网络化、数据化。在此背景之下，网络媒体在大学生思想政治教育方法中的运用，不仅是时代发展对教育方法提出的新要求，更是教育方法时代感的鲜明体现。

(3)有利于形成大学生思想政治教育方法的新合力

合力就是"一起出力"。教育合力就是在一定时间内和一定条件下，实施综合教育所产生的综合作用。这种综合作用并不是单项教育作用的加和，而是比单项作用大得多的新的教育力量。[①] 大学生思想政治教育方法的新合力，是相对于传统意义上的家庭、学校、社会相互配合，或者主阵地、主渠道相互融合形成的合力而言的，指通过各种网络媒体的交替综合运用，实现大学生思想政治教育方法合力的最大化。大数据视域下大学生思想政治教育方法创新的网络媒体形式多样，按不同标准可以分为不同类型。按信息交流方式，可以划分为单向媒体和交互媒体；按属性和功能，可以分为社交网络媒体、门户网站和网络论坛等。对于同一教育内容，思想政治教育者既可以选择不同网络媒体形式分别施教，又可以综合运用多种网络媒体形式相互强化，以形成大学生思想政治教育方法新合力。

3. 运用网络媒体的实践路径

网络媒体是进行大学生思想政治教育的有效形式，也是大数据视域下大学生思想政治教育方法创新的重要媒体，依托门户网站、社交媒体、网络论坛创新大学生思想政治教育方法是运用网络媒体的具体路径。

(1)依托门户网站创新大学生思想政治教育方法

门户网站是指通向某类综合性互联网信息资源并提供有关信息服务的应

---

① 郑永廷. 思想政治教育方法论[M]. 北京：高等教育出版社，2010：230.

用系统。① 其能够提供门类众多的资讯聚集用户、带来流量，因而在激烈竞争中，各大门户网站俨然已成为"网络超市"和"虚拟百货商场"。典型的门户网站有新浪网、搜狐网、凤凰网等。只要点开任何一个门户网站，新闻、聊天室、免费邮箱、影音娱乐等应有尽有。在其信息传播模式中，网站居于传播中心角色，用户在信息获取方面处于相对被动地位，获取信息的质量和范围均受到网站内容的限制。大数据视域下依托门户网站创新大学生思想政治教育方法，一是要利用大学生点击浏览门户网站留下的数据脚印，通过数据挖掘，准确掌握大学生的关注点、兴趣点和疑惑点。二是要对应大学生的需求侧，进行供给侧改革。以大数据分析为基础，根据不同大学生的需求，提供差异化信息，在"大锅饭"的基础上增加"小炒"式的个性化服务。如根据浏览痕迹弹出"猜你喜欢"等个性化信息板块，将思想政治教育内容巧妙渗入学生喜欢的信息中。

(2) 依托社交媒体创新大学生思想政治教育方法

社交媒体就是能够给予用户极大参与空间的新型在线媒体，赋予了每个人创造并传播内容的能力，本质上是将不同的个体连接起来。其主要代表是微博、微信等新兴媒体。如今，刷微博、刷微信朋友圈已成为青年大学生追逐的新时尚。在社交媒体中，每一个大学生就是一个信息节点，扮演着信息接收者和传播者的双重角色。信息通过无数次的分享、转发，能够产生"裂变式"的传播效果。大数据视域下依托社交媒体创新大学生思想政治教育方法，一是利用大数据技术收集大学生在社交媒体上产生的海量数据，通过对个体数据的分析，挖掘出不同学生的信息需求，进而有针对性地进行"私聊"，唯此才能聊到学生心坎上。二是利用大数据聚类分析技术，将大学生群体特征进一步精细化，把具有相似特征的学生聚合起来，并进行"画像"，在此基础上通过微信公众号针对不同特征的群体推送相契合的信息。如，通过微信公众号，向"考研族"推送考研信息，向就业群体推送就业信息，向存在心理问题的学生推送心理辅导资料。

(3) 依托网络论坛创新大学生思想政治教育方法

---

① 王长潇. 新媒体论纲[M]. 广州：中山大学出版社，2009：16.

第四章　大数据视域下大学生思想政治教育方法创新的途径与载体

网络论坛是利用网络手段开展的一种多对多交流方式。[①] 其实质是以内容为中心形成的自由、平等、开放的舆论场，互动模式是"圈子+话题"，即成员围绕一定话题进行开放式讨论，自由发表对特定问题的观点和看法，在共同讨论中相互影响。目前我国许多高校都开设了网络论坛，并且通过打造特色聚集人气，成为学生喜爱的交流社区。大数据视域下依托网络论坛创新大学生思想政治教育方法，一是要将大数据技术嵌入校园网络论坛中，利用大数据技术收集学生的行为数据，对收集到的数据进行聚类分析，从中挖掘出学生的所思所盼，预测其思想发展趋势，并加以适时引导。二是分别就不同 ID 号进行实时定向追踪分析，根据分析结果洞察具体对象的心声，进而进行定向信息推介。

**（二）手机媒体**

手机媒体是移动终端和网络技术强劲发展并高度融合的产物。手机媒体小巧便携，突破了报纸、广播等传统媒体信息呈现方式单一化，优越于电视体积庞大不易移动，超越了网络媒体接收信息的时效性和人性化，成为深受大学生喜爱的新媒体，已深度融入大学生日常生活的各个方面，是大数据视域下大学生思想政治教育方法创新不可多得的新兴媒体。运用手机媒体，有利于提升大学生思想政治教育方法的时效性，凸显大学生思想政治教育方法的灵活性，实现大学生思想政治教育方法的精准性。依托手机短信、手机即时通信工具创新大学生思想政治教育方法是运用手机媒体的具体路径。

1. 手机媒体的内涵及特征

手机媒体，就是能够承载和传递思想政治教育信息的手机媒体。大数据视域下大学生思想政治教育方法创新的手机媒体与其他媒体相比，具有高度的便携性、信息传播的私密性、信息接收的即时性等特征。

（1）手机媒体的内涵

手机媒体，即"以手机为媒体"，是指在思想政治教育过程中思想政治教育者利用的能够承载、传递思想政治教育信息的手机媒体。手机媒体以移动通信和互联网技术为重要依托，是新媒体家族的重要成员，也是开展大学生

---

① 彭兰. 新媒体导论[M]. 北京：高等教育出版社，2016：256.

思想政治教育的新兴媒体。大数据视域下大学生思想政治教育方法创新的手机媒体，是指大数据视域下大学生思想政治教育方法创新过程中，思想政治教育者运用的能够实现方法创新的手机媒体。随着智能手机的普及，手机已不再是单纯的通信工具，而是成为集移动终端、人际传播和大众传播于一身的新媒体。手机成为形成大数据的重要平台，同时为大数据作用的发挥提供了新的用武之地，是大数据视域下大学生思想政治教育方法创新的新兴媒体。

（2）手机媒体的特征

大数据视域下大学生思想政治教育方法创新的手机媒体与其他媒体相比，具有以下明显优势。

第一，高度的便携性。便携就是方便随身携带。手机体积小、重量轻、方便携带，是典型的贴身媒体，是一种无所不在的移动媒体。部分青年大学生甚至24小时机不离身，使手机成为名副其实的"影子"媒体。北大新闻传播学院的陈刚教授将手机比喻为"带着体温的媒体"，认为手机拥有其他任何媒体无可比拟的绝对优势。网络媒体之前的一切传统媒体都把人拴死了，或拘束在室内，或钉死在椅子上。① 唯独手机可以斩断将人束缚于室内的一切绳索，把手机使用者从固定场所的静止状态中解放出来，使他们可以离开房间、离开电视显示屏，去他们想去的地方。如果说网络媒体最大的贡献是使世界缩小为地球村并且使地球村成为互动频繁的社会，那么手机更胜一筹的神奇之处则是让地球村的村民离开固定的座位，站起来周游世界了。②

第二，信息传播的私密性。私密性相对于公开性而言，是指属于个人而比较隐秘的。与纸质媒体供多人传阅、电视媒体方便多人共同观赏不同，手机媒体的个人色彩非常鲜明，具有极强的私密性，是一种贴着个性化标签的移动媒体，手机终端与具体用户有着明确的一一对应关系。这就决定了手机媒体的信息传递者必须针对接收者的不同特点，不同需要，提供定制化的私人信息。只有这样的信息才更能体现人性化要求，更能满足个性化需求，也才更能被接收者重视。就如做菜一样，如果能根据每个人的口味和喜好烹饪

---

① 保罗·莱文森. 手机：挡不住的呼唤[M]. 何道宽，译. 北京：中国人民大学出版社，2004：6.
② 保罗·莱文森. 手机：挡不住的呼唤[M]. 何道宽，译. 北京：中国人民大学出版社，2004：2.

## 第四章　大数据视域下大学生思想政治教育方法创新的途径与载体

相应的菜肴，必定让人垂涎欲滴。相反，若不符合胃口，即使山珍海味，也引不起任何食欲。对于信息接收者来说，自主性得以空前彰显，自由选择信息的权限得到很大保证，他们能够根据自身喜好挑选可口的"菜肴"。美国计算机科学家尼葛洛庞帝在《数字化生存》中所描述的"在后信息时代中，大众传播的受众往往只是单独一人。信息变得极端个人化。受众从大众到较小和更小的群体，最后终于只针对个人"[1]的场景，在手机私密化的信息传递中已完全成为现实。

第三，信息接收的即时性。即时性就是立即、马上，保持同步性的意思。信息接受的即时性就是信息的接受突破了时空限制，在无线网络信号覆盖的任何一个场所，手机用户都能够同步接收到信息发送者传递的信息。这是手机媒体优于传统媒体和网络媒体的一个重要方面。相对而言，网络媒体往往只能保证信息发布和信息传播的即时性，但由于各种条件的限制，无法保证信息接收的及时性。手机媒体人性化的附加功能，能够有效缩短甚至消除信息发布与信息接收的时间差。只要手机用户愿意，利用各种强大的手机功能，用户即可以实时接收信息。手机邮箱增加了新邮件提醒功能，用户能够及时知晓、阅读邮件内容。手机即时通信工具的信息提醒功能，让用户可以随时随地提取需要的信息。

2. 运用手机媒体的意义

随着智能手机和4G、5G网络的发展以及微博、微信、手机QQ等软件的风靡，手机媒介已成为与大学生黏性极高的媒体，全面渗入大学生日常生活的各个领域，深刻影响着大学生的思想行为方式，甚至重塑着其价值观。大数据视域下大学生思想政治教育方法创新中，运用手机媒体，有利于提升大学生思想政治教育方法的时效性，有利于凸显大学生思想政治教育方法的灵活性，有利于实现大学生思想政治教育方法的精准性。

（1）有利于提升大学生思想政治教育方法的时效性

时效是指在一定时间内能起的作用，时效性就是及时性，就是做事不拖

---

[1] 尼古拉斯.尼葛洛庞帝.数字化生存[M].胡泳,范海燕,译.海口：海南出版社,1997：192.

延、马上、立刻。大学生思想政治教育方法的时效性，就是大学生思想政治教育方法能及时传递思想政治教育内容，实现教育目标。手机媒体传播速度快、信息更新周期短，时效性强，加上其小巧轻便的突出优势，青年大学生往往能随时随地携带。一机在手，无须打开电脑或电视，就能浏览各种实时报道、现场视频等，还能通过手机媒体发布对事件的看法和态度。尤其是遇到突发事件或重大政治事件时，运用手机媒体能够有效提升大学生思想政治教育的时效性。一方面，思想政治教育者对手机平台上大学生的思想行为数据进行收集、分析，能够及时了解、掌握和预测学生的思想动态，进而对总体形势做出准确判断。另一方面，思想政治教育者能够通过即时通信工具等手机媒体及时发布相关信息、推送相应内容，对大学生进行正向引导。

(2) 有利于凸显大学生思想政治教育方法的灵活性

灵活性就是善于随机应变，不拘泥。大学生思想政治教育方法的灵活性，相对于方法的刻板性而言，是指能够根据不同的情况和场合采用不同的方法。依托传统媒体的大学生思想政治教育方法，一般只能在固定的时空运用。依托网络媒体，虽然从信息传播方面来看，突破了时空界限，但由于网页的内容一般具有完整性，信息接收者往往被限制到电脑显示器前浏览信息。而手机媒体带来的移动式、便携式的阅读平台、短小精悍的阅读内容，使大学生接收信息的方式发生了根本变化，碎片化阅读成为新常态。运用手机媒体能够极大凸显大学生思想政治教育方法的灵活性。思想政治教育者既可以通过手机微信公众平台推介专题性系列思想政治教育内容，或者不定期发布身边的好人好事，又可以利用手机即时通信工具随时随地与大学生进行交流，还可以通过手机邮箱向大学生定向发送学习资料，使大学生思想政治教育方法呈现出灵活多样的良好态势。

(3) 有利于实现大学生思想政治教育方法的精准性

精准性就是十分准确的特性。大学生思想政治教育方法的精准性，相对于方法的大一统而言，就是采取与教育对象思想特点、喜好偏向相匹配的方法。依托传统媒体的大学生思想政治教育方法，由于受师生数量比、教育者素质、技术条件等各方面条件的限制，教育者往往不区分教育对象、不管内容特点、不顾教育效果，采用统一的教育方法施教。依托网络媒体，至多也

## 第四章　大数据视域下大学生思想政治教育方法创新的途径与载体

只能按照不同类别的大学生设计相应的教育内容。手机媒体是目前为止最具个性化的传播媒体,通过定向化和分众化传播,实现了信息落点的明确性。运用手机媒体能够真正实现大学生思想政治教育方法的精准性。思想政治教育者可以根据对大学生个体思想行为数据的分析结果,掌握学生的个性特征,进而通过"点对点"的信息传递方式,通过适合不同大学生喜好的方式精准推送教育内容。

3. 运用手机媒体的实践路径

手机媒体为开展大学生思想政治教育提供了重要平台,也为大数据视域下大学生思想政治教育方法创新提供了新兴媒体。依托手机短信、手机即时通信工具创新大学生思想政治教育方法是运用手机媒体的具体路径。

(1)依托手机短信创新大学生思想政治教育方法

手机短信,是指用户通过手机直接发送或接收的文字或图片信息。① 收发短信是手机最基础的功能之一。近年来随着智能手机的普及和4G、5G网络的快速发展,大学生群体中虽然掀起了运用手机QQ、手机微博、微信等的狂潮,然而由于手机短信所具有的特质,使其在大学生人际互动中仍然发挥着不可替代的重要作用。与电话相比,手机短信具有成本低廉、易于保存编辑、灵活性高等明显优势。与手机QQ、微博、微信相比,手机短信具有可信度更高、对象更明确等人际传播的特质,更容易受到接收对象重视,传播效果更好。大数据视域下依托手机短信创新大学生思想政治教育方法,一方面,要利用大数据追踪大学生群体关注的焦点、热点、难点问题,随时随地掌握学生的思想动向。针对共性问题,利用手机短信群发功能发送相关事件的来龙去脉,以达到解疑释惑的目的。同时,可以在"两会"期间向学生群发反腐、环保、就业等国计民生方面的信息,向学生解读国家的大政方针政策。另一方面,可以就学生个人数据的挖掘结果,定向发送信息,对于缺乏信心的学生,发送励志方面的人物事迹。

(2)依托手机即时通信工具创新大学生思想政治教育方法

手机即时通信工具,就是在手机上使用的即时在线信息沟通方式。与手

---

① 王学俭,刘强. 新媒体与高校思想政治教育[M]. 北京:人民出版社,2012:217.

机信息相比,成本更低、更加方便快捷,互动性更强,灵活性更高,兼具人际传播与大众传播的优势,与大学生数字化的生活方式更加契合,因而成为当前最受大学生欢迎的手机媒体形式。目前主流的手机即时通信工具主要有手机QQ、微信等。大数据视域下依托手机即时通信工具创新大学生思想政治教育方法,一是引导学生围绕共同兴趣爱好共建群组,群组内嵌入大数据技术,设置大数据关键敏感词采集分析系统,对群组内讨论的话题进行实时追踪,对其内容进行分类、聚类,一旦扫描到敏感词语,则会智能提醒。思想政治教育者据此推送有针对性的内容,或者加入群组讨论,加以及时引导。二是思想政治教育者在重要时间节点,要善于进行"议程设置",引导学生的话题走向。如备考期间向群里推送"拼搏向上"的内容,发生重大政治事件时推送爱国主义主题的内容。三是利用大数据技术在精确识别不同学生需要、困惑的基础上,与其进行"点对点"互动,拉近双方的心理距离。

### (三) 数字电视媒体

数字电视媒体是建立在数字电视基础上的媒体,是数字信息技术高度发展的产物,以数字化、交互性为特色。与传统模拟电视相比,由于采用了数字技术对电视信号进行压缩、调制和编码,数字电视媒体具有传播质量高、传播渠道多样性和传播内容分众化等诸多优势,给用户带来更好体验。因而,其迅速融入人们日常生活中,也为大数据视域下大学生思想政治教育方法创新带来了新型媒体。运用数字电视媒体,有利于提升大学生思想政治教育方法的影响力,增强大学生思想政治教育方法效果。依托网络电视、移动电视、户外新媒体创新大学生思想政治教育方法是运用数字电视媒体的具体路径。

1. 数字电视媒体的内涵及特征

数字电视媒体,就是能够承载、传递思想政治教育信息的数字电视媒体。大数据视域下大学生思想政治教育方法创新的数字电视媒体与其他媒体相比,具有内容的丰富性、传播渠道的多样性、受众选择的自由性等特征。

(1) 数字电视媒体的内涵

数字电视媒体,即"以数字电视为媒体",是指在思想政治教育过程中思想政治教育者利用的能够承载、传递思想政治教育信息的数字电视媒体。数字电视媒体集电视传播方式和信息技术于一身,是国际公认的新兴媒体,也

第四章　大数据视域下大学生思想政治教育方法创新的途径与载体

是开展大学生思想政治教育的重要媒体。大数据视域下大学生思想政治教育方法创新的数字电视媒体，是指在大数据视域下大学生思想政治教育方法创新过程中，思想政治教育者运用的能够助推方法创新的数字电视媒体。数字电视在信息制作、传输和接收过程中的全程数字化，使其在传输电视节目的同时，也能提供新闻选取、远程教育、视频点播等各种个性化的数字化服务。其功能已远远超出传统电视，而成为一个接收信息的终端。大数据背景下，思想政治教育者要增强方法创新敏感性，善于利用数字电视媒体创新大学生思想政治教育方法。

（2）数字电视媒体的特征

大数据视域下大学生思想政治教育方法创新的数字电视媒体与其他媒体相比，具有以下特征。

第一，内容的丰富性。在"内容为王"的时代，对于任何类型的媒体而言，传播内容始终发挥着至关重要的作用。数字电视媒体也不例外，为了提高点播率和收视率，各类电视节目总是想方设法以鲜明的主题、突出的特色、新颖的内容吸引用户眼球。况且，与传统模拟电视相比，数字电视媒体采用先进的数字编码和压缩技术，能够传输的内容更加丰富。传统的模拟电视线路至多能传输70至80套模拟电视节目，数字电视则可以传输多达500套高质量的数字电视节目，极大丰富了数字电视的节目内容，使电视节目内容的分众化和个性化播出成为可能，易于满足求新求异、彰显个性的青年大学生的多样化需求。

第二，传播渠道的多样性。传统家庭电视的传播渠道非常单一，仅限于家庭电视一种渠道。与之相比，数字电视媒体的传播渠道多种多样，可以通过数字电视、网络电视、移动电视、户外LED彩色显示屏等多种渠道传播。美国著名传播学家拉斯韦尔提出分析传播过程的"5W"模式，即"谁传播、传播了什么、通过什么渠道、向谁传播、有什么效果"。如果以此分析数字电视传媒，那么它与传统家庭电视最显著的区别体现在"通过什么渠道"传播。正是由于传播渠道的多样性，决定了其丰富的内容能够选择不同途径、通过不同方式播放出来。也正是由于传播渠道的多样性，决定了不同渠道传播的内容、接收的对象必然有着很大差异，从而最终决定了传播效果的好坏。

第三，受众选择的自由性。传统家庭电视的播放模式是"我播你看"，决定了所有家庭电视在各个时段所能选择和播放的电视节目都是固定的，无论家庭文化之间的差异有多大，受技术条件限制，电视台在同一时段均毫无区别，播出相同电视节目。从这个层面看，受众无任何自由选择可言。数字化电视突破了传统家庭电视播放时段、播放内容的同质性，实现了数字信息的双向交流。一方面，数字电视对节目内容进行了细分，供用户自主选择，另一方面，用户不仅可以自由选择节目，还可以自由选择观看的时间，对于正在播放而没有时间观看的节目，可以下载并储存起来，以便在适宜的时间调出来观看。

2. 运用数字电视媒体的意义

数字电视媒体是互联网、多媒体、通信等多种技术融合发展的产物。其内容的丰富性、形式的多样性、传输的交互性深受青年大学生喜爱，成为大学生日常休闲娱乐的一种重要方式。运用数字电视媒体创新大学生思想政治教育方法，有利于提升大学生思想政治教育方法的影响力，增强大学生思想政治教育方法效果。

(1) 有利于提升大学生思想政治教育方法的影响力

影响力就是能够对他人的思想或行为产生作用。大学生思想政治教育方法的影响力，就是大学生思想政治教育方法对教育对象产生的作用。教育方法影响力的大小是决定思想政治教育实效性高低的一个重要因素。反过来，教育方法的影响力又由多种因素决定，方法媒体是其中的关键因素。一般而言，媒体优，则方法影响力大。数字化电视媒体集网络、多媒体、通信多种技术优势于一身，既具有网络媒体传播内容丰富性、传播方式交互性、传播信息及时性等优点，又具有多媒体技术集文本、图像、动画、声音、视频影像于一体，以多种媒体传播信息的优势，同时还具有通信技术传播方式个性化、移动性（如移动数字化电视）等特性。利用数字化电视媒体能够极大提升大学生思想政治教育方法的影响力。一方面，思想政治教育者能够运用大数据技术收集、分析大学生的观看记录，挖掘出大学生群体的观看喜好以及不同时段的观看偏好，另一方面，根据大学生的收视偏好，将思想政治教育内容渗入不同时段的播放节目中，从而增强方法影响力。如通过校车的车载电视播放校园内的好人好事、时事新闻、天气预报等节目，通过校园内的 LED

第四章　大数据视域下大学生思想政治教育方法创新的途径与载体

显示屏播放体育赛事、新闻联播等节目。

(2)有利于增强大学生思想政治教育方法效果

优化思想政治教育媒体能够带来思想政治教育方法效果的提升。与思想政治教育传统方法媒体单一、陈旧、脱离于大学生日常生活、缺乏吸引力相比，数字化电视媒体既能通过丰富的节目、新颖的形式、富有感染力的氛围增强大学生的视觉化体验，更好地创造"眼球效应"，又能通过与大学生日常生活融为一体的形式，将思想政治教育内容很好地渗入网络电视、移动电视、室外 LED 显示屏内容中，在满足大学生休闲娱乐、获取资讯的需求的同时，使他们在不知不觉中受到教育。况且，一般而言，移动数字电视、校园 LED 显示屏播放的内容都具有贴近大学生实际、"短、平、快"的特点，与当前大学生碎片化阅读、浅阅读的习惯高度契合，更易于被大学生群体接受。

3. 运用数字电视媒体的实践路径

近年来，随着数字电视媒体的强劲发展，其成为影响大学生思想观念的一种重要媒体。也是大数据视域下大学生思想政治教育方法创新可资利用的一种重要媒体。依托网络电视、移动电视、户外新媒体创新大学生思想政治教育方法是运用数字化电视媒体的具体路径。

(1)依托网络电视创新大学生思想政治教育方法

网络电视，又叫互联网协议电视，是指利用网络技术整合多媒体与即时通信等多种技术，向用户传输电视节目的交互式网络电视的总称，其核心技术是网络技术。[①] 网络电视是一种融合了传统电视传输影视节目清晰性和互联网交互传播双重优势的新媒体。与传统模拟电视相比，其突出特点体现在超强的互动性、突出的个性化、传播的分众化和节目的海量性等。大数据视域下依托网络电视创新大学生思想政治教育方法，一是利用大数据对大学生的点播数据进行记录，通过聚类分析挖掘出不同大学生群体喜爱的节目类型。二是针对大学生的喜好，将同一类蕴含正能量、彰显正确价值观的电视节目归类，并建立相应的电视节目数据库，当学生搜索节目的时候通过"猜你喜欢""看了此节目的同学还看了……"等方式进行推送。例如对于喜欢看谍战片

---

[①] 周茂君. 新媒体概论[M]. 重庆：西南师范大学出版社，2016：196.

的大学生群体，可以向其推送蕴含爱国主义主题的影片，如《建国大业》《建党伟业》《风声》等。

(2) 依托移动电视创新大学生思想政治教育方法

移动电视，又叫数字电视地面广播，是指受众能够在各种交通工具的移动过程中接收电视、广播节目信号的一种媒体。① 作为一种国际公认的新兴媒体，移动电视最显著的优势是移动性能强，既可以是终端的移动，也可以是主体的移动。凭借超强的移动性能，移动电视已渗入人们生活的各个方面，使人们实现了随时、随地、随意看电视的梦想，以至于被形象比喻为"电视长脚了，跟着观众跑"。大数据视域下依托移动电视创新大学生思想政治教育方法，一是利用大数据技术对不同时段学生群体的兴趣偏向和关注点进行分析，抓住学生兴趣点和兴奋点。二是根据学生不同时段的需要编排、播放节目，将思想政治教育内容融入节目主题中，通过节目的精准传播，既满足了学生需要，又达到思想政治教育目的。例如针对学生对时事新闻的关注，每天早晨的校车车载电视可以播放当天发生的国内外重大事件，或者直播抗震救灾、抗洪抢险现场，增强大学生对中国共产党和社会主义制度的认同感。

(3) 依托户外新媒体创新大学生思想政治教育方法

户外新媒体是指安放在人们一般能直观看到的地方的数字电视等新媒体，是有别于传统的户外媒体形式的新型户外媒体。② 主要包括重要公共场所设置的 LED 彩色显示屏或视频等。在如此快节奏和人们的注意力成为极其稀缺资源的现代社会里，户外新媒体主要利用人们等候或者走路的空当，将收视选择权重新从受众手中收回，以抓住受众眼球、吸引受众注意力，创造"等候经济"价值。大数据视域下依托户外新媒体创新大学生思想政治教育方法，一是通过对户外尤其是校内 LED 显示屏联网，生成详细的数据报告，并通过相关算法，识别出不同特征学生不同场所、时间观看 LED 内容的偏好，通过数据确定目标人群和播放内容。二是由媒体本位向受众本位转变，借助大数据技术实现精准播放。例如通过宿舍楼下的 LED 显示屏播放停水、停电信息或安

---

① 宫承波. 新媒体概论[M]. 北京：中国广播电视出版社，2007：310.
② 石磊. 新媒体概论[M]. 北京：中国传媒大学出版社，2009：46.

第四章　大数据视域下大学生思想政治教育方法创新的途径与载体

全注意事项。通过图书馆入口处 LED 显示屏播放开馆闭馆时间、新书推荐、图书借阅规则等。通过校园广场 LED 显示屏播放新闻资讯、校史校情校训等，将思想政治教育内容渗入播放内容中。

**(四)思想政治教育软件**

移动互联网的深入发展，使得各种游戏软件、娱乐软件、社交软件、学习软件在大学生中迅速风靡。毋庸置疑，大学生已成为名副其实的"App 一族"。App 与大数据的结合，必将成为创新大学生思想政治教育方法的理想媒体。运用思想政治教育软件，有利于充分体现大学生的主体性，增强思想政治教育方法的针对性。依托游戏类思想政治教育软件、视频类思想政治教育软件、服务类思想政治教育软件创新大学生思想政治教育方法是运用思想政治教育软件的具体路径。

1. 思想政治教育软件的内涵及特征

思想政治教育软件，就是能够承载、传递思想政治教育内容的计算机程序、方法等。与其他媒体相比，具有内容的隐匿性、形式的新颖性、超强的用户黏性等特征。

(1)思想政治教育软件的内涵

软件，是计算机学科术语，与硬件相对，硬件是指构成计算机的各个元件、部件和装置的统称。软件是指计算机程序、方法、规则、相关的文档以及在计算机上运行时所必需的数据。[①] 硬件为计算机应用提供了物质基础，软件则扩大了计算机的功能。按不同标准，软件可以分为不同类型，按应用范围分，可划分为系统软件和应用软件两大类。[②] 系统软件是管理、控制和维护计算机正常运行的软件。应用软件是针对某种特定用途、为了解决特定问题而开发的软件。思想政治教育软件属于应用软件中的一种，是专门为开展思想政治教育而设计开发的软件，是大学生思想政治教育的重要媒体。大数据视域下大学生思想政治教育方法创新的思想政治教育软件媒体，是指大数据视域下大学生思想政治教育方法创新过程中，思想政治教育者利用的，能承

---

① 孟彩霞.计算机软件基础[M].北京：机械工程出版社，1997：1.
② 陶树平，胡谋.软件基础[M].北京：中国铁道出版社，1987：5.

载和传递思想政治教育内容并促进方法创新的计算机程序、方法等。

(2)思想政治教育软件的特征

大数据视域下创新大学生思想政治教育方法过程中所利用的思想政治教育软件，与其他媒体相比，具有以下特征。

第一，内容的隐匿性。隐匿就是隐藏不露、藏在深处。内容的隐匿性是指思想政治教育内容不是直接明显的，而是藏而不露的。具体而言，一方面，思想政治教育软件承载着丰富的思想政治教育内容，但这些内容并不是明确规定的，而是融入思想政治教育软件中，往往难以觉察，这也正是其独特之处。另一方面，大学生们在主动下载、反复运用思想政治教育软件过程中，在各种需要得到满足的同时，必然也会受到蕴含于其中的人生观、价值观、政治观等内容的潜在影响，不知不觉中受到"滴灌式"教育。例如，思想政治教育内容可以隐匿于游戏类思想政治教育软件的紧张刺激中，隐匿于服务类思想政治教育软件的贴心服务中，隐匿于影视类思想政治教育软件的故事情节中。大学生们使用软件的目的主要是追求极致的游戏体验、人性化的服务内容、引人入胜的影视情节，使得思想政治教育内容更具隐蔽性。

第二，形式的新颖性。新颖，与旧的、老的相对，是指新奇、特别、与众不同。思想政治教育软件作为一种媒体，与其他媒体相比，是一种新的呈现方式，给人耳目一新的感觉。虽然包括课堂媒体、文化媒体、管理媒体、活动媒体在内的传统媒体在以往思想政治教育过程中发挥了重要作用，但随着网络信息技术的爆炸式发展，传统媒体简单化、平面化等特征使其显得陈旧而不合时宜，缺乏吸引力。思想政治教育软件通过大学生主动下载、使用，能够为其提供最佳的体验、最优质的界面、最华丽的互动，处处为用户带来创意和惊喜，使其产生与众不同的切身感受。这也是思想政治教育软件得以引起大学生关注和喜爱的主要原因。

第三，超强的用户黏性。用户黏性源于网络黏性，用于衡量用户对网站访问频率的高低和停留时间的长短，依此判断用户对网站的忠诚度。超强的用户黏性主要体现在用户对网站情感上的高度认同、心理上的强烈依恋和行为上的持续访问三个方面。进一步看，用户黏性的高低根本上取决于网站能否满足用户需求，给用户带来愉快体验。同时具备这两个条件的网站，则会

第四章　大数据视域下大学生思想政治教育方法创新的途径与载体

赢得用户较强的偏好、信赖和忠诚度。反之，则会成为无人问津的"死网站"。思想政治教育软件与大数据紧密结合，能够为大学生提供个性化服务、推送精准化信息，使大学生获得无可比拟的良好体验，进而产生超强的用户黏性。

2. 运用思想政治教育软件的意义

运用思想政治教育软件，一方面，满足了大学生学习、生活、娱乐各方面的需要，另一方面，使大学生在下载、使用软件的过程中，不知不觉受到教育。运用思想政治教育软件，有利于充分体现大学生的主体性，有利于增强大学生思想政治教育方法的针对性。

（1）有利于充分体现大学生的主体性

主体性相对于客体性而言，是指主体在对象性活动中表现出来的自主性、选择性和创造性等。大学生在思想政治教育中的主体性就是大学生在思想政治教育过程中体现出来的主体意识、主体地位和自主行为。传统大学生思想政治教育方法，之所以仅仅强调思想政治教育者的单方面主体性，而大学生的主体性一直以来未受到应有重视，重要原因之一就是受传统思想政治教育媒体限制，大学生的主体性难以发挥。例如，传统的课堂媒体，由于受到学生人数众多的制约，一般采取自上而下的灌输式教育方法。在传统管理媒体的运用中，学生一般处于被动、服从的地位。思想政治教育软件这种新媒体形式的出现，彻底改变了学生被动接受教育的局面，学生的主体性得到前所未有的彰显。他们都是根据自己的兴趣、喜好，自由选择、主动下载、自主使用思想政治教育软件，整个过程中没有任何强制性，学生成了完全意义上的主体。使用思想政治教育软件的过程中，大学生会自觉不自觉地接受、认同渗入在软件中的价值观，在潜移默化中受其影响。反之，即使强迫大学生下载了相应软件，仍然起不到任何作用。

（2）有利于增强大学生思想政治教育方法的针对性

大学生思想政治教育方法的针对性，就是针对不同教育内容、不同大学生特点，选择和运用不同的思想政治教育方法。以往的大学生思想政治教育，往往不分教育内容、教育对象的差异性，千人一面、一篇一律地使用同样的教育方法，追根溯源，除了教育理念的落后，教育媒体的陈旧也是重要原因之一。大学生思想政治教育方法的针对性，需要现代化教育媒体的有力支撑。

思想政治教育软件的诞生，无疑为这一目标的实现提供了媒体条件。一方面，思想政治教育者可以依据不同功能，开发和制作不同类型的思想政治教育软件。如游戏类思想政治教育软件、服务类思想政治教育软件、影视类思想政治教育软件等。另一方面，通过嵌入大数据，可以记录、收集大学生使用思想政治教育软件的行为数据，并通过数据挖掘，识别大学生的兴趣和习惯，进而针对不同偏好的大学生制作和推送其喜爱的思想政治教育软件。

3. 运用思想政治教育软件的实践路径

思想政治教育软件为提升大学生思想政治教育实效性带来了新的契机，也为大数据视域下大学生思想政治教育方法创新提供了强有力的媒体。依托游戏类思想政治教育软件、视频类思想政治教育软件、服务类思想政治教育软件创新大学生思想政治教育方法是运用思想政治教育软件的具体路径。

(1) 依托游戏类思想政治教育软件

游戏类思想政治教育软件是以计算机或智能手机等移动终端为物质媒体、以思想政治教育为目的、以数字化技术为手段，以游戏为呈现方式开发制作的兼具游戏和思想政治教育双重功能的软件。与其他媒体相比，游戏类思想政治教育软件集高品质的视听享受、新奇刺激的感官冲击、轻松愉悦的良好体验于一身，对于青年大学生而言，有着天然的吸引力，能够有效避免传统媒体信息呈现单一化所导致的逆反心理和感官疲劳。大数据视域下依托游戏类思想政治教育软件创新大学生思想政治教育方法，一是秉承教育与游戏相结合的理念，以增强用户黏性为原则，开发与制作一批符合大学生身心特征、满足大学生心理需要，兼具趣味性与挑战性的游戏类思想政治教育软件。二是将大数据技术嵌入软件中，收集、分析大学生下载、使用软件的行为数据，利用大数据可视化技术呈现分析结果，洞察出大学生的兴趣偏好，分析出现有软件存在的不足，以便进一步改进和完善。三是针对不同学生的兴趣爱好和行为习惯，适时推送思想政治教育软件。如通过弹跳窗口弹出"下载了此游戏的玩家还下载了……"，向大学生定向推送游戏类思想政治教育软件。

(2) 依托视频类思想政治教育软件

视频类思想政治教育软件是以思想政治教育为目的、以视频播放为手段开发制作的兼具娱乐性与教育性的软件。与其他媒体相比，视频类思想政治

## 第四章　大数据视域下大学生思想政治教育方法创新的途径与载体

教育媒体通过真实的场景、扣人心弦的故事情节、个性鲜明的人物形象，给受众带来强烈的视觉冲击力和心灵震撼力，在丰富大学生课余生活、满足其休闲娱乐需求的同时，能够将视频中蕴含的价值观念通过"随风潜入夜"的方式悄悄输入大学生心中，而大学生对这种思想政治教育信息的传递方式也欣然接受。这正印证了美国著名政治学家约瑟夫·奈提出的"文化是国家软力量重要来源"的著名论断。① 大数据视域下依托视频类思想政治教育软件创新大学生思想政治教育方法，一是利用大数据收集、记录大学生观看影视的数据信息，并对学生观看的影片进行聚类分析，就不同主题分别建立数据库。或者根据大学生的喜好，制作系列正能量的微视频。二是根据大数据显示的不同大学生的观看习惯，推送相应的传播正确价值观的视频。

(3) 依托服务类思想政治教育软件

服务类思想政治教育软件是以思想政治教育为目的、以提供服务为手段开发制作的兼具服务性与教育性的软件。与其他媒体相比，服务类思想政治教育媒体通过提供全方位、便捷化的服务，让学生在享受人性化服务的同时，在耳濡目染中受到教育。如当前各高校争相推出的校园 App，集学习、生活、娱乐各种服务于一体，只需手指轻轻一点，即可获得各方面的服务信息，因而，深受大学生欢迎，成为当下最时尚的选择。大数据视域下依托服务类思想政治教育软件创新大学生思想政治教育方法，要着力于针对不同类型大学生开发设计"对味儿"的服务软件。如针对大一新生，开发校园导航软件，能够为新生提供学校概况、校园资讯、报名注册等各类服务，增强学生的爱校情怀。针对"考研族""考证族""考公族"，开发考试服务软件，能够提供各种辅导班信息、各地各部门招考信息，推送相关辅导资料等，引导学生及早进行人生规划。针对"自习族"，开发寻座软件，能够提供全校教室使用情况，实时显示自习教室人数，使学生轻而易举找到自习座位，强化学生的主动学习意识。针对有心理困惑的学生，开发心理辅导软件，能够提供心理咨询、心理疏导等服务，帮助学生树立积极健康的良好心态。

---

① 约瑟夫·奈. 软力量——世界政坛成功之道[M]. 北京：东方出版社，2005：11.

# 第五章　大数据视域下大学生思想政治教育方法创新系列

大数据视域下大学生思想政治教育方法创新系列，是方法创新的落脚点和最终目的。无论是理念原则，还是途径媒体，抑或是条件保障，都服务于创造出新方法。只有真正创造出表现为具体样态的新方法，才能切实体现出其推动大学生思想政治教育方法发展的理论价值和指导大学生思想政治教育实践活动的现实意义。按不同逻辑，大学生思想政治教育方法系列有不同构建方式、形成不同构建结构。本书是以大学生思想政治教育活动过程展开的逻辑为依据，将大数据视域下大学生思想政治教育方法构建为四种方法系列，具体包括认识方法系列、实施方法系列、评估方法系列和反馈方法系列。

## 一、认识方法系列

大数据视域下大学生思想政治教育认识方法系列，是指大学生思想政治教育者在认识教育对象（青年大学生）和教育环境的过程中，借助大数据所创新的方法系列。正确认识教育对象和教育环境，是有效进行思想政治教育的前提。[①] 认识方法系列为大学生思想政治教育者更全面、更准确地把握教育对象和教育环境创造了有利条件。按认识活动的过程划分，认识方法系列主要包括数据信息收集法、数据信息分析法和数据信息可视法三种方法类型。

### （一）数据信息收集法

数据信息收集法，作为大数据时代开展大学生思想政治教育活动首要环

---

① 郑永廷. 思想政治教育方法论[M]. 北京：高等教育出版社，2010：64.

## 第五章　大数据视域下大学生思想政治教育方法创新系列

节的主要方法，为获取思想信息提供了有力工具。从一定意义上看，大学生思想政治教育过程就是一个信息流通过程，思想信息的收集，则是这一过程的起始环节。因而，可以将数据信息收集法视为大数据视域下大学生思想政治教育方法系列的首要方法以及后续数据信息分析法和数据信息可视法的前提与基础。

1. 数据信息收集法的内涵及特点

数据信息收集法，就是利用大数据信息收集技术获取思想政治教育信息的方法，与传统思想信息收集法相比，具有数据的全面完整性、信息收集的实时动态性、信息获取的随时随地性等特点。

(1) 数据信息收集法的内涵

数据信息收集法，是指思想政治教育者利用大数据信息收集技术，获取与思想政治教育相关的数据信息，并对其进行分析和加工，使之成为思想政治教育信息的方法。[1] 此方法依托大数据采集技术，遵循"样本＝总体""不是精确性，而是混杂性""不是因果关系，而是相关关系"的原则，概言之，其对与思想政治教育相关的所有数据进行收集，使之成为大数据环境下大学生思想政治教育可资利用的思想信息。其实质是将大数据与传统大学生思想信息收集法相融合，糅合而成的新方法。

思想政治教育过程中，存在多种多样的思想信息，并且这些思想信息不是凝固不变的，而是动态发展的。从影响大学生思想政治观念的形成因素看，除了教育者传递的思想政治教育内容信息外，还包括思想政治教育环境信息；除此而外，在整个思想政治教育过程中，大学生的思想行为始终处于不断变化中，相应地会形成大量思想信息。数据信息收集法，就是借助大数据技术，对这些思想信息进行收集和处理，使之成为大学生思想政治教育系统中的信息，为教育对象服务。

(2) 数据信息收集法的特点

与传统的思想信息收集法相比，数据信息收集法具备了一些崭新的特点，

---

[1] 崔建西，邹绍清. 论大数据时代思想政治教育方法的创新[J]. 思想理论教育，2016(10)：83－87.

主要体现在以下方面。

第一,数据的全面完整性。数据的全面完整性,是指利用数据信息收集法获取的思想信息是与某一特定大学生思想政治教育过程相关的所有思想信息,而不再是少量的数据样本。小数据时代处理数据的理念是:"通过随机采样,以最少的数据获得最多的信息。"[1]这虽然是一条捷径,但仅仅是在无法收集全体数据情况下的无奈之举,存在诸多缺陷,首先就是存在数据"被代表"的弊端。尤其是对于一个个鲜活的生命而言,大学生个体间差异较大、个性鲜明,通过样本获取思想信息的方法,其科学性难以保证。数据信息获取法遵循"样本=总体"的核心理念,借助大数据技术,可以收集与思想政治教育相关的一切信息,既包括结构化数据,也包括通过移动电话表现出的关系,或者通过社交媒体透露出的情感等以往无法收集的非结构化数据。数据信息收集法实现了信息收集的"全数据模式",使收集到的信息具有全面而完整的特性。

第二,信息收集的实时动态性。信息收集的实时动态性,是指利用数据信息收集法获取的大学生思想政治教育信息是实时生成、动态更新的,而不再是延迟、滞后的。小数据时代,大学生思想政治教育者获取思想信息的主要方式是:社会调查法、观察体验法等,这些传统的信息获取方法由于受人力、物力、技术条件等限制,使思想信息从产生到获取往往是非同步的,从信息获取到预处理,中间又有较长的时间差,极大降低了思想信息的时效性和利用价值。数据信息收集法借助大数据技术对大学生日常学习生活中的"数据痕迹"进行实时收集,并通过无处不在的物联网,对数据进行交换,以近乎实时的方式呈现给思想政治教育者。此外,由于大学生的思想是不断发展变化的,因而利用数据信息收集法获取的思想信息也始终处于动态更新中。

第三,信息获取的随时随地性。信息获取的随时随地性,是指利用数据信息收集法获取的大学生思想政治教育信息是思想政治教育过程中随时随地产生的思想信息,而不再是特定时机、重要场合下获取的"典型数据"。由于

---

[1] 维克托·迈尔-舍恩伯格,肯尼思·库克耶. 大数据时代:生活、工作与思维的大变革[M]. 盛杨燕,周涛,译. 杭州:浙江人民出版社,2013:30.

## 第五章 大数据视域下大学生思想政治教育方法创新系列

传统的信息收集方法主要依靠人工方式处理，因此，一方面无法面向全体受教育者进行收集，另一方面，即使针对某一具体教育对象，也无法对其思想信息进行全方位收集。所以，传统信息收集法往往强调"抓住时机，掌握火候"。然而，获取信息的有利时机因人而异，难以判定，况且这样的时机总是稍纵即逝，不易抓住。数据信息收集法以大数据信息收集技术为强力支撑，可以轻而易举地实现对大学生思想行为数据的跟踪收集，不再受时机、场合的限制，也不必担心错过有价值的思想信息。

2. 数据信息收集法的方式

大学生思想政治教育就是一个对思想信息进行收集、分析、传递、反馈的过程，其中，思想信息的收集处于整个链条的第一环节。大学生思想政治教育者利用数据信息收集法，能够获取与大学生思想政治教育相关的全部思想信息，思想信息必须通过人的言行在社会环境中表现出来。[①] 依据承载思想信息的媒体划分，主要包括教育对象思想行为信息收集法和教育环境信息收集法两种类型。

(1) 教育对象思想行为信息收集法

教育对象思想行为信息收集法，就是在思想政治教育过程中，借助大数据信息采集技术，收集思想政治教育对象的一切思想行为数据，并通过数据清洗、数据集成、数据变换及数据规约等大数据技术对其进行预处理，使之成为服务于思想政治教育实践活动的方法。作为"数字原住民"的青年大学生，"无人不网""无时不网"，他们的生活状态可以通过校园一卡通、图书馆和宿舍楼各种门禁刷卡信息真实记录下来，其情绪情感可以通过各种"说说""朋友圈""微博"等贴切反映出来，各种"点赞""关注"折射着他们的态度倾向。教育对象思想行为信息收集法就是利用大数据技术对各种平台上记录的大学生"数据脚印"进行收集，以便为后续的信息分析方法奠定基础。

(2) 教育环境信息收集法

教育环境信息收集法，就是在思想政治教育过程中，利用大数据技术收集与大学生思想政治教育环境密切相关的所有信息，并对其进行技术处理，

---

[①] 刘新庚. 现代思想政治教育方法论[M]. 北京：人民出版社，2008：65.

使之成为服务于大学生思想政治教育活动的方法。大数据时代,网络环境作为思想政治教育环境的重要形态,已成为影响大学生思想观念形成变化的首要环境。其既能够丰富大学生的精神生活、拓展大学生的交往空间,又有利于拓宽大学生的视野。但网络上良莠不齐的信息容易导致大学生价值取向发生偏差。尤其是一些西方国家利用网络进行意识形态渗透,使网络环境更加错综复杂。正如未来学家阿尔文·托夫勒在《权力的转移》中指出的,世界已经离开了依靠暴力与金钱控制的时代,未来世界政治的魔方将控制在拥有信息强权的人手里,他们会使手中掌握的网络控制权,……达到暴力、金钱无法征服的目的。① 由此可见,通过教育环境信息收集法获取与大学生思想政治教育相关的所有信息,为识别网络环境状况、把握网络环境的本质提供前提,是大数据时代推动大学生网络思想政治教育科学发展的重要方法。

3. 数据信息收集法的运用原则

数据信息收集法是对传统信息收集法的创新与超越,能够最大限度地收集与大学生思想政治教育相关的数据信息,为了解和掌握大学生思想特征和教育环境提供信息支撑。但任何方法的运用都必须遵循相关原则,其作用才能得以有效发挥。数据信息收集法在具体运用中,应遵循以下两大原则。

(1)适度原则

所谓适度原则,就是在运用数据信息收集法收集信息的过程中,应把握一定的度,既要防止"不及",又要避免"过度"。这里确定度的标准是"与大学生思想政治教育的相关性"。运用数据信息收集法的根本目的,在于借助大数据信息采集技术获取与大学生思想政治教育相关的全体数据,为认识大学生思想特征、洞察大学生内在需要、科学判定思想政治教育环境做好充分的前期准备。因而,要将适度原则贯穿于信息收集的全过程。一方面,思想政治教育者必须始终铭记"为思想政治教育所用"的宗旨,只收集与思想政治教育相关的信息,不能仅仅为了追求信息的全面性而不加区分地囊括一切信息,尤其是与思想政治教育毫不相关的信息,否则必将导致数据过剩、混淆视听的不良后果。另一方面,思想政治教育者必须利用大数据技术,尽可能将与

---

① 转引自徐建军. 大学生网络思想政治教育理论与方法[M]. 北京:人民出版社,2010:11.

思想政治教育相关的所有思想信息收集到位,以防思想信息的遗漏导致教育时机的贻误。

(2)隐私保护原则

所谓隐私保护原则,就是在运用数据信息收集法收集信息的过程中,应注意保护大学生的个人隐私,任何情况下都不能逾越这一底线。大数据时代,思想政治教育者能够凭借大数据技术,轻而易举从各种信息化平台不留任何死角地获取大学生的各种信息,极易导致大学生成为毫无隐私的"透明人"。因此,思想政治教育者在收集信息的过程中,应该不忘初心,以准确把握大学生的思想特征和内在需要为出发点,始终顾及大学生的隐私,正当、可靠地收集数据。

**(二)数据信息分析法**

数据信息分析法,作为大数据时代指导思想政治教育者进行信息分析的重要方法,在大学生思想政治教育认识方法系列中发挥着关键作用。"大数据时代,人们不缺乏数据,而是缺乏找到有价值数据的能力。"[1]数据信息分析法正是这种能力的力量之源。因而,可以将数据信息分析法视为大数据视域下大学生思想政治教育方法系列的重要方法以及提高思想信息信度和效度的根本方法。

1. 数据信息分析法的内涵及特点

数据信息分析法,就是利用大数据挖掘技术对收集到的思想信息进行加工和处理的方法,与传统的思想信息分析法相比,具有分析过程的及时性、分析结果的客观性等特点。

(1)数据信息分析法的内涵

数据信息分析法,是指思想政治教育者利用大数据挖掘技术,对收集到的第一手思想信息资料进行"去粗取精""去伪存真"的加工和处理,提高思想信息的信度和效度,进而洞察出思想信息的本质和规律的方法。这一方法的实质就是,首先,利用数据抽取、数据清洗、数据集成等大数据技术对收集到的原始数据进行预处理。"就像做菜需要对食材进行筛选、洗净、切成一定

---

[1] 郭晓科. 大数据[M]. 北京:清华大学出版社,2013:71.

形状一样,原始数据中有大量错误、重复的信息,需要删除、整理和转化。"①其次,利用聚类分析、语义分析、机器学习等数据挖掘技术发现思想信息规律、把握思想信息本质。其实质是将大数据与传统大学生思想信息分析法相融合,糅合而成的新方法。

(2)数据信息分析法的特点

与传统的思想信息分析法相比,数据信息分析法具备了一些崭新的特点,主要体现在以下方面。

第一,分析过程的及时性。分析过程的及时性,是指利用大数据技术能够对收集到的思想信息进行及时分析,最大限度确保思想信息利用的效度。传统的思想信息分析法,由于受技术水平、主体素质、经费投入等主客观条件限制,对于收集到的思想信息进行分析,往往要投入较多的人力、物力,耗费较长的时间周期。一般而言,要经过两个环节,首先,要通过人工方式将调查或访谈获取的信息进行整理与筛选,剔除无效数据。其次,对有标准答案的信息,通过表格形式进行统计,或者利用传统软件进行分析,对文字性的内容,仍然需要人工处理。数据信息分析法依托分析型数据库(Analytic Database),解决了大规模数据量的问题;依托分布式计算技术(Hadoop),实现了"传统的数据管理环境难以处理以非结构化数据为中心的大数据"②。依托流处理技术,"实现了每秒数十万到数百万条数据的超高速处理"③。大数据技术在思想信息分析中的运用,使思想信息处理凸显出及时性的特点。

第二,分析结果的客观性。分析结果的客观性,是指利用大数据技术对收集到的思想信息进行分析,分析所得结果具有客观性、真实性。传统的思想信息分析法,一般遵循"假设验证"的逻辑思维,遵从"假设—数据—验证"的运行模式。无论是矛盾分析法、系统分析法,还是因果分析法、比较分析法,都或多或少受到思想政治教育者主观因素的影响,如主体的价值观、认识能力、思维能力等因素。由此,分析结果不可避免会夹杂着主观成分,降低了分析结果的准确性。数据信息分析法,遵循"让数据发声"的逻辑,遵从

---

① 郭晓科. 大数据[M]. 北京:清华大学出版社,2013:64.
② 城田真琴. 大数据的冲击[M]. 周子恒,译. 北京:人民邮电出版社,2013:41.
③ 城田真琴. 大数据的冲击[M]. 周子恒,译. 北京:人民邮电出版社,2013:46.

第五章　大数据视域下大学生思想政治教育方法创新系列

"数据—结论"的模式，思想信息的分析完全借助大数据技术完成，丝毫没有掺杂任何主观因素，避免了"观察渗透理论"的弊端，从而确保了分析结果的客观真实性。

2. 数据信息分析法的方式

数据信息分析法，就是利用大数据挖掘技术对收集到的所有思想信息数据进行分析的方法，为发现思想信息内在联系，进而揭示出大学生思想行为本质提供了强有力的工具。按思想信息分析的内容划分，主要包括教育对象思想行为分析法和教育环境信息分析法。

(1) 教育对象思想行为信息分析法

教育对象思想行为信息分析法，就是思想政治教育者利用大数据技术，对收集到的关于青年大学生的所有思想信息进行全面分析、深度挖掘，进而把握大学生的思想状况和心理需求，为开展针对性思想政治教育创造条件的方法。可见，教育对象思想行为信息分析法的信息分析对象非常明确，聚焦于与大学生思想行为相关的各种信息展开分析，包括物联网收集到的图书借阅信息、校园一卡通消费信息、教学楼、宿舍楼出入门禁信息，移动终端收集到的遗留在各种社交媒体上的信息以及各种网站的点击、浏览信息等等。通过对这些反映大学生网络行为、思想面貌的信息进行全方位分析，能够洞察以往小数据时代被蒙蔽了的有价值的线索。例如，通过语义分析技术对某大学生一段时间以来在社交媒体上发表的文字信息进行分析，能及时掌握其思想动态、发现异常情况，以便及时采取干预措施。

(2) 教育环境信息分析法

教育环境信息分析法，就是思想政治教育者以相关性原则为根本遵循，以认清教育环境本质为目的，利用大数据技术对与大学生思想政治教育相关的思想信息进行分析，以便为优化教育内容、选择教育方法奠定基础的方法。大数据时代，各种思想观念在互联网上激荡，网络环境已成为现实环境的"镜像"，现实社会中的诸多问题都会在网络环境中强烈反映出来，网络上的虚假有害信息如果肆意传播，极易诱发现实问题。况且敌对势力和利益集团出于不可告人的秘密，总是不遗余力地通过网络平台捏造、发布一些耸人听闻的虚假信息，以迷惑青年大学生。因而，及时分析网络环境信息尤为重要。教育环境信息分析法,就是借助大数据技术,对网络平台上留下的各种"数字痕迹"进行全面分析,以确保随时掌握网络情况,明晰网络环境对青年大学生带来的正面和负面影响,进而因势利导、趋利避害。

3. 数据信息分析法的运用原则

数据信息分析法是传统信息分析法在大数据时代的创新与发展,能够从收集到的海量思想信息中挖掘出有价值的信息,发现以往被遮蔽的关系,准确把握住大学生的思想行为特征,为思想政治教育者选择科学的教育方法提供保障。但在使用过程中,数据信息分析法必须遵循以下原则,才能使其价值得以充分彰显。

(1) 相关关系与因果关系相结合

"相关关系与因果关系相结合",就是在运用数据信息分析法分析思想信息过程中,既要注重思想信息数据间的相关关系分析,又要注重因果关系的挖掘。一方面,要注重思想信息数据间的相关关系分析,通过相关关系分析,发现思想信息数据间的非线性关系,进而发现以前不曾注意到的联系,掌握以往无法理解的思想动态。这也是大数据技术的魅力之所在。例如,通过对某同学一段时间以来食堂刷卡消费信息的分析,利用相关关系原则就能识别出其经济是否存在困难,有利于及时采取有效措施。另一方面,要注重因果关系分析。或许在商业领域,就像大数据专家舍恩伯格所认为的,只需要知道"是什么",而不需要追究"为什么"。但是就大学生的思想政治教育而言,只有在知道"是什么"的基础上,进一步明确"为什么",方能从根源上解决问题。

(2) 聚类分析与个别分析相结合

"聚类分析与个别分析相结合",就是在运用数据信息分析法分析思想信息过程中,既要注重对所有大学生的思想信息进行聚类分析,又要注重对个体大学生的思想信息进行持续的追踪分析。一方面,要注重聚类分析,运用大数据聚类分析法,能够对所有学生的思想信息数据按不同特征聚合、归类,并对不同类别群体的学生进行"多角度画像",将群体特征清晰呈现给思想政治教育者,为有针对性地开展群体性思想政治教育创造有利条件。另一方面,要注重个别分析。个性化教育是大数据时代带来的最深刻变革,而对个体学生的海量思想信息数据进行深度分析则是开展个性化教育的必要前提。在深度分析个体数据的基础上,对大学生个体进行"精准画像",使其鲜明特征得以显现,为实施"一个尺寸适合一个人"的教育方式奠定基础。

**(三)数据信息可视法**

数据信息可视法就是将对海量、复杂、多维的思想信息分析结果,通过形象直观的方式呈现出来。简言之,就是数据信息的视觉表现形式。数据信息可视法,作为大数据时代展示思想信息分析结果的崭新方法,是思想政治教育认识方法创新系列的必要组成部分。"通过将分析结果映射为视觉符号,能够充分利用人们的眼球,帮助人们获取大数据中蕴含的信息。"[1]

**1. 数据信息可视法的内涵及特点**

数据信息可视法,就是利用大数据信息可视技术将思想信息通过可识别的图形、图像、视频等方式呈现出来的方法,与传统的思想信息呈现方法相比,具有直观形象性、形式多样性等特点。

**(1)数据信息可视法的内涵**

数据信息可视法,是指运用计算机图形学、图像学、人机交互等技术,将思想信息分析结果转换为可识别的图形、图像、视频或动画在屏幕上显示出来,并利用数据分析和开发工具发现其中未知信息的交互处理方法。其实质是借助图形化手段,使思想信息分析结果以思想政治教育者易于理解的方式,清晰有效地进行传达与交换。这一方法依托计算机图形学、图像处理、计算机视觉等多项技术,遵循"科学、艺术和设计相结合"的原则,旨在一目了然地呈现分析结果。

**(2)数据信息可视法的特点**

与传统的思想信息呈现方法相比,数据信息可视法具备了一些崭新的特点,主要体现在以下方面。

第一,直观形象性。所谓直观形象性,是指数据信息可视法所呈现出来的思想信息分析结果是直观形象、易于思想政治教育者理解和利用的,而不再是枯燥乏味的冰冷数据。传统的分析结果或者是以纯文字表达的方式呈现,

---

[1] 陈明. 大数据概论[M]. 北京:科学出版社,2015:182.

或者是以一串串数据或平面化的图表展示，这样的方式，相对而言，比较生硬抽象、不易理解。数据信息可视法，借助大数据可视化技术，将分析结果所蕴含的信息以多维动态的方式完整呈现出来，具有准确、直观的优势，能够使视觉神经得到充分刺激，留下栩栩如生的印象。

第二，形式多样性。所谓形式多样性，是指数据信息可视法能够以多种多样的形式呈现思想信息分析结果，彻底改变以往单一的呈现方式。传统思想信息分析结果一般通过文字或表格展现，即使以图形的方式呈现，也仅限于柱状图、饼状图等简单化图形，其带来的弊端显而易见。一方面，容易造成视觉疲劳，难以吸引思想政治教育者的注意力。另一方面，不利于思想信息分析结果的多维度呈现。数据信息可视法，以大数据可视化技术作为强力支撑，使冰冷坚硬的数据"动"了起来，为数据的展现找到了多条通道。既可以通过多维立体的图像进行展示，也可以通过视频动画的方式呈现，多样化的呈现方式增强了数据的亲和力与趣味性。

2. 数据信息可视法的方式

数据信息可视法，就是利用大数据可视化技术呈现思想信息分析结果，帮助思想政治教育者理解和分析抽象的思想信息，加强认识复杂数据的能力，以达到驾驭日益增多的数据和更好地利用思想信息分析结果的目的。按照可视化对象的数据类型不同，通常包括数据可视法和信息可视法两种具体方式。

（1）数据可视法

所谓数据可视法，就是思想信息分析结果的可视化主要基于数据本身，整个过程建立在结构化数据的强力支撑基础之上。具体而言，就是借助大数据可视化技术，将思想信息分析结果所得的大型数据集以图形、图像或者视频、动画等形式表现出来，将难以理解的数据转换为生动形象的图像，其实质是传统的思想信息可视化技术在大数据视域下的运用。这从根本上改变了以往思想政治教育者只能通过传统的关系数据表或简单图形查看数据分析结果的状况，使思想信息数据以更清晰直观的方式呈现出来。

（2）信息可视法

所谓信息可视法，就是思想信息分析结果的可视化主要基于非结构化数据，是对大规模非数值型思想信息的视觉展现。具体而言，就是利用大数据

## 第五章　大数据视域下大学生思想政治教育方法创新系列

可视化技术,将思想信息分析结果的抽象数据集以直观的方式呈现出来。信息可视法为思想政治教育者提供了理解多层次、高维度等复杂性非结构化数据的有力工具。与数据可视法相比,信息可视法侧重于对思想信息中非结构化数据的展现,如学生发表的微博、说说等文本信息,某网站点击浏览信息,传感器收集到的踪迹信息以及表情符号等抽象数据集。

3. 数据信息可视法的运用原则

数据信息可视法是传统信息可视法技术在大数据时代的运用,能够将上一阶段思想信息分析结果以思想政治教育者易于理解的方式进行呈现,进而让思想信息分析结果更好地服务于大学生思想政治教育实践。此方法在使用过程中,必须遵循以下原则,其功能才能得以充分发挥。

(1)过程可视与结果可视相结合

"过程可视与结果可视相结合",就是在运用数据信息可视法展示思想信息的过程中,既要注重对分析过程产生的思想信息进行展示,又要注重对分析结果所形成的数据信息进行展示。一方面,要注重对思想信息分析产生的阶段性结果,即生成的过程性数据进行大数据可视化呈现,以便实时动态地掌握大学生思想政治教育的过程信息,及时发现存在的问题,并实施相应的教育和引导。另一方面,要注重对思想信息分析形成的结果数据进行大数据可视化展现,以便对相对较长时间范围内大学生的思想状况或思想政治教育状况作出整体性了解和把握,识别存在的倾向性问题或共性问题,并采取针对性的措施。

(2)科学性与艺术性相结合

"科学性与艺术性相结合",就是在运用数据信息可视法展现思想信息的过程中,既要注重思想信息数据呈现的科学性,也要注重思想信息呈现的艺术性。一方面,要强调数据呈现的科学性。科学性就是客观性、真实性。数据信息可视法将不可见的思想现象转化为明确的图像符号,旨在从中获取新的认识、洞察新的规律。[1] 信息可视化的终极目的并不是可视化结果本身,而是要通过图形、图像进一步洞悉大学生的思想实质,为思想政治教育者选择

---

[1] 阮彤,王昊奋,陈为. 大数据技术前沿[M]. 电子工业出版社,2016:4.

适宜的方法提供前提，因而要将科学性原则置于首位。另一方面，要注重数据呈现的艺术性。将美学元素渗入数据呈现，能够锦上添花。晦涩枯燥的思想信息数据以优雅简明的方式呈现出来，不仅能给思想政治教育者带来观察问题的新视野，同时能对其视觉形成强大的冲击力。

## 二、实施方法系列

大数据视域下大学生思想政治教育实施方法系列，是指大学生思想政治教育实施过程中，思想政治教育者借助大数据所创新的方法系列。实施方法是认识方法向实践的发展，直接决定着大学生思想政治教育目标能否实现以及实现程度的高低，在整个大学生思想政治教育方法系列中居于核心地位，起着关键作用，是方法系列的主干。按各种方法功能的不同进行划分，实施方法系列主要包括数据理论传播法、数据虚拟实践法、数据人文关怀法、数据榜样宣传法及数据预防教育法五种方法类型。

### (一) 数据理论传播法

数据理论传播法，就是利用大数据手段对大学生进行思想政治理论传播的方法。作为大数据时代对青年大学生进行思想政治教育，传播中国特色社会主义理论体系最基本、最重要的方法，数据理论传播法是思想政治教育实施方法创新系列不可替代的重要组成部分，在大学生接受社会主义主流意识形态过程中，发挥着至关重要的作用。

1. 数据理论传播法的内涵及特点

数据理论传播法，是思想政治教育者借助大数据技术创新的思想理论传播法，与传统理论传播法相比，具有双向互动性、个体差异性等特点。

(1) 数据理论传播法的内涵

数据理论传播法，是指思想政治教育者在对大学生进行社会主义主导思想理论传播过程中，借助大数据所创新的思想政治教育方法，是传统理论传播法在大数据时代的创新与发展。其实质是将大数据深度嵌入思想政治理论传播过程中，借助大数据资源、大数据技术、大数据媒体等手段，对传统的大学生理论传播法进行创新。这一方法通过大数据挖掘技术，在清晰了解大学生群体思想特征和掌握大学生个体思想状况的基础上，以大数据定向技术

第五章　大数据视域下大学生思想政治教育方法创新系列

为支撑，依托大数据媒体针对性地进行思想政治教育理论传递。

（2）数据理论传播法的特点

与传统理论传播法相比，数据理论传播法具有一些明显的优势和特点，主要体现在以下方面。

第一，双向互动性。所谓双向互动性，是指运用数据理论传播法传播思想政治理论的实践活动，是一个思想政治教育者与大学生双向互动的过程，而不再是自上而下的单向传递活动。传统的理论传播法，一般是思想政治教育者通过思想政治理论课，或者通过规范化的形式和专门化的活动，向青年大学生传授系统的思想政治理论知识。整个过程中思想政治教育者是绝对的控制者和唯一的主体，大学生是接受教育的客体。数据理论传播法，在教育前利用大数据技术掌握大学生思想动态，在教育过程中利用大数据媒体实现教育者与大学生的双向互动，在教育后通过与大学生的双向交流，实施后续的巩固教育。以大数据为支撑，数据理论传播法体现出突出的双向互动性特点。

第二，个体差异性。所谓个体差异性，是指运用数据理论传播法传播思想政治理论，是根据大学生的不同思想特征和内在需要，选择不同的传播方法，而不再是不分对象、场合，使用一成不变的传播方法。传统的理论传播法，对教育对象、教育内容、教育情境不加任何区分，均毫无差别地采用填鸭式的灌输方法。数据理论传播法，将大数据技术运用于理论传播全过程，在利用大数据挖掘技术挖掘出大学生个体特征和接受偏好的基础上，利用大数据定向推送技术，以差异性的方式传播相应的内容，使数据信息传播法凸显出个体差异性的特质。

2. *数据理论传播法的方式*

数据理论传播法，就是借助大数据手段有效传播思想政治理论，达到帮助青年大学生形成正确世界观、人生观和价值观的目的。按照理论传播媒体的不同，主要包括思想政治理论智慧课堂和校园媒体宣传两种具体方式。

（1）思想政治理论智慧课堂

思想政治理论智慧课堂，就是将大数据技术与思想政治理论课堂高度融合而产生的新的教育方式，旨在应用大数据技术提升思想政治理论课的智慧化水平，进而提升教学实效性。具体而言，就是通过物联网、云计算、无线通信等新一代信息技术所打造的物联化、智能化、感知化、泛在化的智慧课堂环境，① 全程跟踪收集、实时分析学生的学习数据，从数据的分析结果识别出不同学生的学习模式，进而针对性地提供帮助和引导。从教育者的视角审视，所有教学活动都建立在学生的学习数据之上；从学生的角度看，真正实现了按需学习、个性化学习。传统课堂教学得以重构，由以"教师的教"为中心转变为以"学生的学"为中心。

(2) 校园媒体宣传

校园媒体宣传，就是将大数据技术嵌入校园网络媒体、校园电子传媒以及手机媒体等校园媒体中，进行思想政治理论传播的新方式，旨在利用大数据技术打造符合大学生习惯、契合大学生个性、贴近大学生生活、反映大学生心声的传播模式，进而增强理论传播的可接受性。具体而言，就是在对大学生思想状况和个性特征准确把握的基础上，依托校园公共场所媒体以大学生乐于接受的方式播放关注度高的话题，并进行正向引导。同时，依托私密性的手机媒体，利用定向技术精准化推送个性化的传播内容。通过形式多样的方式，增强了理论传播的灵活性。

3. 数据理论传播法的运用原则

数据理论传播法是传统思想政治理论传播法在大数据时代的创新，通过大数据功能的充分发挥，实现思想政治理论传播的个性化、精准化。这一方法的运用，必须遵循以下两项原则。

(1) 碎片化传播与系统性传播相结合

"碎片化传播与系统性传播相结合"，就是运用数据理论传播法传播思想政治理论内容，既要注重碎片化传播方式，也要注重系统性传播方式。一方面，要注重碎片化传播。碎片化，即化零为整，与整体性相对，是对大数据时代信息传播新境遇的形象化比喻。大数据时代新媒体的便捷性、信息资源的离散性以及大学生阅读方式的随意性，② 要求思想政治教育者不失时机地利

---

① 杨现民. 信息时代智慧教育的内涵与特征[J]. 中国电化教育，2014(1)：29-34.
② 王承博，李小平，赵丰年，等. 大数据时代碎片化学习研究[J]. 电化教育研究，2015(10)：26-30.

## 第五章　大数据视域下大学生思想政治教育方法创新系列

用大数据技术，对大学生推送碎片化内容，如利用微信、微博等社交媒体推送微视频、微课等微资源。另一方面，要注重系统性传播，系统性即条理性，就是要素按一定逻辑关系组成的整体。碎片化知识犹如人体的各个部件，脱离了知识体系这个生命整体，任何一个部件都会失去原有的意义。[①] 因而，思想政治教育者必须对马克思主义基本原理、中国特色社会主义理论体系、中国近现代史等理论知识进行系统化传播。

（2）个体精准传播与群体定向传播相结合

"个体精准传播与群体定向传播相结合"，就是运用数据理论传播法传播思想政治理论，既要面向个体，注重个体精准传播，又要面向群体，注重群体定向传播。一方面，要注重个体精准传播。青年大学生由于家庭环境、受教育经历、性格特征等各不相同，致使其学习习惯、接受能力存在较大差异，因而，思想政治教育者必须发挥数据理论传播法针对个体精准推送信息的优势，实施个性化传播。另一方面，要注重群体定向传播。虽然大学生个性鲜明，但相近的年龄、相同的社会环境，又造就了他们某些方面具有共同的兴趣爱好和关注热点，因而思想政治教育者对有着共同点的大学生群体，可以利用大数据定向技术推送相应的理论知识。

### （二）数据虚拟实践法

数据虚拟实践法，就是在依托大数据技术创设的、以数字化符号为中介的虚拟空间中，引导大学生进行虚拟实践活动的方法。作为大数据时代对大学生进行思想政治教育的一种崭新方法类型，数据虚拟实践法是思想政治教育实施方法系列必不可少的组成部分，对于提升大学生思想政治教育实效性具有重要意义。

#### 1. 数据虚拟实践法的内涵及特点

数据虚拟实践法，是思想政治教育者借助大数据技术创设虚拟实践环境，并引导大学生通过参与虚拟实践活动提高思想道德素质的方法。与传统实践教育法相比，具有场景虚拟性、现实超越性、即时交互性等特点。

---

① 张卓玉. 学习：从"碎片化"到"整体化"[N]. 中国教师报，2012-08-15(15).

(1)数据虚拟实践法的内涵

数据虚拟实践法,是指思想政治教育者引导大学生参加各种数据虚拟实践活动,不断提高思想道德素质的方法。具体而言,就是将大数据技术嵌入当代计算机技术、网络技术和虚拟现实技术等发展融合的虚拟空间,[①]有目的、有计划地创设形象生动且富有教育意义的逼真场景,并全程追踪、引导大学生通过数字化中介进行对象化活动的方法。其实质是传统实践教育法在大数据时代的发展与超越。这一方法利用大数据技术对大学生虚拟实践活动的行为数据进行全程收集、分析,并利用大数据媒体适时推送信息,提供帮助和指导,是一种基于大数据技术支撑之下的新兴实践教育模式。

(2)数据虚拟实践法的特点

与传统实践教育法相比,数据虚拟实践法具有显著特点,主要体现在以下方面。

第一,场景虚拟性。所谓场景虚拟性,是指利用数据虚拟实践法进行实践教育的场景是以网络为基础,通过网络虚拟技术,创设教育活动所需要的情景、故事、人物、活动等。[②]传统实践教育法以物质实体和具体场所为实践平台,通过开展实实在在的活动提高思想觉悟和思维能力,往往受制于各种客观条件并且事必躬亲。数据虚拟实践法,使大学生从以往现实条件的束缚中摆脱出来,无论是实践对象、实践方式,还是实践过程、实践结果,都是数字化手段营造的虚拟场景。对于大学生而言,所需要的仅仅是一部电脑终端或手机终端。

第二,现实超越性。所谓现实超越性,是指数据虚拟实践法是借助于数字化中介系统进行的超越现实性的感性活动,对现实性的超越体现了虚拟实践的本质。[③]传统实践教育法由于受到人力、物力、财力以及各种政策法规、安全隐患等因素的限制,往往局限于部分学生,并且方式陈旧、效果不佳。数据虚拟实践法通过创设数字化虚拟情境、虚拟活动,将现实实践活动的诸

---

① 张明仓. 虚拟实践论[M]. 昆明:云南人民出版社,2005:40.

② 陈红,孙雯. 高校思想政治理论课网络虚拟实践教学研究[J]. 思想理论教育导刊,2016(8):79-82.

③ 张明仓. 虚拟实践论[M]. 昆明:云南人民出版社,2005:143.

第五章　大数据视域下大学生思想政治教育方法创新系列

多"不现实"变为虚拟实践的"现实"。一方面，不仅可以模仿现实实践，还能够创造崭新的虚拟情境。另一方面，能够突破各种物质条件的制约，打造全员覆盖的实践教育格局。①

第三，即时交互性。所谓即时交互性，是指数据虚拟实践法的实践主体和实践客体互相提供与接受信息，并即刻对信息作出相应反应。传统实践教育法，一般而言，实践主体是信息输出方，实践客体是信息接收方，即使有信息反馈，往往也具有明显的滞后性。数据虚拟实践法利用大数据技术、网络虚拟技术，实现了对大学生虚拟实践行为的实时收集与分析，并提供及时有效的指导。在整个实践过程中，信息的传递都不是单向的，而是时时处处有反馈。

2. 数据虚拟实践法的方式

数据虚拟实践法，以其独特、新颖的实践方式，极大凸显了大学生的主体性，提升了大学生思想政治教育实效性。按实践内容的不同，主要包括仿真性虚拟实践和设计性虚拟实践两种具体方式。

（1）仿真性虚拟实践

仿真性虚拟实践，就是在利用大数据技术和计算机仿真技术，依据现实实践活动情景模拟而成的虚拟空间中进行的实践活动。这种虚拟实践活动源于现实原型，借助虚拟仿真技术，能够真实再现和立体化还原现实场景，达到甚至超过现实实践所能取得的效果。具体而言，就是将大数据技术嵌入仿真虚拟场景中，以便实时掌握大学生实践活动情况，根据不同学生遇到的具体问题针对性地推送贴心信息。例如，为了解决参观爱国主义教育基地带来的经费、人员、组织等各种问题，可以通过数据虚拟实践法创设虚拟场景、还原事件过程、呈现英雄形象，让大学生同时调动视觉、听觉、触觉各种感官功能，获得身临其境的"真实"体验，达到现实参观无法企及的效果。同时，思想政治教育者利用大数据技术能够及时捕捉到教育的有利时机。

---

① 陈红，孙雯. 高校思想政治理论课网络虚拟实践教学研究[J]. 思想理论教育导刊，2016(8)：79-82.

(2) 设计性虚拟实践

设计性虚拟实践，就是围绕实践教育目的，依托计算机虚拟技术对虚拟实践场景、人物特征、事件过程等进行精心设计，引导大学生以主人翁身份进行"亲身"实践，并通过大数据技术及时进行结果反馈，进而让大学生思想道德素质得以提高的实践活动。这种实践活动是通过对重大历史事件的重现或者预设现实中尚未发生的场景，将教育功能渗入元素设计中，让青年大学生在"真实"的场景中感受历史、选择未来、受到启示。

3. 数据虚拟实践法的运用原则

数据虚拟实践法是大数据时代对现实实践教育法提出的崭新要求，也是现实实践教育法在新的时代背景下发展的必然趋势。这一方法要发挥出其应有的作用，必须遵循以下两大原则。

(1) 现实实践与虚拟实践相结合

"现实实践与虚拟实践相结合"，就是在运用实践教育法的过程中，要处理好现实实践与虚拟实践的关系，深刻认识到两种方式的共同目标都是提升思想政治教育效果。将二者有机结合起来，形成优势互补、相互促进的关系，形成实践育人合力。一方面，对于适合运用传统实践教育法的内容，尽量创造条件组织学生开展实实在在的活动。例如，就培养学生正确劳动意识、增强学生热爱劳动人民情感、帮助学生了解社会发展等内容而言，通过组织学生进行实地参观考察、参加生产劳动、提供志愿服务等活动形式，所发挥的作用是其他教育方式不可替代的。另一方面，对于受主客观条件限制，无法有效组织传统实践活动，或通过传统实践方式效果不佳的内容，则可以运用数据虚拟实践法。两种方式发挥各自的优势，可以形成相互促进的格局。

(2) 虚拟形式与实际内容相结合

"虚拟形式与实际内容相结合"，就是使虚拟形式始终服务于实际内容，要处理好二者的关系，不能舍本逐末。一方面，要认识到数据虚拟实践法的运用要以教育内容的选取与设计为核心，必须坚持正确的政治导向，选择与社会主义主流意识形态相契合、与社会主义核心价值观相一致的内容，杜绝为了吸引学生眼球盲目添加带有负面影响及消极因素的素材。另一方面，要注意形式的新颖性和创新性。通过计算机虚拟技术、多媒体技术等先进技术

# 第五章　大数据视域下大学生思想政治教育方法创新系列

将内容真实生动地再现出来，让人仿佛"置身"其中，全程嵌入大数据技术，确保实时了解学生情况、提供个性化指导和帮助，强化大学生对社会主义主流意识形态的认同感。

### (三) 数据人文关怀法

数据人文关怀法，就是利用大数据技术，更准确地识别和更好地满足大学生的物质和精神需求的方法。作为大数据时代对大学生开展思想政治教育的重要方法，数据人文关怀法是"以生为本"的根本要求和重要体现，也是大学生思想政治教育方法个性化发展、现代化发展的必然要求。

**1. 数据人文关怀法的内涵及特点**

数据人文关怀法，是思想政治教育者借助大数据技术，更好地对大学生进行人文关怀的方法。与传统人文关怀法相比，具有对象的全覆盖、形式的潜隐性等特点。

(1) 数据人文关怀法的内涵

数据人文关怀法，是指大学生思想政治教育者利用大数据技术，对大学生进行人文关怀的思想政治教育方法。具体而言，就是借助大数据技术收集、分析大学生的思想行为数据，从中挖掘到大学生存在的各种问题和现实需要，据此针对性地满足需要、解决问题、引领思想的思想政治教育方法。其实质是传统人文关怀法在大数据时代的突破和飞跃。这一方法以数据为基础，以学生为中心，以提升大学生思想政治教育方法实效性为目的。就是利用大数据技术全方位收集大学生日常学习生活中留下的"数据脚印"，进而从中发现关于大学生思想、心理等问题的"蛛丝马迹"或者现实生活中的困难，据此依托大数据媒体，提供定制化的人文关怀和心理疏导。

(2) 数据人文关怀法的特点

与传统人文关怀法相比，数据人文关怀法具有鲜明的特点，主要体现在以下方面。

第一，对象的全覆盖。所谓对象的全覆盖，是指数据人文关怀法凭借大数据的强大功能，将人文关怀的对象由部分重点群体扩大到全体大学生，关注每一个大学生的物质需要与精神世界，通过合理满足其物质需要、引导其精神成长，促进每一个大学生健康成长与全面发展。传统人文关怀法，虽然理念上倡导关怀所有大学生，但实际工作过程中，受主客观各种因素限制，部分思想政治教育者仅仅将大学生中的重点群体作为人文关怀对象，但这种对象上的局限忽视了更多有着人文关怀需要的大多数学生。数据人文关怀法，可以精确把握每个学生的需要和困难，进而提供定制化的帮助和引导，将人文关怀的对象拓展为全体在校大学生。

第二，形式的潜隐性。所谓形式的潜隐性，是指运用数据人文关怀法，以"润物细无声"的方式向大学生提供人文关怀，更好地尊重了其主体地位、维护了其尊严、保护了其隐私，因而，所取得的效果也是传统人文关怀法所无法比拟的。传统人文关怀法，一般采取现场谈话、电话咨询、直接帮助等方式，大学生出于维护"自尊"的需要，往往具有较强的戒备心理，交谈过程中总会有所保留，导致思想政治教育者无法深入了解其症结所在，因而，提供的帮助总是隔靴搔痒。数据人文关怀法，一方面，可以通过大数据技术在大学生毫无知觉的情况下掌握其情况，另一方面，可以通过大数据媒体提供定向化帮助，以"随风潜入夜"的方式直抵心灵深处。

### 2. 数据人文关怀法的方式

数据人文关怀法，以其贴心温暖的方式，真正体现了"以生为本"的理念，实现了一直以来所追求的"为了学生的一切，一切为了学生"的理想目标，能够有效塑造学生的健全人格、健康心理。按人文关怀内容的不同，主要包括物质关怀、思想关怀和心理关怀三种具体方式。

(1) 物质关怀

物质关怀，就是依托大数据为大学生提供物质方面的关怀与帮助。美国人本主义心理学家马斯洛的需要层次理论，将人类的需要从低到高归纳为五个层次，即生理需要、安全需要、归属需要、尊重需要和自我实现需要。由此可见，物质需要是人的第一需要。对大学生而言，物质关怀是其成长发展的前提，物质关怀，就是利用大数据技术收集、分析与大学生生活消费相关的数据，如饭卡刷卡数据、网上购物数据、微信支付信息等，通过数据挖掘，了解大学生的经济状况，以便及时发现问题，提供物质帮助。如利用大数据追踪大学生的饭卡消费状况，既能识别真正的贫困生，又能发现有临时性困难的学生，进而让助学金、贫困补助用得其所，另一方面，也免除了大学生公开申请的尴尬。

(2) 思想关怀

思想关怀，就是依托大数据为大学生提供思想方面的关怀。物质关怀是大学生健康成长的基本需要，除此而外，大学生还有社交、发展、自我实现等精神层面的需要。这类需要若得不到满足，大学生容易产生严重的挫折感，甚至丧失前进的动力。因而，思想关怀是数据人文关怀法的重中之重。利用大数据信息获取技术收集大学生日常生活中流露出的思想信息，包括各种社交媒体或自媒体上发表的日志、说说、随想等，或者针对某一事件发表的评论，进而利用大数据语义分析技术对收集到的信息进行深度挖掘。由于这些信息是在大学生毫无压力的情况下对真实想法的表露，因而最能反映出大学生的内在诉求与思想困惑。在掌握情况的基础上，通过大数据技术有的放矢地推送信息，进行思想上的引导，将会达到事半功倍的效果。

(3) 心理关怀

心理关怀，就是利用大数据对大学生进行心理疏导。心理健康是人格健全的前提和基础，对于抗挫折能力较差、自尊心较强的青年大学生而言，迫切需要心理上的关心和心灵的慰藉。数据人文关怀法能够很好地满足大学生这方面的需要。具体而言，就是利用大数据技术了解大学生存在的心理问题，针对性地进行疏导，或者针对当前大学生面临的学业、就业压力以及人际交往、情感挫折等诸多问题时，可能出现的心理困惑，依托大数据媒体，向不同年级学生重点推送相应内容，让大学生随时受到正向信息的感染，心中充满正能量。

3. 数据人文关怀法的运用原则

数据人文关怀法是大数据时代为大学生思想政治教育带来的新方法，是传统人文关怀法的新发展。这一方法的有效运用，必须遵循以下两大原则。

(1) 群体关怀与个体关怀相结合

"群体关怀与个体关怀相结合"，就是在运用数据人文关怀法的过程中，既要注重对不同类型学生群体的关怀，也要注重对学生个体的关怀。一方面，要注重对学生群体的关怀。青年大学生处于相同的成长阶段，面临相似的人生课题，因而在处理学习、交友、恋爱、就业等问题时，总会碰到类似问题。

思想政治教育者必须关注大学生的共性问题，通过大数据媒体推送相关主题的信息进行引导。进一步而言，可以通过大数据聚类分析技术，将面临相同问题的学生进行分类，进而针对具体问题进行定向关怀。另一方面，要注重对学生个体的关怀。通过对学生个体数据的收集、挖掘，识别不同学生的具体问题，进而提供适切的物质帮助或情感支持。

（2）物质关怀、心理关怀和思想关怀相结合

"物质关怀、心理关怀和思想关怀相结合"，就是运用数据人文关怀法，既要注重对学生进行物质上的关怀，也要注重对其心理和思想上的关怀，通过提供各方面的关怀解除学生健康成长过程中的后顾之忧。青年大学生的需要是多种多样的，并且低层次需要得到一定程度满足后，必然产生高层次需要。而且各种需要同时存在，并相互影响、相互制约。例如，一旦最基本的物质需要得不到满足，必然会带来思想或心理上的问题。同样，仅仅提供物质上的帮助，忽略了心理和思想关怀，也不能从根本上解决问题。或者大学生遇到心理困惑，若只进行心理疏导，而不加以思想上的引导，同样不能从根源上解决问题。因而，在运用数据人文关怀法的过程中，必须将物质关怀、心理关怀与思想关怀结合起来。

## （四）数据榜样宣传法

数据榜样宣传法，就是借助大数据手段对大学生进行榜样宣传的方法。作为大数据时代引领大学生健康成长与全面发展的重要方法，数据榜样宣传法是思想政治教育实施方法创新系列不容忽视的重要组成部分，是传统榜样宣传法在大数据时代的新发展，对于引导大学生树立正确的世界观、人生观、价值观有着极其重要的作用。

### 1. 数据榜样宣传法的内涵及特点

数据榜样宣传法，是思想政治教育者利用大数据技术宣传榜样的方法，与传统榜样宣传法相比，具有榜样选取生活化、榜样事迹的真实性强等特点。

（1）数据榜样宣传法的内涵

数据榜样宣传法，是指在大学生思想政治教育过程中，思想政治教育者利用大数据手段对大学生进行榜样宣传的方法。具体而言，就是借助大数据信息获取技术收集大学生某段时间对于相关网页的点击量、相关视频的下载

量,或者利用大数据爬虫技术抓取大学生通过社交媒体讨论的相关人物、事迹及各种话题等,通过对获取的多维数据进行深度挖掘,准确洞察出大学生的关注点与关注度,进而基于数据分析选择和确定榜样,并进一步利用大数据技术收集榜样事迹,依托大数据媒体进行宣传。其实质是利用大数据手段更准确地锁定榜样,更精准地宣传榜样,将榜样宣传的整个过程建立在大数据技术支撑之上。

(2)数据榜样宣传法的特点

与传统榜样宣传法相比,数据榜样宣传法具有以下两大特点。

第一,榜样选取生活化。所谓榜样选取生活化,是指数据榜样宣传法借助大数据手段,能够真正实现从大学生现实生活中选取榜样,使选取的榜样贴近大学生实际、符合大学生特点,具有很强的亲近感和很高的认同度。在传统榜样宣传法的运用中,思想政治教育者往往将教育目标等同于对学生的现实要求,总是从教育主体的角度出发,不顾及学生的接受心理,选取"高、大、全"的榜样,这样的榜样对大学生而言,难以引起共鸣。数据榜样宣传法,能够利用大数据爬虫技术和语义分析技术,从大学生现实生活中留下的数据痕迹中锁定大学生关注的人和事,从而从大学生关注度高的人物中选取榜样,使选取的榜样可亲可感。

第二,榜样事迹的真实性强。所谓榜样事迹的真实性强,是指运用数据榜样宣传法宣传的榜样形象是立体鲜活的,宣传的榜样事迹是客观真实、可感可触的,具有很高的可信度和可学性。数据榜样宣传法,由于选取的榜样源于大学生的现实生活,可以进一步利用大数据技术全面收集榜样人物生活中的各种事迹,实事求是进行整合,将榜样人物的典型事迹真实呈现出来,让大学生感到榜样就在身边,进而由对榜样的信服到对榜样的认同与效仿。

2. 数据榜样宣传法的方式

数据榜样宣传法,以其形象鲜活、生动可感、易于模仿等特质,对大学生具有直接的感染力和说服力,发挥着强大的示范和激励作用,引领着大学生健康成长。按数据榜样宣传法宣传内容的不同,主要包括真实榜样宣传与虚拟榜样宣传两种具体方式。

(1) 真实榜样宣传

真实榜样宣传，就是利用大数据手段对存在于大学生身边或真真切切存在于现实生活中的具体榜样进行宣传的方式。美国社会心理学家班杜拉依据榜样存在方式的不同，将榜样区分为三种类型，即学习者身边的真实人物、象征性榜样和抽象性榜样。① 就大学生思想政治教育而言，抽象性榜样并非具体的人物形象，仅仅是抽象的概念和理论，还不是真正意义上的榜样。存在于现实生活中的真实榜样，具体真实、形象可感，易于打动大学生的心灵，进而促其主动学习和模仿。具体而言，真实榜样宣传，就是借助大数据爬虫技术抓取大学生关注度高的人或事，并利用大数据语义分析技术确定在大学生中影响力大、美誉度高的具体人物，进而进一步收集和整合其相关信息和事迹，并通过大数据媒体进行宣传。

(2) 虚拟榜样宣传

虚拟榜样宣传，就是利用大数据手段对存在于影视、书籍、网络、小说等媒体中的虚拟榜样进行宣传的方式。虚拟榜样虽然是虚构的人物形象，但并非是任意捏造的，而是对现实中多个人物形象加以提炼、加工，塑造的个性更加鲜明的形象。因而，虽非真实存在，却能产生与真实榜样相同，甚至超越真实榜样的巨大力量。虚拟榜样宣传，就是利用大数据技术了解大学生对相关网页的点击量、相关视频的下载量、相关话题的讨论热度，进而识别出大学生的关注点，在此基础上针对性地宣传相关作品中的榜样人物，或者塑造出新的虚拟榜样进行宣传。

3. 数据榜样宣传法的运用原则

数据榜样宣传法是利用大数据手段对传统榜样宣传法的发展与创新，榜样的选取与宣传始终与大学生实际相贴切，与大学生接受心理相契合。但具体运用过程中，必须遵循以下两大原则，才能真正使榜样发挥出无穷力量。

(1) 崇高性与现实性相结合

"崇高性与现实性相结合"，就是在榜样的选取标准方面，既要注重先进性，选取思想道德境界高尚的人物，也要注重现实性，选取现实生活中的榜

---

① 姚梅林. 学习心理学[M]. 北京：北京师范大学出版社，2006：238.

样。即使是虚拟榜样，也要源于现实。一方面，要注重榜样的崇高性。榜样是先进思想的体现者，具有示范和引导作用，先进性和崇高性是其最重要的特质，舍此便失去了作为榜样的意义。因而利用大数据了解大学生的关注点是前提，确定道德品质高尚的榜样是关键。另一方面，注重榜样的现实性。只有源于现实、贴近大学生实际的榜样，才能拉近榜样人物与大学生的心理距离，使大数据有用武之地。

(2) 典型性与生动性相结合

"典型性与生动性相结合"，就是在对榜样事迹的整合方面，既要注重典型性，也要注重生动性。教育者在榜样整合阶段能否塑造出一个可亲可学的榜样形象，直接决定着榜样宣传的效果。一是注重榜样形象的典型性，利用大数据信息获取技术收集榜样各方面事迹，对榜样的典型性格进行提炼。二是将榜样高尚的思想境界通过日常生活生动地呈现出来，依托网络、手机媒体、数字电视、思想政治教育软件等大数据媒体进行推送，使榜样的高大形象通过身边事迹呈现出来。

**(五) 数据预防教育法**

数据预防教育法，就是利用大数据手段，更准确地预测大学生可能出现的思想问题，针对性地进行教育，防止思想问题产生的教育方法。预防教育法作为思想政治教育的特殊方法，在大数据视域下上升为最重要的一种方法，是大数据的核心功能——预测功能在大学生思想政治教育中的具体运用，在大数据时代发挥着其他方法不可替代的重要作用。

1. 数据预防教育法的内涵及特点

数据预防教育法，是思想政治教育者利用大数据技术针对未来可能出现的问题，提前开展教育的方法。与传统预防教育法相比，具有前瞻性、准确性、动态性等特点。

(1) 数据预防教育法的内涵

数据预防教育法，是指思想政治教育者利用大数据手段，预测大学生可能出现的思想问题或行为偏差，针对未来可能出现的情况，提前进行教育的方法。预测之所以能够成功,关键在于建立在海量数据基础之上。① 具体而言,就是基于对大学生海量思想行为数据的数学运算,通过"相关关系分析法"找出隐含的相关性,就能预测"将会发生什么",进而提前进行教育,做到防患于未然。就像通过对海量数据进行相关关系分析,就能准确预测机票价格的涨落、读者想购买的图书等等。预测大学生未来的思想行为发展趋势是起点,预防不良倾向发生是关键,引领大学生成长成才是落脚点。这一方法以海量数据为基础,用"数据驱动型"预测模式取代了"经验型"假想模式,使预防教育法建立在科学分析之上。

(2)数据预防教育法的特点

与传统预防教育法相比,数据预防教育法具有鲜明的特点,主要体现在以下几个方面。

第一,前瞻性。所谓前瞻性,是指数据预防教育法具有凭借大数据的预测功能,在大学生的思想问题或行为偏差产生之前,进行准确预测并采取防范措施,防止其发生的特点。"凡事预则立,不预则废。""合乎实际的思想预测不仅为教育者提供了一个未来发展的趋势,而且为教育者赢得了充分的占据思想政治教育主动权、强化预防教育的时机。"②数据预防教育法,基于对大学生以往和当前思想行为数据的收集和分析,通过识别有用的关联物,捕捉现在并预测未来。③ 进而针对未来可能发生的问题开展教育,把工作做在前头,增强大学生的思想"免疫力"。立足现在,着眼于解决未来将要出现的思想行为问题,使数据预防教育法凸显出很强的前瞻性。

第二,准确性。所谓准确性,是指数据预防教育法具有凭借"数据驱动的关于大数据的相关关系分析法"④准确预测出大学生未来思想行为发展趋势的特点。"现代社会日趋激烈的社会竞争和复杂的社会生活,越来越需要较为准

---

① 维克托·迈尔-舍恩伯格,肯尼思·库克耶. 大数据时代:生活、工作与思维的大变革[M]. 盛杨燕,周涛,译. 杭州:浙江人民出版社,2013:16.
② 刘新庚. 现代思想政治教育方法论[M]. 北京:人民出版社,2008:69.
③ 维克托·迈尔-舍恩伯格,肯尼思·库克耶. 大数据时代:生活、工作与思维的大变革[M]. 盛杨燕,周涛,译. 杭州:浙江人民出版社,2013:72.
④ 维克托·迈尔-舍恩伯格,肯尼思·库克耶. 大数据时代:生活、工作与思维的大变革[M]. 盛杨燕,周涛,译. 杭州:浙江人民出版社,2013:75.

## 第五章 大数据视域下大学生思想政治教育方法创新系列

确的思想预测和预防教育来尽可能把不确定性减少到最小。"[1]数据预防教育法，基于对大学生海量数据相关关系的分析，能够将以往被主观偏见蒙蔽了的视角呈现出来，发现以前不曾发现的关系，更加准确地预测大学生的发展趋势。这从根本上改变了传统预防教育法仅凭主观判断和个人经验，只能预测大致方向、做到大体准确的局限性。

第三，动态性。所谓动态性，是指数据预防教育法具有凭借大数据实时分析技术，实时动态预测大学生思想行为发展趋势的特点。文化多元化、信息网络化、价值取向多样化的社会环境，使影响大学生思想变化的因素前所未有增多，并且处于不断变动之中，因而，"思想预测只能在动态中进行，需要不断修正、不断逼近"[2]。传统的预防教育法，由于缺乏先进技术的支撑，不能及时获悉大学生的思想变化，更无法做到真正意义上的动态预测。而数据预防教育法，凭借"对不断流入的大量数据进行实时处理的流数据处理技术"[3]，能够实现对数据的超高速处理，做到每时每刻都在进行预测。

2. 数据预防教育法的方式

数据预防教育法，凭借大数据的核心功能，真正实现了"预测"与"预防"相结合，确保大学生思想政治教育的主动性与先导性。按数据预防教育法预测方式的不同，主要包括异常情况监控法和关联性预防法两种具体方式。

（1）异常情况监控法

异常情况监控法，就是使用数据挖掘、机器学习等技术，从收集的关于大学生思想行为的海量数据中发现思想行为"异常模式"，从而及早进行教育，防止异常行为发生的方法。这种形式的数据预防教育法，以预测大学生可能出现的思想行为偏差为起点，旨在通过采取及时的防范措施，或实施针对性教育，防止思想行为问题的发生。这种方法立足当下，着眼未来，关键在于对"异常模式"的识别。例如将大学生发布在社交媒体上的日志数据进行广泛收集，通过"自然语言处理进行情感分析，并进行数据挖掘"[4]，找出有抑郁

---

[1] 刘新庚. 现代思想政治教育方法论[M]. 北京：人民出版社，2008：83.
[2] 刘新庚. 现代思想政治教育方法论[M]. 北京：人民出版社，2008：83.
[3] 城田真琴. 大数据的冲击[M]. 周自恒，译. 北京：人民邮电出版社，2013：45.
[4] 城田真琴. 大数据的冲击[M]. 周自恒，译. 北京：人民邮电出版社，2013：129.

倾向的大学生，进而及时进行疏导，防止极端行为的发生。

(2) 关联性预防法

关联性预防法，就是运用大数据相关关系分析法，寻找与大学生特定的思想行为模式相关的数据痕迹，预测大学生思想行为发展趋势，并提前开展教育，防止不良思想行为发生的方法。这种形式的数据预防教育法，以寻找相关关系为根本出发点，旨在通过追踪相关关系数据的变化情况，及时发现问题，从而尽早采取措施，防患于未然。任何人在采取重大行为前，总会通过相关细节露出端倪。如果利用数据关联法进行预测，并利用数据传播技术进行干预，则能避免极端事件的发生。

3. 数据预防教育法的运用原则

数据预防教育法，利用大数据预测技术预测大学生的思想行为发展趋势，利用数据传播技术进行事前教育，能够做到准确预测，及时预防。但具体运用过程中，必须遵循以下两大原则，才能占领大学生思想政治工作制高点，把握大学生思想政治工作的主动权。

(1) 预测与预防相结合

"预测与预防相结合"，就是运用数据预防教育法将预测与预防有机结合起来。虽然二者分属不同的方法系列，预测属于大学生思想政治教育认识方法系列，预防属于实施方法系列，但二者密不可分、相辅相成。不以预测为基础的预防无异于无的放矢，同样，不以预防为目的的预测也毫无意义。因而，只有将二者紧密结合，才能在准确预测大学生未来思想行为发展趋势的前提下，精准实施预防教育，抢占思想政治教育先机，达到事半功倍的效果。从根本上超越靠经验、凭猜测的传统预防教育法。

(2) 群体预防与个体预防相结合

"群体预防与个体预防相结合"，就是运用数据预防教育法，既要注重群体预防，防止群体事件的发生，又要注重个体预防，防止个别极端事件的发生，要将二者结合起来。一般而言，群体事件与个体事件相互联系、相互影响。如果不对个体极端事件加以控制，则容易引起群体极化现象。同样，群体事件的爆发往往容易强化个体极端行为。因而，利用大数据预测技术建立预警机制，既要注重对个体的监测，也要注重对群体趋向的监测。

## 三、评估方法系列

大数据视域下大学生思想政治教育评估方法系列，是指大学生思想政治教育评估过程中，思想政治教育者借助大数据所创新的方法系列。评估是对大学生思想政治教育效果的价值判断，评估方法的不同决定着教育内容和教育方法的不同选择，对整个教育过程发挥导向作用，在大学生思想政治教育方法系列居于重要地位，直接影响着教育效果的好坏，是思想政治教育者改进工作方法、提升思想政治教育质量的重要手段。按评估方式的不同进行划分，评估方法系列主要包括数据动态评估法、虚实结合评估法和数据定量评估法三种方法类型。

### （一）数据动态评估法

数据动态评估法，就是利用大数据技术，动态评价大学生思想政治教育实施效果和大学生思想变化趋势，及时掌握思想政治教育实施情况的评估方法。动态评估法作为思想政治教育评估方法的类型之一，在大数据视域下成为最典型的一种评估方法，是大数据批处理技术和流处理技术在大学生思想政治教育评估中的具体运用，是大数据时代大学生思想政治教育评估方法的重要形态。

1. 数据动态评估法的内涵及特点

数据动态评估法，是思想政治教育者借助大数据技术对大学生思想政治教育过程和结果进行动态评估的方法。与传统动态评估法相比，具有科学性、智能化等特点。

（1）数据动态评估法的内涵

数据动态评估法，具体而言，就是借助大数据流处理技术，即数据实时处理技术，对思想政治教育过程中生成的相关数据以及大学生学习生活过程中留下的各类数据进行收集，并进行即时处理，实时了解和检查大学生思想发展状况，对思想政治教育效果和大学生思想发展动向做出动态判断和及时评价的评估方法。其实质是利用大数据信息收集技术实时获取有关大学生思想政治教育发展以及大学生思想行为变化的相关信息，并利用大数据流处理技术进行实时处理，将评估的整个过程建立在对海量数据的及时处理之上。

(2)数据动态评估法的特点

与传统的动态评估法相比,数据动态评估法具有以下特点。

第一,科学性。所谓科学性,是指动态数据评估法借助大数据流处理技术,对大学生思想政治教育进行评估,具有更加符合大学生思想形成发展规律、更能体现大学生思想政治教育规律的特点。无论是大学生思想政治教育本身,还是大学生的思想认识,都处于不断发展、变化之中,因而,衡量思想政治教育效果,既不能搞"立竿见影",也不能搞简单化的终结性评估,只有将大学生的思想变化"放到思想政治教育的整个过程中去进行检测评估"[1],才能保证评估的科学性,避免出现盲目性和荒谬性。数据动态评估法,基于对大学生思想政治教育过程数据和大学生思想行为数据的跟踪收集、实时分析,能够在评估对象的发展历程中,考查其进步和成绩,探究其发展态势,真正将思想政治教育及大学生的思想行为放到过程中进行评估,体现出突出的科学性特点。

第二,智能化。所谓智能化,是指动态数据评估法借助数据收集技术和数据处理技术,对大学生思想政治教育进行评估,使评估过程具有人的某些智慧和能力的特点。具体而言,大数据信息收集技术使评估系统具有感知能力,能够时时处处获取有关思想政治教育以及大学生思想发展的信息,这是动态评估的前提条件。Hadoop 技术能够实现对思想政治教育过程生成的大量非结构化数据的存储和分析,这是动态评估的关键。机器学习技术和数据可视化技术具有学习能力和展示能力,能够通过对数据的计算对比,将评估结果立体动态地展现出来,这是动态评估的落脚点。一言以蔽之,将大数据技术运用于大学生思想政治教育评估中,使评估过程凸显出很强的智能化特点。

2. 数据动态评估法的方式

数据动态评估法,借助大数据流处理技术和批处理技术,真正实现了将大学生思想政治教育效果及大学生思想变化作为运动发展的过程进行考查和评价,确保了评价的科学性。按数据动态评估法依托技术的不同,主要包括阶段性动态评估和实时性动态评估两种具体方式。

---

[1] 郑永廷. 思想政治教育方法论[M]. 北京:高等教育出版社,2010:278.

### 第五章　大数据视域下大学生思想政治教育方法创新系列

(1)阶段性动态评估

阶段性动态评估,就是利用大数据批处理技术,对某特定阶段内大学生思想政治教育过程中形成的数据以及对大学生的思想行为数据进行收集和存储,"并通过对存储的数据进行整体上的统计学分析处理"[①],了解思想政治教育实施过程的阶段性效果。这种评估方法有利于对思想政治教育工作过程的不同阶段进行连续不断的评价,通过不同阶段的对比,全面掌握思想政治教育工作的进展情况。例如对不同年份、不同学期、不同月份大学生思想政治教育的动态评估,都属此类评估类型。

(2)实时性动态评估

实时性动态评估,就是利用大数据流处理技术,对收集到的关于大学生思想政治教育的大数据和大学生的思想行为数据进行实时处理,近乎同步了解大学生思想政治教育的实时效果。这种评估方法有利于及时肯定取得的成绩、发现存在的问题,并适时进行调整。其目的不在于区分评估对象的优良程度,更不在于对评估对象进行等级鉴定,而是着眼于思想政治教育的改进与完善。

3. 数据动态评估法的运用原则

数据动态评估法,利用大数据实时处理技术和批处理技术,能够更好地对思想政治教育发展过程和大学生思想发展状况进行检查和评价,从而及时总结经验,发现不足。但具体运用过程中,必须遵循以下两大原则,才能切实发挥好对大学生思想政治教育的导向作用。

(1)动态评估与静态评估相结合

"动态评估与静态评估相结合",就是运用数据动态评估法,要将动态评估与静态评估有机结合起来。一方面,思想政治教育实践和大学生思想形成都是动态发展的过程,因而,"开展思想政治教育评价必须在动态中进行"[②]。另一方面,一段时期内思想政治教育的效果以及大学生的思想状况又是相对稳定的,因此,考察特定时间阶段内现实状况的静态评估也是不容忽视的。

---

① 城田真琴. 大数据的冲击[M]. 周自恒,译. 北京:人民邮电出版社,2013:123.
② 王茂胜. 思想政治教育评价论[M]. 北京:中国社会科学出版社,2006:178.

静态评估是前提，动态评估是落脚点。只有将二者结合起来，才能避免评估的随意性和人为性，确保实事求是地评价思想政治教育状况。

(2)阶段性动态评估与实时性动态评估相结合

"阶段性动态评估与实时性动态评估相结合"，就是运用数据动态评估法，要将阶段性动态评估与实时性动态评估结合起来。阶段性动态评估的直接目的是对某一阶段的教育效果做出价值判断，侧重于对已经完成的教育活动进行价值判定，具有总结评价的功能，属于"回顾式"评价。相对而言，实时性动态评估属于"前瞻性"评价，侧重于肯定成绩、发现问题，进而对思想政治教育进行针对性的改进与完善。只有将二者结合起来，才能在把握思想政治教育整体效果的基础上，体现较强的针对性与指向性。

**(二)虚实结合评估法**

虚实结合评估法，就是利用大数据技术，对大学生思想政治教育进行评估，将虚拟评估与现实评估相结合的评估方法。虚实结合评估法是大数据时代大学生思想政治教育评估方法的一种独特类型，也是大数据视域下大学生数字化生存方式对传统评估方法提出的新要求，在大数据时代发挥着极其重要的作用。

1. 虚实结合评估法的内涵及特点

虚实结合评估法，是思想政治教育者借助大数据技术，将对大学生思想政治教育的虚拟评估与现实评估相结合的方法。与单纯的虚拟评估或传统评估相比，具有全面性、实效性等特点。

(1)虚实结合评估法的内涵

虚实结合评估法，是指思想政治教育者利用大数据手段，在对大学生思想政治教育进行评估的过程中，将虚拟评估与现实评估有机结合的方法。具体而言，就是大数据时代，对大学生思想政治教育进行评估，一方面，要借助大数据技术对映射到网络空间的思想政治教育效果以及大学生的网络思想行为变化进行评估。另一方面，也要注重对体现在现实生活中的思想政治教育效果以及大学生思想行为的现实表现进行评估。唯有将两个方面结合起来，才能确保评估的全面性与客观性。这是由大数据时代虚拟与现实二者之间既对立又统一的本质关系决定的。

(2)虚实结合评估法的特点

与单纯的虚拟评估法或传统评估法相比,虚实结合评估法具有以下特点。

第一,全面性。所谓全面性,是指运用虚实结合评估法,对大学生思想政治教育进行评估,具有评估信息完整性、评估维度全面性的特点。对于学习生活于大数据时代的青年大学生而言,其活动空间由现实空间和虚拟空间构成,实践活动由现实实践活动和虚拟实践活动构成。与之相应,思想政治教育的效果以及大学生思想行为的变化,既能够在虚拟空间,通过虚拟活动表现出来,也能够在现实空间,通过现实活动反映出来。虚实结合评估法,与单一维度的评估法相比,能够通过对虚拟和现实空间产生的思想行为信息进行多维度评估,体现出全面性特点。

第二,实效性。所谓实效性,是指运用虚实结合评估法,对大学生思想政治教育进行评估,具有提升评估实际效果的特点。评估的直接目的,在于对思想政治教育效果做出价值判定,根本目的在于通过评估,总结经验、发现问题,进而针对性地加强与改进思想政治教育。以往大学生思想政治教育的评估方法,往往使用现实维度的终结性评估方式,甚至千篇一律采用试卷考核方式。这样的方式与思想政治教育规律和大学生思想形成发展规律相违背,难以对教育效果做出符合客观实际的评价,更无法针对性地加强与改进思想政治教育方式,最终使评估活动流于形式。虚实结合评估法,一方面,利用大数据技术对大学生虚拟空间的思想行为数据进行评估,另一方面,对大学生现实生活中的思想行为进行评估,二者相互补充、相互促进,使大学生思想政治教育评估体现出很强的实效性特点。

2. 虚实结合评估法的方式

虚实结合评估法,将体现于虚拟空间的思想政治教育效果与反映在实际生活中的现实思想政治教育效果结合起来,能够从不同维度对大学生思想政治教育效果做出衡量与评价,使评估结果更加科学合理。按虚实结合评估法评估对象的不同,主要包括对大学生思想行为的评估和对思想政治教育效果的评估两种具体方式。

(1)对大学生思想行为的评估

对大学生思想行为的评估,就是将虚实结合评估法运用于对大学生思想行为的评估。一方面，利用大数据技术收集、分析、评估大学生在网络空间留下的各种数据痕迹，通过虚拟评估了解大学生思想发展趋势。另一方面，通过对大学生现实生活中实际思想行为表现的评估，对其真实行为进行考察。对受教育者的评估是整个评估系统的中心环节和基础，① 是思想政治教育效果的集中反映和重要体现。要想对某一项思想政治教育活动或某一阶段思想政治教育活动的效果做出评价，最基本的方法就是对大学生思想行为表现及变化进行评估。

（2）对思想政治教育效果的评估

对思想政治教育效果的评估，就是将虚实结合评估法运用于对思想政治教育效果的评估。对教育效果的评估是思想政治教育评估的核心和根本，从一定程度上看，检测评估的实质与宗旨，就在于对教育效果做出正确判断和客观评价。具体而言，一方面，利用大数据技术对网络思想政治教育资源的下载、浏览情况进行分析，对校园网络空间的清朗程度进行判断。另一方面，对现实的校园文化氛围、校园文明程度、师生精神面貌进行评估。将二者有机结合起来，能够从整体上对思想政治教育效果做出准确评判。

3. 虚实结合评估法的运用原则

虚实结合评估法，将虚拟与现实统一起来对大学生思想政治教育进行评估，是大数据时代做好大学生思想政治教育评估工作，实现大学生思想政治教育评估活动科学化的必然要求。在具体运用过程中，必须遵循以下两大原则，才能充分发挥出对大学生思想政治教育的诊断作用。

（1）坚持虚实评估的相互印证

"虚实评估的相互印证"，就是大数据视域下运用虚实结合评估法，在注重虚拟评估的同时兼顾好现实评估，并且将二者统一起来，是大学生思想政治教育评估系统必不可少的组成部分，是对大学生思想政治教育效果的不同反映形式。评估过程中需始终将二者作为一个整体，进行相互对照，相互印证，而不能孤立、片面强调其中某个方面，更不能将二者当作毫不相关的两种评估方式。否则必将带来评估结论有失偏颇的严重后果。

---

① 陈秉公. 思想政治教育学原理[M]. 北京：高等教育出版社，2006：328.

(2)宏观评估与微观评估相结合

"宏观评估与微观评估相结合",就是运用虚实结合评估法,将宏观评估与微观评估结合起来。宏观评估是对较长时间段内大学生思想政治教育的整体效应做出评价和估量;微观评估是对某一个体、某一特定思想政治教育活动的评估,着眼于对个别、具体、细微效应做出评价和衡量。利用大数据技术对一个学期或年度的思想政治教育大数据进行收集、分析,并结合思想政治教育效果的现实表现,能够获得关于思想政治教育整体效果的认识。利用大数据技术对某个大学生的思想行为数据进行收集、挖掘,或者对某次具体的思想政治教育活动数据进行分析,并结合现实表现,能够获得对思想政治教育具体效果的认识。

**(三)数据定量评估法**

数据定量评估法,就是利用大数据技术,定量评估大学生思想政治教育效果和大学生思想变化趋势的方法。定量评估法在大学生思想政治教育评估活动中的运用,是大学生思想政治教育评估工作科学化发展的重要体现。大数据"量化一切"的强大功能,使定量评估法在大数据时代大放异彩。

1. 数据定量评估法的内涵及特点

数据定量评估法,是思想政治教育者借助大数据技术,从数量上精准把握思想政治教育效果的方法。与传统的定量评估法相比,具有准确性、客观性等特点。

(1)数据定量评估法的内涵

数据定量评估法,是指思想政治教育者利用大数据手段,通过对大学生思想政治教育效果和大学生思想行为表现进行量化分析,从数量上精确把握思想政治教育效果的评估方法。具体而言,就是将大数据能够"量化一切"的功能运用到对思想政治教育效果、对大学生思想行为发展变化的分析中,将思想政治教育过程中产生的相关信息"数据化"。"当文字变成数据,它就大显神通了。"[1]其能够实现学生思想、态度、情绪和沟通等信息的数据化,通过数

---

[1] 维克托·迈尔-舍恩伯格,肯尼思·库克耶. 大数据时代:生活、工作与思维的大变革[M]. 盛杨燕,周涛,译. 杭州:浙江人民出版社,2013:112.

据化实现对大学生思想政治教育的精确评估。这一方法将关于思想政治教育效果和大学生思想行为的信息看作"可以理解的数据的海洋"①，把各种各样的思想信息转化为数据，并从中准确揭示出思想政治教育的客观效果。

(2) 数据定量评估法的特点

与传统的定量评估法相比，数据定量评估法具有以下特点。

第一，准确性。所谓准确性，是指数据定量评估法具有通过将思想政治教育效果和大学生思想行为数据化，以准确评估思想政治教育的特点。思想政治教育的定量评估，"是对评估对象思想的程度、范围等各种量的关系进行收集、整理和分析"②，并做出评估的方法。传统定量评估法一般借用数学方法，通过确立评估目标体系，建立矩阵，确立权重系数，根据测评分数确定评估结果。由于受技术条件限制，其量化程度具有相对性和模糊性。数据定量评估法，借助大数据技术，突破了思想政治教育和大学生思想行为信息难以量化的瓶颈，使直觉判断让位于精准的数据分析，从而能够更准确地对大学生思想政治教育进行评估。

第二，客观性。所谓客观性，是指数据定量评估法具有通过将思想政治教育效果和大学生思想行为数据化，以客观评估思想政治教育的特点。虽然传统定量评估法能够较为客观地反映思想政治教育效果的大小、大学生思想行为变化的程度，但是传统定量评估法从评估指标的确定、权重系数的确立到计算评估的整个过程，每一个环节都不可避免地掺杂着主观因素的影响。与之相比，数据定量评估法，从对评估对象数据的收集、分析，到结果可视化的整个过程，都摒除了主观因素的干扰，因而，依此做出的评估结论也具有很强的真实性和客观性。

2. 数据定量评估法的方式

数据定量评估法，借助大数据技术对大学生思想政治教育进行量化评估，能够直观、准确地呈现评估结果，极大地提高评估的效果和效率。按量化程度的不同，主要包括精确定量评估法和模糊定量评估法两种具体方式。

---

① 维克托·迈尔-舍恩伯格，肯尼思·库克耶. 大数据时代：生活、工作与思维的大变革[M]. 盛杨燕，周涛，译. 杭州：浙江人民出版社，2013：126.

② 郑永廷. 思想政治教育方法论[M]. 北京：高等教育出版社，2010：283.

### 第五章 大数据视域下大学生思想政治教育方法创新系列

(1)精确定量评估法

精确定量评估法,就是利用大数据技术对大学生的思想行为信息和思想政治教育效果进行精确量化,进而精准评估大学生思想政治教育效果的方法。精准定量是为了精确认识评估对象的范围、程度等数量关系,主要确定大学生思想变化程度的大小、思想政治教育效果的大小等问题。有的思想问题必须进行精准的定量评估,才能更深刻、更准确地进行把握。大数据技术创造了人类社会前所未有的可量化的维度,使以往无法量化的人的思想、态度、情绪等主观性因素得以量化。精确定量评估法,就是利用大数据技术精准量化大学生思想变化的程度、思想政治教育效果好坏的程度,使问题明确化和具体化。

(2)模糊定量评估法

模糊定量评估法,就是利用大数据技术对大学生的思想行为信息和思想政治教育效果进行模糊量化,进而准确评估大学生思想政治教育效果的方法。定量评估需要保证数据的真实性与精确性,但是有的情况下,大学生的部分思想问题需要掌握一定模糊度,才能更准确地进行界定。否则,过度量化,有可能带来思想政治教育评估的异化问题。模糊定量评估法,就是利用大数据聚类技术、语义分析技术,从宏观上识别出大学生的态度倾向以及思想问题,并通过检索词的设定,挖掘出思想政治教育效果是很好、一般,还是不尽人意。

3. 数据定量评估法的运用原则

数据定量评估法,就是利用大数据技术,对大学生思想政治教育进行量化评估的方法,能更精确、更深刻、更直观地反映思想政治教育效果。在具体运用过程中,必须遵循以下两大原则,才能彰显出这一方法的显著优势。

(1)定量评估与定性评估相结合

"定量评估与定性评估相结合",就是运用数据定量评估法,要将定量评估与定性评估有机结合起来。思想政治教育效果以及大学生的思想行为变化既有质的表现,也有量的表现,只有将二者结合起来综合考察,才能更好地达到思想政治教育评估的目的。定性评估侧重于从整体上把握思想政治教育的效果和价值,定量评估旨在从数量上精准反映评估对象的情况。在评估过程中，一方面，要借助大数据技术，实现对评估对象的数据化把握，另一方面，在定量评估的基础上作出更准确的定性评估。唯有如此，才能使评估结论更具说服力。否则，定量评估离开了定性评估则变得毫无意义，定性评估离开了定量评估则容易具有主观随意性。

(2)数据化而非数字化

"数据化而非数字化"，是指运用数据定量评估法，要将思想政治教育效果及大学生思想行为信息数据化，而非数字化。数字化是指"把模拟数据转换成用0和1表示的二进制码"[1]，"数字"虽然具有精确性，但无法反映出数据背后的逻辑关系和背景信息。数据化与之有着本质区别，是"把现象转变为可制表分析的量化形式"[2]，蕴含着丰富的信息，能够全方位地将数据背后的逻辑关系反映出来。数据定量评估法，就是把思想政治教育效果及大学生思想行为信息数据化，即将思想政治教育相关现象转变成可量化分析的形式，进而做出精准评估。

## 四、反馈方法系列

大数据视域下大学生思想政治教育反馈方法系列，是指大学生思想政治教育反馈过程中，思想政治教育者凭借大数据创新的方法系列。反馈方法是对大学生思想政治教育进行有效调控的重要手段，在大学生思想政治教育方法系列中居于关键地位，对于及时、有效地了解思想反应，掌握思想动态，修正实施方案，保证教育目标的实现，具有极其重要的作用。按反馈方式的不同，反馈方法系列主要包括数据比较反馈法、数据足迹反馈法和数据内容反馈法三种方法类型。

### (一)数据比较反馈法

数据比较反馈法，就是思想政治教育者利用大数据技术，通过对大学生受教育前后思想变化信息的对比分析以及与教育预期目标进行对比，及时掌

---

[1] 维克托·迈尔-舍恩伯格，肯尼思·库克耶. 大数据时代：生活、工作与思维的大变革[M]. 盛杨燕，周涛，译. 杭州：浙江人民出版社，2013：104.
[2] 维克托·迈尔-舍恩伯格，肯尼思·库克耶. 大数据时代：生活、工作与思维的大变革[M]. 盛杨燕，周涛，译. 杭州：浙江人民出版社，2013：104.

第五章　大数据视域下大学生思想政治教育方法创新系列

握思想政治教育状况,并对思想政治教育过程实施调控的方法。比较反馈法作为思想政治教育反馈方法的类型之一,在大数据视域下凸显出明显优势,是大数据时代大学生思想政治教育反馈方法的重要形态。

1. 数据比较反馈法的内涵及特点

数据比较反馈法,是思想政治教育者借助大数据技术,对教育前后、现实与预期进行比较,从而及时掌握情况,进行调控的方法。与传统比较反馈法相比,具有比较的全面性、反馈的及时性等特点。

(1)数据比较反馈法的内涵

数据比较反馈法,是指思想政治教育者利用大数据手段,对教育前和教育后思想行为变化情况进行对比,收集实施教育后的反应信息,并进一步与预期目标进行比较,了解取得的教育效果,发现存在的不足与差距,以便随时进行调整的方法。具体而言,就是利用大数据信息获取技术抓取教育对象受教育前和受教育后的思想行为数据,进行全面的比较分析,并与预期目标进行对照分析,从而发现问题并及时进行调控的方法。这一方法将思想政治教育和大学生的思想行为视为一个动态发展的系统,认为随着思想政治教育活动的开展,大学生的思想行为必然发生相应变化。通过将教育前与教育后进行对比以及将教育前后发生的变化与预期目标进行对比,能够及时发现思想政治教育是否取得了效果,究竟取得了哪些效果,取得了多大效果以及尚存在哪些差距,存在的差距有多大,以利于针对性地对思想政治教育过程及原有决策方案做出修正和调节。

(2)数据比较反馈法的特点

与传统比较反馈法相比,数据比较反馈法具有以下特点。

第一,比较的全面性。所谓比较的全面性,是指数据比较反馈法具有对思想政治教育前后各种思想信息进行全面对比的特点。思想政治教育的比较反馈法,是"借助对事物的相关要素进行比较分析,判断事物的变化趋势及演变情况,及时做出相应的反馈,以便教育者进一步修正和完善思想政治教育"[1]的方法。传统比较反馈法由于受主客观条件限制,无法对思想信息进行

---

[1] 黄志斌. 当代思想政治教育方法论[M]. 合肥:合肥工业大学出版社,2012:295.

全方位收集和对比，只能从某个维度进行单一化比较。数据比较反馈法，借助大数据，能够随时随地收集和分析教育前后产生的各类思想信息，从各个维度、各项指标、各个方面进行全面对比，使得到的反馈信息更加丰富和完整。

第二，反馈的及时性。所谓反馈的及时性，是指数据比较反馈法具有对思想政治教育前后大学生的思想行为信息进行及时反馈的特点。信息反馈的及时性是大学生思想政治教育活动有序开展的基本要求和必要条件。思想信息反馈是对大学生思想政治教育进行有效调控的一种重要手段。在大学生思想政治教育系统中，调控的对象是青年大学生，而大学生的思想具有很强的可塑性和易变性，一旦接收到教育信息或各种外界信息，立即就会产生思想反应，若反应信息得不到及时反馈，将会引发各种问题。数据比较反馈法以大数据技术为支撑，实现了对大学生受教育前后思想信息的即时收集、处理和反馈，极大缩短了传统比较反馈法收集、分析、比较和反馈信息的延后性和迟滞性。

2. 数据比较反馈法的方式

数据比较反馈法，将大数据技术运用于对大学生受教育前后思想变化的对比分析，能够清晰直观地看到取得的成绩，发现存在的不足，进而及时进行反馈和调控。按比较向度的不同，主要包括横向比较反馈和纵向比较反馈两种具体方式。

(1) 横向比较反馈

横向比较反馈，就是借助大数据技术对不同类别的大学生，或同一类别的不同大学生接受教育后思想信息变化的比较，发现差距和不足的反馈方法。这种类型的数据比较反馈法，强调在不同类别或不同个体的大学生之间进行比较。横向比较有利于思想政治教育者从整体上把握思想政治教育状况，针对存在的差距和不足，及时进行调控。

(2) 纵向比较反馈

纵向比较反馈，就是借助大数据技术对同一类别大学生群体或同一大学生个体接受教育后思想信息变化的测量与比较，更加精确地确定思想政治教育效果，检测思想政治教育的不足之处，并进行调控的反馈方法。这一方法以时间为坐标，强调对同一对象思想在不同时空范围内发展、变化的比较。通过纵向比较，既能追溯同一对象思想变化的根源，又能判断其思想发展趋势，能够从总体上全面把握同一对象思想变化情况，总结出影响对象接受教育信息的因素，以便为后续更具针对性地开展思想政治教育奠定基础。

3. 数据比较反馈法的运用原则

数据比较反馈法的具体运用过程中，必须遵循以下两大原则，才能充分发挥出对大学生思想政治教育的调控作用。

(1) 横向比较与纵向比较相结合

"横向比较与纵向比较相结合"，就是运用数据比较反馈法，要将横向比较与纵向比较结合起来。大学生思想政治教育过程中，纵向比较有利于获悉大学生思想变化的总体趋势，横向比较有利于发现差距和不足。大学生的思想行为，既表现为纵向的发展变化，又表现为横向的相互联系，只有将二者结合起来，才能更加客观、全面地对大学生思想政治教育效果做出反馈，更好地对大学生思想政治教育过程进行调控。若只强调其中的一个方面，则容易导致反馈的片面化。

(2) 要注重对比的深刻性

"注重对比的深刻性"，就是运用数据比较反馈法，必须注重从内容上、本质上进行对比，而不能仅仅停留于形式上和现象上的对比，否则容易造成反馈的表面化和浅层化。大学生的思想变化总会通过各种各样的迹象表现出来，然而，虽然现象易于识别和观察，却缺乏深刻性。况且，如果就某一现象而论，还可能导致反馈失真，进而造成决策失误。只有注重在对现象表现进行收集和比较的基础上，进一步识别现象背后的本质，才能把握住大学生思想变化的真实情况。因而，运用数据比较反馈法，必须在收集、对比大量关于大学生思想现象数据的前提下，利用数据挖掘技术对思想现象背后的本质进行深度比较。

**(二) 数据足迹反馈法**

数据足迹反馈法，就是利用大数据技术，通过对关于大学生思想行为的数据足迹进行收集、分析，实时掌握大学生思想动态，及时发现问题，并对思想政治教育过程进行调控的方法。数据足迹反馈法作为大数据时代大学生思想政治教育反馈方法发展的新形态，具有其他反馈方法无可比拟的优越性。

1. 数据足迹反馈法的内涵及特点

数据足迹反馈法，是思想政治教育者利用大数据技术，通过对大学生的思想行为足迹进行分析，从而发现问题、及时调控的方法。与传统的信息反馈方法相比，具有间接性、显真性等特点。

(1) 数据足迹反馈法的内涵

数据足迹反馈法，是指思想政治教育者借助大数据技术，对大学生接受思想政治教育后的思想行为数据足迹进行抓取和分析，挖掘出隐藏在数据足迹背后的规律，并识别出存在的问题，进而针对性地对思想政治教育决策进行修正，对思想政治教育过程加以调控的方法。个别数据足迹具有零散性和偶然性，无法从根本上解释大学生的思想行为变化和思想实质。但一个个数据足迹串联起来，就能透过数据足迹的表象，揭示出其内在的本质关系。数据足迹反馈法的理论依据是思想政治教育理论关于思想与行为的关系，即思想总要外化为一定的行为，同时一定行为总是从不同方面反映着人的思想。换言之，大学生接受教育后，其思想必然发生相应变化，而思想的隐蔽性决定了其总要通过具体行为表现出来。大数据时代，实现了物物相连，大学生的一切行为皆会留下数据足迹。数据足迹反馈法，便是通过对大学生数据足迹的收集和分析，挖掘出其思想变化趋势，探寻存在的问题及根源，从而对教育过程进行调控。

(2) 数据足迹反馈法的特点

与传统大学生思想政治教育反馈方法相比，数据足迹反馈法具有以下特点。

第一，间接性。所谓间接性，是指数据足迹反馈法具有通过对大学生的数据足迹进行挖掘分析，间接反馈思想政治教育情况的特点。思想政治教育的间接反馈，就是大学生接受思想政治教育后所做出的思想反应，不是直接回送到思想政治教育者，而是通过相关行为进行间接反馈。传统反馈方法，由于信息收集手段的落后以及思想政治教育者时间、精力的限制，无法通过这种方式准确掌握学生的思想变化。大数据时代，大学生的思想行为处处留痕，数据足迹反馈法借助大数据技术，通过对大学生的大量网络行为以及现实行为数据足迹进行分析就能客观反映出其思想变化轨迹。这种方式不是大学生直接对思想政治教育者进行反馈，而是通过行为数据足迹进行反馈，体现出明显的间接性。

第二，显真性。所谓显真性，是指数据足迹反馈法具有通过大学生的思想行为数据足迹真实反馈思想政治教育情况的特点。反馈在大学生思想政治教育决策中发挥着至关重要的作用。实践证明，反馈准确则耳聪目明，决策就会既快又准，反之，反馈失实，则容易导致决策失误。而反馈的准确性，归根结底取决于反馈信息的真实性，如果反馈信息真实可靠，思想政治教育决策则具备科学基础，反之，思想政治教育决策则毫无依据可言。数据足迹反馈法，依托大数据技术，能够实时追踪记录、深度挖掘大学生接受教育后的思想行为数据足迹，从看似不相关的数据足迹中，找到其背后的联系。由于大数据所分析的数据足迹是大学生在毫无压力、毫无监督的自然情境下产生的，因而其反馈具有鲜明的显真性。

2. 数据足迹反馈法的方式

数据足迹反馈法，可以利用大数据技术对大学生受教育后的各种数据足迹进行追踪分析，挖掘出大学生思想行为的变化趋势，及时发现问题，并针对性地进行调控。按数据足迹表现方式的不同，主要包括宏观数据足迹反馈和微观数据足迹反馈两种具体方式。

（1）宏观数据足迹反馈

宏观数据足迹反馈，就是借助大数据技术对大学生接受教育后形成的宏观足迹进行分析所做出的反馈。大学生思想政治教育的主要任务，在于引导和帮助大学生提升思想道德修养和法律素质，形成正确的世界观、人生观、价值观。而任务是否完成，完成的程度如何，最终都是通过大学生行为的变化数据进行反馈。宏观数据足迹反馈法，以大数据作为技术支撑，对大学生受教育后产生的行为数据进行实时持续获取，从大量数据足迹中探求思想变化规律，并及时进行反馈。例如，通过对学生进出宿舍楼、教学楼、图书馆等的门禁信息、校园卡通刷卡信息、图书借阅信息等学习生活数据足迹的收集、分析，能够对大学生的思想状况进行客观真实把握，以便及时对思想政治教育进行调控。

(2)微观数据足迹反馈

微观数据足迹反馈,就是凭借大数据技术对大学生接受教育后形成的微观足迹进行分析所做出的反馈。大学生受到思想政治教育后,其思想变化不仅能够通过关于学习生活轨迹的宏观数据反馈出来,而且能够通过一系列关于具体行为的微观数据生动反馈出来。微观数据足迹反馈法,可以利用大数据技术轻而易举地获取大学生的微观足迹,并利用相关法则进行分析,能够洞察出大学生思想变化的细微之处,将精准反馈变为现实,这是以往谈话、调研等反馈方法所无法做到的。

3. 数据足迹反馈法的运用原则

数据足迹反馈法,就是借助大数据技术对大学生的各种思想行为足迹进行抓取分析,客观真实地进行反馈的方法。运用数据足迹反馈法,必须遵循以下两大原则,才能切实发挥好其调控作用。

(1)确保数据足迹收集的正当性

所谓"数据足迹收集的正当性",就是运用数据足迹反馈法,必须强调数据收集的合法性与合理性。"在这个大数据时代,我们的线上生活几乎都是可以被追踪的,甚至线下生活也可以被追踪。"[1]因此,个人的信息安全和隐私受到了严重威胁。运用大数据技术收集大学生的数据足迹,唯有确保数据收集的正当性,才能避免此类问题的发生。一方面,要确保数据收集目的的正当性。数据足迹的收集必须服务于反馈思想政治教育情况的需要,不能逾越这一界限。另一方面,要确保数据收集过程的正当性,保证做法公开。收集数据足迹时,要让大学生及时知晓。

(2)宏观足迹反馈与微观足迹反馈相结合

所谓"宏观足迹反馈和微观足迹反馈相结合",就是运用数据足迹反馈法,要将宏观足迹反馈与微观足迹反馈结合起来。大学生思想政治教育中,宏观足迹侧重于从整体上把握大学生的思想变化,微观足迹侧重于把握更精准的细微变化。二者相结合,就能使信息反馈更全面、更准确。正如"谷歌和

---

[1] 郭晓科. 大数据[M]. 北京:清华大学出版社,2013:97.

第五章　大数据视域下大学生思想政治教育方法创新系列

Facebook 的理念是人就是社会关系、网上互动和内容搜索的加和"①。同样，大学生接受教育后的宏观数据足迹和微观数据足迹的加和，便能生动形象地将大学生的真实变化还原出来。例如，将大学生进入图书馆的频率以及图书借阅量等宏观数据，与大学生在图书馆停留时长、借阅图书类型等微观数据结合起来进行分析，就能对学生学习态度的变化做出准确反馈。

(三) 数据内容反馈法

数据内容反馈法，就是思想政治教育者利用大数据技术，依据对大学生受教育后发布在网络空间的内容，对思想政治教育情况做出反馈的方法。数据内容反馈法，作为大数据时代大学生思想政治教育反馈方法的重要形态，在思想政治教育反馈过程中，发挥着至关重要的作用。

1. 数据内容反馈法的内涵及特点

数据内容反馈法，是思想政治教育者利用大数据技术，通过分析大学生发布的网络信息内容，了解大学生思想、及时进行反馈的方法。与传统的信息反馈方法相比，具有直接性、灵活性。

(1) 数据内容反馈法的内涵

数据内容反馈法，是指思想政治教育者借助大数据技术，对大学生接受教育后发布在网络空间的内容进行收集和分析，了解教育效果，发现存在的问题，并做出及时调控的方法。在"人人都有麦克风，人人都是传播者"的自媒体时代，青年大学生不仅是信息传播者，还是信息发布者。他们接受思想政治教育后，世界观、人生观和价值观会发生一定变化，而"三观"的变化必然通过相应的言论和行为反映出来。对于无人不网、无事不网、无时不网的"网生一代"大学生而言，网络空间已成为其表达思想、表露心声、表明意见的重要场所，他们通过网络媒体发布的内容折射出其内心的真实想法，也反映着其"三观"的变化。数据内容反馈法，就是利用大数据技术，对大学生浏览的网页内容，发表的网络言论，发布的动态信息、日志内容等进行分析和处理，了解学生的思想发展，并及时进行反馈。

---

① 维克托·迈尔-舍恩伯格，肯尼思·库克耶. 大数据时代：生活、工作与思维的大变革[M]. 盛杨燕，周涛，译. 杭州：浙江人民出版社，2013：201.

(2) 数据内容反馈法的特点

与传统大学生思想政治教育反馈方法相比，数据内容反馈法具有以下特点。

第一，直接性。所谓直接性，是指数据内容反馈法具有通过对大学生浏览的网页内容、发布的网络数据内容进行收集、分析，进行直接反馈的特点。传统的反馈方法，思想政治教育者往往需要通过各种途径了解大学生在不同场合的言论和表现，难以收集到第一手反馈信息。大数据时代，网络空间成为大学生表达观点的首要选择。数据内容反馈法，利用语义分析技术，从围绕大学生的网络数据内容中挖掘出其思想状况，使反馈信息的获取和分析都表现出直接性。

第二，灵活性。所谓灵活性，是指数据内容反馈法具有通过大学生的网络数据内容灵活反馈思想政治教育情况的特点。反馈的根本目的是纠正决策和教育过程中的偏差，改进和完善思想政治教育的内容和方法，从而保证思想政治教育的科学性和有效性。灵活的反馈方法能够及时、准确地将思想信息反馈到思想政治教育者手中，并以此为据，调节思想政治教育工作。数据内容反馈法，可以利用网络爬虫技术抓取大学生的思想信息，并利用语义分析技术进行处理，能够随时随地对大学生的思想信息进行反馈，具有很强的灵活性。

2. 数据内容反馈法的具体方式

数据内容反馈法，可以利用大数据技术对大学生受教育后形成的网络数据内容进行分析，掌握其思想动态，识别其存在问题，进而巩固成绩，修正不足之处。按数据内容对象的不同，主要包括具体内容反馈和社交媒体内容反馈两种具体方式。

(1) 具体内容反馈

具体内容反馈，就是借助大数据技术收集处理大学生针对某一具体事件或问题形成的网络数据内容作出的反馈。大数据时代，网络已成为反映大学生思想状况的晴雨表，上至国家大事，下至身边小事，网络空间成为青年大学生抒发感悟、发表评论的首要之选。大学生们总是习惯于通过浏览网页了解新闻或发生的热点事件，并围绕热点事件发表言论、展开讨论。对于生活

## 第五章 大数据视域下大学生思想政治教育方法创新系列

中发生的各种事件,大学生们也总是倾向于通过网络平台发表观点。具体内容反馈,是指借助语义分析技术对大学生发布的网络数据内容进行处理,能清晰地折射出大学生的思想状况,从而发现问题,及时进行调控。

(2)社交媒体内容反馈

社交媒体内容反馈,就是利用大数据技术对大学生发表在社交媒体上的数据内容进行追踪分析,从中了解其思想变化和态度倾向,并根据这些反馈信息,及时对思想政治教育工作进行调整与完善。如今,随着移动互联网的普及,网络化生存成为青年大学生生活方式的新常态。互联网之于青年大学生而言,犹如空气一样,须臾不可或缺。他们会在朋友圈"晒"各种幸福、"秀"各种美好、"吐槽"各种不满,将所感所获、所疑所惑通过文字或图片等方式生动形象地表现出来。社交媒体内容反馈,就是借助语义分析技术,对大学生发表的数据内容进行分析,了解教育后大学生的思想变化,从而对思想政治教育过程进行有效调控。

3. 数据内容反馈法的运用要求

数据内容反馈法,就是借助大数据技术从大学生发表在网络空间的数据内容中,挖掘出大学生的思想变化倾向,从而及时对思想政治教育决策进行修正、对思想政治教育过程进行调控的方法。运用数据内容反馈法,必须遵循以下两大原则,才能充分发挥出其重要作用。

(1)反馈与引导相结合

所谓"反馈与引导相结合",就是运用数据内容反馈法,要将反馈与引导结合起来。反馈与引导相互联系、相互依存。一方面,大学生的思想信息反馈是前提,只有信息反馈及时、灵敏,引导才能做到有的放矢。另一方面,对大学生的思想引导是落脚点,信息反馈仅仅是提升思想政治教育有效性的重要手段,根本目的在于对大学生进行针对性引导。反馈离开了引导,将变得毫无意义,同样,没有反馈作为基础的引导,必然是无的放矢、事倍功半。运用数据内容反馈法,在通过大数据技术了解大学生思想状况的前提下,必须进一步利用大数据媒体推送相关内容加以引导,才能更好地实现思想政治教育目的。

(2)把握反馈的最佳时机

所谓"把握反馈的最佳时机",就是运用数据内容反馈法,要注意把握准反馈最适宜的时间点。反馈信息具有很强的时效性,尤其是大学生的思想信息,"如果能抓住有利时机进行反馈,往往可获得较多、较真实的信息"①。若总是打"马后炮",就会使思想政治教育陷入被动境地。大学生思想信息反馈的最佳时机,一般是国内外发生重大政治事件时,学习生活中面临重要选择时,生活中发生社会道德热点事件时。在这些重要事件发生时,青年大学生们总是热衷于在网络空间展开讨论。数据内容反馈法,必须抓住这些关键事件节点,利用网络爬虫技术抓取相关数据内容,并将这些数据内容与平时的数据内容进行比较,及时发现存在的问题,并通过及时引导,达到事半功倍的效果。

---

① 刘新庚. 现代思想政治教育方法论[M]. 北京:人民出版社,2008:235.

# 第六章 大数据视域下大学生思想政治教育方法创新的保障条件

  条件是制约事物存在、发生和发展的诸因素之总和。任何一项具体活动的开展，都需要一定条件作为保障。大数据视域下大学生思想政治教育方法创新的保障条件，指确保大学生思想政治教育方法创新活动顺利开展必不可少的各种因素之总和，主要包括主体条件、技术条件和环境条件。为保证大学生思想政治教育方法创新活动有序开展，必须提升大学生思想政治教育队伍的大数据素养，用好大学生思想政治教育方法的大数据技术，营造大学生思想政治教育方法创新的良好环境等，从主体条件、技术条件和环境条件为大学生思想政治教育方法创新奠定坚实基础。大数据视域下大学生思想政治教育方法创新的条件保障，既是大数据视域下大学生思想政治教育方法创新的必要前提，也是大数据视域下大学生思想政治教育方法创新提出的崭新要求。

## 一、提升大数据素养：大学生思想政治教育方法创新的主体条件

  大学生思想政治教育队伍是大学生思想政治教育的实施主体，在思想政治教育过程中处于主导地位，也是大数据视域下大学生思想政治教育方法的创新主体和使用主体，从根本上决定着方法创新的成败以及创新质量的高低。大数据素养是思想政治教育者经过学习和实践，所达到的利用大数据的水平和境界，包括大数据意识、大数据思维和大数据能力。大学生思想政治教育队伍必须从树立大数据意识、强化大数据思维、增强大数据处理能力等方面

着力，提升大数据素养，为大学生思想政治教育方法创新提供良好的主体条件。

## (一) 树立大数据意识

意识是人与动物相区别的标志，是人类的认识、体验和意志等心理活动的总和，人类的一切行为都是意识指导下的行为。因而，提升大学生思想政治教育队伍的大数据素养，根本前提是树立大数据意识，即树立数据利用意识、数据安全意识和数据模式意识。唯有树立起大数据意识，才能增强大学生思想政治教育队伍利用大数据的主动性和自觉性。

1. 树立大数据意识的基本内涵

意识是人所特有的精神现象，是人脑对客观事物的主观反映，是人的主观能动性的具体体现。树立大数据意识，就是思想政治教育队伍要具备数据敏感性和利用大数据的自觉性，主动将大数据技术、大数据资源、大数据媒体运用到大学生思想政治教育过程中，将数据教育法作为开展大学生思想政治教育的首选方法，将大数据贯穿于思想信息收集、分析、可视化以及思想政治教育实施、思想政治教育评估、思想政治教育反馈的全过程，全方位融入大学生思想政治理论课主渠道、日常思想政治教育主阵地和网络思想政治教育新阵地，形成"用数据说话、用数据思考、用数据开展教育"的崭新理念。简言之，就是形成利用大数据手段开展大学生思想政治教育的高度自觉，深刻认识到在大数据时代，大数据已成为提升大学生思想政治教育效果不可忽视的重要因素。

(1) 树立"数据大价值"意识

瑞士达沃斯世界经济论坛发布的《大数据大影响》中明确指出，数据就像货币和黄金一样，已成为一种新的经济资产，其价值可见一斑。大数据对于大学生思想政治教育方法创新而言，同样具有不可替代的重要价值。大数据的价值，就是大数据的功能与属性对大学生思想政治教育方法创新活动的满足关系。即大数据海量多样、动态开放等特征以及"量化一切""实时收集""深度挖掘""可视化呈现"等强大功能，一方面，能够很好地满足对大学生思想行为信息的动态获取、实时存储、即时处理等迫切需要，另一方面，通过思想政治教育内容的定制化推送、思想政治教育方法的针对性运用，能够推

## 第六章　大数据视域下大学生思想政治教育方法创新的保障条件

动大学生思想政治教育方法的个性化、现代化和科学化发展。深刻认识到大数据的大价值，是大学生思想政治教育队伍树立大数据意识的重中之重。

（2）树立"用数据说话"的意识

"用数据说话"的意识，就是一切皆以"数"为据，从根本上改变凭感觉、靠经验的观念。这里的"数"不能简单等同于数字，而是涵盖数字在内的全部信息，即客观事实。大数据时代，从大学生的宏观学习生活足迹到微观思想变化痕迹，从客观的网络搜索记录到主观的情绪情感表达，从具体的消费状况到抽象的态度倾向，几乎关于大学生的一切直接或间接活动都被全方位、全过程地获取、记录，成为数据化的信息。由此可见，树立"用数据说话"的意识是创新大学生思想政治教育方法的题中之义。同时，大学生思想政治教育者只有形成"用数据说话"的意识，才能彻底改变"差不多先生"带来的严重弊端。

2. 树立大数据意识的重要意义

"数据化代表着人类认识的一个根本性转变"[①]，树立大数据意识，是大学生思想政治教育队伍提升大数据素养的根本前提和基本要求，能够极大地增强大学生思想政治教育队伍利用大数据创新思想政治教育方法的主动性与自觉性。

（1）增强大学生思想政治教育队伍利用大数据的主动性

"主动性"与"被动性"相对，是人所特有的一种主体能力和活动，既区别于动物的本能活动，也是主体从事实践活动积极性的具体表现形式，是非外力强制的、"自我驱动"的性能。树立大数据意识，能增强大学生思想政治教育者利用大数据的主动性，具体而言，就是大学生思想政治教育者在明确认识到大数据重要价值的基础上，在具体教育活动中能够根据教育目标的要求和实施思想政治教育的具体情况，积极主动地将大数据运用到思想政治教育方法创新过程中，主动收集、分析大学生的思想行为数据，主动利用大数据技术挖掘大学生的思想行为规律，主动依托大数据媒体开展大学生思想政治

---

① 维克托·迈尔-舍恩伯格，肯尼思·库克耶. 大数据时代：生活、工作与思维的大变革[M]. 盛杨燕，周涛，译. 杭州：浙江人民出版社，2013：125.

教育活动。

(2)增强大学生思想政治教育队伍利用大数据的自觉性

"自觉性"与"自发性"相对,两个范畴都是表征主体活动的觉悟程度,觉悟程度高,就是自觉性;觉悟程度低或者缺乏觉悟,就是自发性。而主体活动的觉悟程度,又是以认识客观规律的多寡和深浅为前提。[①] 树立大数据意识,能增强大学生思想政治教育者利用大数据的自觉性,具体而言,大学生思想政治教育者在深刻认识大数据价值、形成"用数据说话"理念的前提下,在教育过程中能够形成利用大数据的高度自觉,即自主自觉地从大数据视角审视思想政治教育问题,利用大数据技术分析思想行为现象,将数据教育法作为进行大学生思想政治教育的重要手段和主要方式。

3. 树立大数据意识的基本要求

树立大数据意识,能够增强思想政治教育者对大数据之于大学生思想政治教育重要意义的认识,进而自觉主动地利用大数据创新大学生思想政治教育方法。树立大数据意识,要求大学生思想政治教育者树立数据利用意识、数据安全意识和数据模式意识。

(1)要树立数据利用意识

"数据利用意识",就是大学生思想政治教育者必须增强利用大数据的自觉性,积极主动、自觉自愿地将大数据运用于思想政治教育全过程,有意识地将大数据与大学生思想政治教育方法结合起来,推动大学生思想政治教育方法走向科学化、个性化和现代化。具体而言,就是形成利用大数据收集和处理思想信息、传播思想政治教育内容、评估思想政治教育对象和效果以及反馈思想政治教育信息的主动意识。思想是行为的先导,只有树立了数据利用意识,思想政治教育者在实施教育的过程中,才能真正将大数据作为创新大学生思想政治教育方法必不可少的重要资源、先进技术和现代化媒体。

(2)要树立数据安全意识

"数据安全意识",就是大学生思想政治教育者在运用大数据的过程中,必须强化安全意识,防止安全隐患。大数据在为大学生思想政治教育方法创

---

[①] 欧炯明. 关于自觉性和自发性范畴[J]. 云南社会科学, 1999(S1): 35-39.

第六章　大数据视域下大学生思想政治教育方法创新的保障条件

新带来良好契机的同时,也带来了一些不容忽视的问题,首先就是数据安全问题。一是大学生的个人隐私安全。思想政治教育者要清醒认识到,利用大数据的目的是通过深入探究大学生的思想行为规律,进而创新思想政治教育方法,而非挖掘个人隐私。因而,无论是数据的收集,还是数据的挖掘,都要注意保护学生隐私,避免数据滥用。二是高校意识形态安全。大数据时代,网络空间已成为意识形态斗争的主要场域,西方发达资本主义国家凭借强大的技术优势,采用更加隐蔽的手段对我国进行意识形态渗透,青年大学生成为渗透的主要对象。思想政治教育者只有增强意识形态安全意识,提升利用大数据技术监控网络舆情的主动意识,才能有效应对大数据对高校网络意识形态安全带来的隐患。

(3)要树立数据模式意识

"数据模式意识",就是大学生思想政治教育者运用大数据创新思想政治教育方法,必须增强模式意识,明确运用大数据的固定范式,能够针对具体思想政治教育问题,立即提取相适应的模式。一般而言,大数据的运用模式分为个别优化和整体优化。个别优化,是指对特定的人或物采取最优措施。整体优化,是指分析结果的受益者是该人或物所属集体或整个社会。

**(二)强化大数据思维**

思维是人类独有的现象,思维方法是人类在认识活动中,为了揭示认识对象的本质和规律而运用的理性认识方法,其本质是主体化了的客观事物的规律。[①] 思维方法在人类实践活动中发挥着至关重要的作用,直接影响着实践活动的结果。因而,提升大学生思想政治教育队伍的大数据素养,关键在于形成大数据思维,即形成个性化思维、量化思维和非线性思维。只有形成大数据思维,才能为大数据视域下大学生思想政治教育方法创新提供逻辑前提和认识工具。

1. **强化大数据思维的基本内涵**

思维方式,是人脑活动的内在程序,是一种习惯性的思考问题和处理问

---

① 张森林,孙伟. 马克思主义基本原理[M]. 长春:吉林大学出版社,2009:63.

题的模式,涉及看待事物的角度、方式和方法,直接影响和决定着行为方式。① 思维方式是历史的产物,具有鲜明的时代特征。正如恩格斯所指出的:"每一时代的理论思维,包括我们时代的理论思维,都是一种历史的产物,在不同时代具有非常不同的形式。"② 回溯历史,科学技术的重大进步始终伴随着人类思维方式的巨大变革。如今人类社会已进入大数据时代,形成与大数据时代相契合的思维方式势在必行。形成大数据思维,就是大学生思想政治教育者在教育过程中,要将大数据思维方式作为达到科学认识思想政治教育现象的必备工具。具体而言,就是将大数据思维方式作为认识大学生思想问题和分析思想信息的主要思维模式,能够利用大数据思维方式对复杂的思想问题和杂乱的思想信息进行加工处理,使之清晰化和条理化。思维的变革是更深层次的变革,大学生思想政治教育者只有形成了大数据思维,才能适应大数据时代思想政治教育面临的新形势。

(1)强化个性化思维

个性化思维,就是承认不同学生之间的差异性和个体性,强调每一个学生的独特性和不可替代性。在小数据时代,虽然理论上强调因材施教,但实质上思想政治教育者仍然将大学生假设为同质化的"平均人",往往利用抽样调查法,通过一个或几个维度,围绕有限的所谓典型样本展开研究,想当然认为,只要把握了样本的特性,整体的一切方面就尽在掌握。这种思维方式使得个性化思想政治教育中的个性显得空洞抽象。在大数据时代,不再需要用样本代替整体,大数据技术成为全面把握每一个大学生思想行为状况的有力工具。利用大数据技术对每个学生的思想行为数据进行收集、分析,能够还原出一个个立体、丰满的个体化形象。③ 个性化思维成为凸显大数据时代特征的一种重要思维方式。

(2)强化量化思维

量化思维,即一切思想行为信息都能够被量化,由原来的主观推断、经

---

① 黄欣荣. 大数据时代的思维变革[J]. 重庆理工大学学报(社会科学版),2014(5):13-18.
② 马克思恩格斯文集(第9卷)[M]. 北京:人民出版社,2009:436.
③ 赵国栋,易欢欢,糜万军,等. 大数据时代的历史机遇[M]. 北京:清华大学出版社,2013:258.

## 第六章　大数据视域下大学生思想政治教育方法创新的保障条件

验总结、宏观定性变为如今强调数据化、定量化和精准化。在小数据时代，思想政治教育领域能够被量化的仅仅是部分客观指标，思想行为表现、思想状况、情绪态度等主观对象无法实现或者仅仅能够实现一定程度的量化。因而，思想政治教育者总是用模糊性的词语进行定性描述。大数据时代，数据成为客观世界乃至人的精神世界的表征和"尺度"[1]，实现了从物质世界到精神世界、从静态到动态的全方位量化。这样，思想政治教育者就能够对大学生各种各样的思想行为进行准确把握，而不再依赖于经验和臆断。

（3）强化非线性思维

非线性思维，就是认为世间万事万物本质上是非线性的，区别仅仅在于非线性的程度和表现方式不同，线性关系只是非线性关系的一种特例，即非线性关系的简单化，遵循此观点思考和处理问题，则是非线性思维。[2] 这种思维方式，与传统科学的线性思维方式相对，是一种非确定性思维方式。小数据时代，由于思想政治教育者收集和掌握的数据有限，往往将目光局限于对线性关系（即因果关系）的确定上，即所掌握的思想信息之间并非存在简单的线性关系。大数据时代，随着所获取数据的爆炸式增长，以往不曾发现的各种非线性复杂关系得以凸显，为思想政治教育者提供了观察和思考问题的新视野。因而，不用再局限于对因果关系的追究，把视线更多转向了对相关关系的关注。

2. 强化大数据思维的重要意义

大数据思维，就是用大数据的思维方式观察一切、思考一切，即用大数据带来的个性化思维、量化思维、非线性思维等思维方式审视和思考问题。形成大数据思维，是提升大学生思想政治教育者大数据素养的关键所在，能够为大学生思想政治教育者提供准确认识大学生思想行为现象的科学工具，奠定大数据视域下大学生思想政治教育方法创新的逻辑前提。

（1）为创新符合大学生思想行为规律的方法提供科学工具

人类的任何一项认识活动，都离不开一定的思维方式。思维方式直接左

---

[1] 李怀杰，夏虎. 大数据时代高校思想政治教育模式创新探究[J]. 思想教育研究，2015(5)：48-51.

[2] 苗东升. 非线性思维初探[J]. 首都师范大学学报（社会科学版），2003(5)：94-102.

右着认识活动的方向和过程，决定着认识主体能否正确把握客体以及正确把握客体的程度。正如恩格斯在《自然辩证法》中强调的："没有理论思维，的确无法使自然界中的两件事实联系起来，或者洞察二者之间的既有的联系。"[①]科学的思维方式，如同一支长效清醒剂，能够有效将思维主体从传统思维的束缚中解脱出来。形成大数据思维，是大数据时代准确把握大学生思想行为规律的必要条件。大学生的思想行为规律具有隐蔽性和复杂性，单靠直接观察只能看到表象，而不足以揭示其本质。借助于大数据思维，就能对各种零散的思想现象进行抽象和概括，进而了解其固有联系，挖掘其内在规律，从而使创新的方法符合大学生思想行为规律。例如，大学生发布在朋友圈里的某条信息无法反映出其思想本质，但利用大数据的非线性思维，对所有相关信息进行分析整合，就能真实刻画出大学生的思想轨迹。

(2) 为创新大学生思想政治教育方法提供新的逻辑前提

思维方式总是形成于人类反复的实践活动中，但思维方式一旦形成，就具有相对独立性，并积极地反作用于实践活动。科学的思维方式，能够指导人们在后续实践中获得更多新知，取得更大成功。正因如此，恩格斯明确指出："一个民族想要站在科学的最高峰，就一刻也不能没有理论思维。"[②]进一步来讲，先进的思维方式是科学发现的基础，理论的创新总是伴随着思维方式的突破。无论是提出新问题，还是更好地解决已有问题，思维方式都是一个不可或缺的因素。数据思维，具有不同于以往思维方式的优越性，即个性化思维、量化思维和非线性思维，突破了原有思维方式标准化、经验化、确定化等弊端，能够帮助思想政治教育者从更加宏大的视野思考问题，从诸多解决问题的道路中选择最优化的道路，成为大数据视域下大学生思想政治教育方法创新的逻辑前提。

3. 强化大数据思维的基本要求

形成大数据思维，能够指导大学生思想政治教育者遵循个性化思维、量化思维和非线性思维创新思想政治教育方法。形成大数据思维，要求思想政

---

① 马克思恩格斯选集(第3卷)[M]. 北京：人民出版社，2012：890.
② 马克思恩格斯文集(第9卷)[M]. 北京：人民出版社，2009：437.

第六章　大数据视域下大学生思想政治教育方法创新的保障条件

治教育者关照每一个学生、关注所有思想信息、精准把握学生思想。

(1)关照每一个学生

关照每一个学生，是个性化思维的基本要求，就是思想政治教育者要根据每一个学生的不同特点和需求，选择适合的教育内容，采用适切的教育方法实施教育。由于成长环境、气质类型、个性特征、接受能力等各方面不同，每个学生的思想状况和内在诉求有着显著的区别，这就决定了必须打破"一个尺寸适合所有人"的同质性教育模式，实施"一个尺寸适合一个人"的教育方式。① 大数据对大学生思想政治教育方法带来的最大变革，就是能够关照到每一个学生动态的、微观的、实时的思想变化和行为反映，进而利用大数据实现思想政治教育方法的个性化。

(2)关注所有思想信息

关注所有思想信息，是非线性思维的基本要求，就是思想政治教育者要关注与大学生思想行为相关的所有信息，从各种思想信息的相互关系中，捕捉到思想动向的蛛丝马迹，洞察出思想变化规律。因果思维是我们习惯性的思维方式，凡事都要由因推果、由果导因，而大学生的思想行为处于不断变化之中，会随时随地产生大量思想行为数据，甚至在不同时间、地点形成的数据大相径庭，很难确定其因果关系。但是利用大数据技术将所有收集到的海量数据放到一个较长时间轴上进行分析，数据之间将会显现出明显的相关关系。由此，能够从学生大量的网络数据中发现问题，并及时采取措施防患于未然。

(3)精准把握学生思想

精准把握学生思想，是定量思维的基本要求，就是思想政治教育者要通过对大学生各种网络数据的全面收集、深度挖掘，精准把握大学生的思想动态和网络舆情。小数据时代，思想政治教育者总是习惯于通过对部分信息的主观判断，作出论断，这样的论断难免有失偏颇。大数据收集技术为获取全数据提供了技术支撑，大数据挖掘技术使大学生思想行为的数据化成为现实。

---

① 维克托·迈尔-舍恩伯格, 肯尼思·库克耶. 与大数据同行: 学习和教育的未来[M]. 赵中建, 张燕南, 译. 上海: 华东师范大学出版社, 2015: 36.

利用大数据技术，能够对大学生的思想行为进行全面、动态和精确的把握。

### (三)增强大数据能力

能力，通常是指完成一定活动所具有的本领和力量。[①] 人类之所以能够从事一定的实践活动，是以相应的主体能力为前提的。并且，主体活动的进程和结果，直接取决于主体能力的高低。因而，提升大学生思想政治教育队伍的大数据素养，最终落脚点在于增强大数据能力，即增强数据收集能力、数据分析能力和数据传播能力。唯有增强大数据能力，才能将大数据视域下大学生思想政治教育方法创新落到实处。

1. 增强大数据能力的基本内涵

能力，是完成一定活动的具体方式以及所必需的生理、心理等素质条件。大数据能力，是大学生思想政治教育者利用大数据开展思想政治教育的能力。具体而言，就是利用大数据获取思想信息、分析思想信息以及传递思想政治教育内容的能力。任何一项实践活动，都必然会对人的能力提出相应要求，对于不同的活动来说，要求胜任的能力也有着很大区别。大数据能力是思想政治教育者利用大数据开展思想政治教育活动的前提条件，同时，只有在利用大数据开展思想政治教育的活动中，大数据能力才得以形成和最终显现出来。从系统论的视域来看，大数据能力是一个系统，主要由数据收集能力、数据分析能力和数据传播能力等能力要素构成，各能力之间并非孤立存在，而是具有相互联系、相互依存的关系。增强大数据能力就是要同时增强数据收集能力、数据分析能力和数据传播能力，使三种能力相互作用、相互促进，推动大数据能力的整体提升。只有增强了大数据能力，大学生思想政治教育者才可能具备利用大数据进行思想政治教育方法创新的主体条件。

(1)增强大学生思想政治教育队伍的数据收集能力

数据收集能力，就是大学生思想政治教育者利用大数据技术获取思想信息的本领和力量。从思想政治教育者运用大数据的过程看，数据收集处于首要阶段，只有充分收集大学生思想信息数据，才能确保数据分析的科学性和

---

① 郭欣，娄淑华. 思想政治教育视角下大学生就业能力分析[J]. 思想理论教育导刊，2016(3)：154-156.

## 第六章 大数据视域下大学生思想政治教育方法创新的保障条件

数据传播的精准性。偏狭的样本容易导致错误的结论，而数据收集的充分性，有赖于较强的数据收集能力。进入大数据时代，大学生的思想信息数据来源非常广泛，既可以是大学生主动填写和反馈的显性数据，也可以是大学生在网络日志留下的隐性数据。既可以是表格中的结构化数据，又可以更多地表现为社交媒体流露出的情感态度，如亚马逊、淘宝、当当等购书网站上的阅读偏好以及搜索引擎暴露出的即时意图等非结构化数据。唯有增强思想政治教育队伍的数据收集能力，才能全面收集如此丰富的思想行为数据。

(2) 增强大学生思想政治教育队伍的数据分析能力

数据分析能力，就是大学生思想政治教育者利用大数据技术处理和理解思想信息的本领和力量。从思想政治教育者运用大数据的过程看，数据分析处于核心阶段，只有对收集到的思想信息数据进行深刻分析，才能透过数据表象发掘出思想行为的本质和规律，进而为数据的下一步精准传播奠定基础。而数据分析的深刻性，取决于较强的数据分析能力。大数据时代，如何分析海量的大学生思想行为数据，对思想政治教育者而言，是一个巨大的挑战。因为能否科学分析数据，直接决定着能否从看似杂乱的数据中寻找到有价值的信息。因而，只有增强思想政治教育队伍的数据分析能力，才能从大学生海量的思想行为数据中挖掘出思想发展的内在规律。

(3) 增强大学生思想政治教育队伍的数据传播能力

数据传播能力，就是大学生思想政治教育者利用大数据技术和大数据媒体传播思想政治教育内容的本领和力量。从思想政治教育者运用大数据的过程看，数据传播处于关键阶段，只有将思想政治教育内容传递给大学生，并且为大学生所接受，才能实现思想政治教育目标，完成思想政治教育任务。否则，大数据在大学生思想政治教育中的价值便无从发挥。而思想政治教育内容传播的有效性，取决于较强的数据传播能力。大数据时代，最不缺的就是信息。思想政治教育者传递的信息如何吸引大学生的眼球和注意力，直接影响着教育效果的好坏。进一步来讲，只有与大学生内在诉求相契合、与大学生接受特征相一致的内容，才易于被其接受。因而，只有增强思想政治教育队伍的数据精准传播能力，方能取得良好的接受效果。

## 2. 增强大数据能力的重要意义

大数据能力，就是利用大数据技术收集、分析和传递思想政治教育信息，创新思想政治教育方法的本领和力量。增强大数据能力，是提升队伍大数据素养的客观要求，是利用大数据创新大学生思想政治教育方法的内在要求。

(1) 提升大学生思想政治教育队伍大数据素养的客观要求

素养，是通过学习和锻炼所达到的水平。大数据素养就是思想政治教育者通过努力学习和实践锻炼，所达到的利用大数据创新大学生思想政治教育方法的水平和境界。大数据素养是内在的，虽然看不见也摸不着，但是必然会通过一定方式表现出来。否则，大数据素养的提升便失去了应有意义和重要依托。思想政治教育者的大数据素养，正是通过思想政治教育者利用大数据开展思想政治教育活动的能力水平反映出来的。具有与此项实践活动相胜任的能力，则表明具备了相应的大数据素养。如果不胜负荷，则表明大数据素养有待提升。因此，增强大数据能力是提升大数据素养的客观要求。

(2) 利用大数据创新大学生思想政治教育方法的内在要求

人的能力的形成和发展，既依赖于一定的社会实践活动，又反过来促进人的活动的发展，并成为活动得以进行的内在依据。只有具备了相应能力，才能够胜任特定的活动，否则，不具备相应能力或者能力不充分，特定的活动则无从开展。具备大数据能力，是利用大数据创新大学生思想政治教育方法的基础。对于大学生思想政治教育者而言，大数据是一种新资源、新技术、新方法和新媒体。唯有增强运用大数据的能力，提升数据收集能力、数据分析能力和数据传播能力，才能更好地驾驭大数据，利用大数据创新思想政治教育方法。反之，缺乏运用大数据的能力，必将使大数据成为一种异己的力量。

## 3. 增强大数据能力的基本要求

路径，就是通向某一目标的道路，比喻为途径和门道。运用大数据的能力不是天生的，而是努力学习、艰辛磨炼的结果。既需要加强大数据知识和技术的培训学习，也需要思想政治教育者自身加强实践锻炼。

(1) 培训学习

培训学习，就是通过政府、高校和企业三方合作，举办培训班、专题讲

# 第六章 大数据视域下大学生思想政治教育方法创新的保障条件

座、主题论坛等形式,传播大数据知识、讲授大数据理论,进而提升大数据能力的途径。培训学习是增强大数据能力的基本途径,具有学习内容、学习人员、讨论问题集中的特点,有利于相互启发、相互交流。[1] 加强培训学习,首先,要明确培训目的,应立足于提高大学生思想政治教育队伍的大数据能力,围绕大数据如何运用于大学生思想政治教育的主题,结合大学生思想政治教育工作的实际进行培训,避免就大数据而论大数据的情况出现。其次,培训要辅以必要的讨论。讨论是深化对重点、难点认识的一种方式。培训过程中要有意识地对大数据意识、大数据思维等重点问题以及对数据挖掘、数据可视化等技术难题展开讨论,以进一步加深认识。

(2)实践锻炼

实践锻炼,就是思想政治教育者将大数据运用到大学生思想政治教育实践活动中,通过切身体验和实际操作,增进对大数据知识的理解,强化对大数据价值的认同,掌握对大数据技术的运用,从而提升大数据能力的途径。社会实践活动是能力得以形成、巩固和发展的决定性因素。正是在实践活动中,人的某些潜在的能力转化为现实的能力。[2] 实践锻炼是增强大数据能力的根本途径。大数据能力,虽然是为了适应大数据时代有效开展大学生思想政治教育的需要而产生的,但如果不进行实践锻炼,此项能力仅仅是一种潜在能力。只有通过反复的实践锻炼,才能在不断强化中,使其由潜在状态变为显在状态。例如,可以通过校企合作建立大数据实践基地的方式,让大学生思想政治教育者在真实的大数据环境中进行实践,或者通过邀请大数据专家到学校进行现场指导,帮助解决运用大数据过程中的技术难题。

## 二、用好大数据技术:大学生思想政治教育方法创新的技术条件

大数据技术是大学生思想政治教育方法创新的技术条件。回溯大学生思想政治教育方法发展的历史,技术对思想政治教育方法的发展具有强大的促

---

[1] 郑永廷. 思想政治教育方法论[M]. 北京:高等教育出版社,2010:132.
[2] 袁贵仁. 人的哲学[M]. 北京:工人出版社,1988:246.

进和支持作用,重塑着方法的形态。先进技术一旦与大学生思想政治教育方法相结合,势必推动大学生思想政治教育方法的创新发展。大数据技术是计算机学科的前沿技术,是从各种类型的巨量数据中,快速获得有价值信息的技术。[①] 包括数据收集技术、数据挖掘技术和数据可视化技术。只有用好大数据技术,才能为大学生思想政治教育方法创新奠定坚实的技术基础。

(一)数据收集技术

数据收集是数据分析和数据可视化的前提和准备,数据收集技术是大数据技术的基础,只有利用数据收集技术采集到来源广泛、体量巨大、类型丰富、实时动态的思想信息数据和大学生思想行为数据,才能为数据挖掘技术和数据可视化技术发挥用武之地奠定基础。因而,用好大数据技术,首先就是要用好数据收集技术。

1. 数据收集技术的基本内涵

大数据的数据收集技术,是在确定分析目标的基础上,针对该范围内所有结构化、半结构化和非结构化数据的采集。[②] 用好数据收集技术,就是将数据收集技术运用于大学生思想政治教育方法创新过程中,利用大数据的数据收集技术全方位、立体化、全过程收集与大学生思想政治教育相关的一切信息数据,为客观真实地了解学生的内在需求、实时追踪学生思想动态、深刻把握学生思想规律做好充足的数据铺垫,进而为实现大学生思想政治教育方法的个性化、定制化和精准化创新发展做好前提准备。具体而言,大数据的数据收集技术,主要包括实时数据收集技术和非实时数据收集技术两种典型类型。数据收集技术是大数据处理的重要技术,在大学生思想政治教育方法创新中发挥着基础作用。

(1)实时数据收集技术

实时数据收集技术,就是通过射频、传感器、智能感知、视频摄像头等技术,对大学生的思想行为数据进行实时收集的技术。在小数据时代,由于技术瓶颈的限制,大学生思想政治教育者收集思想信息的技术相对比较落后,

---

[①] 陈明. 大数据概论[M]. 北京:科学出版社,2015:10.
[②] 娄岩. 大数据技术概论:从虚幻走向真实的数据世界[M]. 北京:清华大学出版社,2017:20.

第六章　大数据视域下大学生思想政治教育方法创新的保障条件

一般习惯于通过实地观察、访谈、问卷调查等人工方式进行数据收集，数据收集技术的落后导致数据收集的滞后性。虽然教育者主观上希望通过所掌握的数据了解大学生的思想行为现状，但是，大学生的思想时时刻刻都处于变化之中，此时此刻获得的思想信息数据与彼时彼刻的状况相比，具有很大出入。实时数据收集技术，实现了对大学生思想行为数据的收集同步于大学生思想行为的发生，从根源上避免了数据滞后带来的误差。

(2)非实时数据收集技术

非实时数据收集技术，就是通过网络爬虫等技术对来自历史音频视频、各种网络痕迹等非实时数据进行获取的技术。此类数据收集技术的运用，主要包括数据发现、特征描述和数据集成三个环节。数据发现就是明确所要解决的问题是什么，只有对问题的核心有了清楚把握，才能界定清晰数据收集的边界。特征描述就是在弄清了问题是什么的前提下，进一步分析问题的本质，只有把握了问题的本质，才能进一步为所要收集的数据设定限制条件，并且根据不同特征为不同数据分类。数据集成就是将所收集到的不同类型的数据进行有机集中与整合。非实时数据的收集建立在对问题的准确理解上，只有真正理解问题之后，所收集的数据才有针对性。例如，要掌握"00后"大学生的思想特征，就必须将"00后"大学生的思想数据与之前大学生的思想数据进行对比，因而，问题的实质决定了教育者不仅需要收集"00后"学生的数据，还需要收集海量的历史数据。否则，所得结论将缺乏科学性。

2. 数据收集技术的重要价值

数据收集技术是大数据技术的重要组成部分，在大数据技术系统中处于基础地位，与传统的思想信息收集技术相比，具有明显优势，在大学生思想政治教育方法创新过程中用好数据收集技术，能够为大学生思想政治教育方法创新提供全面、真实的信息。

(1)数据收集技术为大学生思想政治教育方法创新提供全面的信息

大学生思想政治教育方法创新是一个包括认识方法、实施方法、评估方法和反馈方法等类型的方法创新系列，而不是某种单一方法的创新。但无论哪一种类型的方法创新，既不能闭门造车，更不能靠拍脑袋空想，而是需要对大学生的思想行为状况以及思想政治教育情况有充分的了解，这必须以完备充足的信息系统作为保障。否则，方法创新将失去现实针对性和有效性。数据收集技术的重要功能，就在于能够收集完整多维的思想信息，为大学生思想政治教育方法创新提供全面的信息支撑。

（2）数据收集技术为大学生思想政治教育方法创新提供真实的信息

信息的真实性是信息发挥作用的前提条件，只有收集到关于大学生思想行为状况和思想政治教育情况的真实信息，才能确保大学生思想政治教育方法创新的科学性和实效性。否则，虚假错误的信息必然会导致思想政治教育方法创新的失败。小数据时代，思想信息收集技术比较落后，无论是当面访谈、电话访谈还是书面或者网络问卷的方式，都是在大学生明显意识到的情形下进行数据收集，带来的不良后果是这样的数据总是受到主观性的"污染"。一方面，受思想政治教育者的主观目的的"渗透"，另一方面，受大学生的主观意图的"隐藏"。大数据时代，数据收集技术是在大学生无意识的情况下进行数据收集，收集到的数据是客观真实的，能够为大学生思想政治教育方法创新提供可靠的信息支撑。

3. 数据收集技术的具体运用

数据收集技术的价值只有在运用中，才能由潜在价值变为显在价值。具体而言，在大学生思想政治教育方法创新中，能够运用于对大学生社交媒体数据和思想行为轨迹数据的收集。

（1）运用于对大学生社交媒体数据的收集

社交媒体数据，就是大学生通过社交媒体在与人交际往来中形成的数据信息，主要包括网络日志和网络社交数据两个方面。网络日志，就是以网络为媒体，对自己思想情感、生活体验等的记录与总结，主要包括通过微博、QQ、微信等平台发布的文本、图片、音视频等信息，非个人性是其突出特点，其目的在于通过发布网络日志，与他人分享自己的生活点滴、人生感悟、喜怒哀乐等。网络社交数据，就是大学生通过具有即时通信功能的QQ、微信、微博等社交媒体交往过程中产生的数据。大数据时代，社交媒体已成为大学生使用移动互联网的重要原因，社交媒体催生的海量数据具有维度广泛、内容丰富、形式多样等特征，这些数据蕴含着大量的思想行为信息，成为挖掘大学生思想行为特征的数据金矿。将数据收集技术运用于收集大学生的社交媒体数据，能够获取通过传统数据收集技术无法获取或者获取成本极高的思想行为数据。

（2）运用于对大学生思想行为轨迹数据的收集

大学生的思想行为轨迹，就是大学生思想行为发生发展的全部路径或道路，从宏观视角看，主要包括大学生日常的学习生活轨迹，如进出图书馆门禁信息、图书借阅信息、进出宿舍楼门禁信息、一卡通消费信息等，这些宏观数据能从总体上反映出大学生的学习生活状况。从微观视角看，主要包括大学生浏览网页的电子痕迹、观看视频资料的点击记录、下载学习材料的下载记录、网上购物记录等，这些微观数据能从细微之处折射出大学生的思想变化与兴趣爱好。传统的信息收集技术，面对大学生的思想行为轨迹数据，显得无能为力。将数据收集技术运用于收集大学生的思想行为轨迹数据，能够将所有数据囊括进来，正所谓"处处行迹处处痕"，任何一丝痕迹都逃不过大数据的"慧眼"。

### (二) 大数据挖掘技术

数据挖掘是数据收集的目的，又是数据可视化的前提，数据挖掘技术是大数据技术的核心，只有利用数据挖掘技术从大量的、有噪声的、模糊的与随机的数据中，提取隐含其内的、事先所不知的、但又是潜在有用的信息和知识，[①] 才能使有价值的信息涌现出来。"数据之于信息，犹如葡萄之于美酒：都需要萃取与提纯。"[②]而数据挖掘技术正是萃取与提纯的工具。因而，用好大数据技术，核心就是用好数据挖掘技术。

1. 数据挖掘技术的基本内涵

大数据的数据挖掘技术，就是在大量的数据中提取或挖掘信息，通过仔细分析来揭示数据之间有意义的联系、趋势和模式的技术。[③] 其本质是发现隐藏在数据中的有用信息和规律。用好数据挖掘技术，就是将数据挖掘技术运用于大学生思想政治教育方法创新过程中，利用大数据的数据挖掘技术对从

---

[①] 陈明. 大数据概论[M]. 北京：科学出版社，2015：162.
[②] Hunter Whitney. 洞悉数据：用可视化方法发掘数据真义[M]. 刘云涛，译. 北京：人民邮电出版社，2016：23.
[③] 陈工孟，须成忠. 大数据导论：关键技术与行业应用最佳实践[M]. 北京：清华大学出版社，2015：190.

各个数据源收集和积累起来的海量大学生思想行为数据进行挖掘，从中发掘出大学生思想行为的本质和规律，为大学生思想政治教育方法创新提供新的契机。只有对多元异构的海量大学生思想行为数据进行深度挖掘，才能获得先前未知的、有效的信息，进而为增强大学生思想政治教育方法创新的科学性提供保障。具体而言，运用于大学生思想政治教育方法创新中的数据挖掘技术，主要包括语义分析技术、聚类分析技术和关联分析技术三种类型。数据挖掘技术是大数据处理的核心技术，在大学生思想政治教育方法创新中发挥着关键作用。

（1）语义分析技术

语义分析技术，是指将人类的自然语言转化成计算机能够理解的语言形式，从而使计算机能够与人互相沟通的技术。[①] 大学生思想政治教育方法创新中的语义分析技术，就是将收集到的大量与大学生思想行为相关的文本信息，按照计算机语言进行分解，再重新组合成特定的能够被人理解的计算机语言，并从中识别出新模式或发现新知识的技术。大数据时代，大学生每天发布的朋友圈、说说等倾诉着自己的心声，各种评论内容、转发的文章等透露着自己的态度与喜好。然而，传统的数据分析技术无法处理这些文本信息。语义分析技术，能够从海量文本数据中提炼出大学生的思想态度倾向，为增强大学生思想政治教育方法的预测性奠定基础。

（2）聚类分析技术

聚类分析技术，就是将数据中相似的对象聚集到一起，将整个数据分成几个群组的挖掘技术。[②] 大学生思想政治教育方法创新中的聚类分析技术，就是将收集到的大学生思想行为数据分类到不同类的挖掘技术。聚类是模式识别的重要方式，主要用于识别不同类别大学生的共同特征，因而，同一群组中的大学生具有很大的相似性，不同群组间的大学生具有明显的相异性。聚类是从收集到的数据本身出发，进行自动分类。小数据时代，思想政治教育者总是根据确定的标准对大学生进行分类，进而依据分类情况进行教育，这

---

① 阮彤，王昊奋，陈为. 大数据技术前沿[M]. 北京：电子工业出版社，2016：74-75.
② 城田真琴. 大数据的冲击[M]. 周子恒，译. 北京：人民邮电出版社，2013：50.

第六章　大数据视域下大学生思想政治教育方法创新的保障条件

种方式分类的维度比较单一，无法关照到大学生的方方面面。聚类分析技术，不指定任何具体标准，思想信息数据之间的相似性和差异性是聚类的唯一依据，这样就能够从不同维度对大学生进行聚类，识别出每一类大学生的思想特征和行为模式，为增强思想政治教育方法的针对性奠定基础。

（3）关联规则挖掘技术

关联规则挖掘技术，就是从有噪声的、模糊的、随机的海量大学生思想行为数据中，挖掘出隐藏的、事先未知的、但是有潜在关联的思想行为信息的技术。[①] 简言之，就是能够根据某思想信息数据的出现推导出相关思想信息数据出现的技术。小数据时代，由于数据分析技术的落后和思想政治教育者信息处理能力的不足，往往将主观预设的因果关系分析作为着眼点，将有限的精力集中于对所谓重要思想信息数据的分析上，不经意间却忽略了蕴藏巨大价值的信息。关联规则挖掘技术，能够从收集到的有关对象的所有信息数据中，找出隐藏的相关关系，而这种关系是事先未知的。关联规则挖掘技术摒弃了主观臆断性，所挖掘出的相关关系具有很高的可信度。

2. 数据挖掘技术的重要价值

数据挖掘技术是大数据技术最重要的组成部分，在大数据技术系统中处于核心地位，只有运用数据挖掘技术，才能将大数据的大价值释放出来。在大学生思想政治教育方法创新中用好数据挖掘技术，能够为实现大学生思想政治教育方法的精准性和预测性奠定技术基础。

（1）为实现大学生思想政治教育方法的精准性奠定技术基础

大学生思想政治教育方法的精准性，就是所实施的方法正好与大学生的接受习惯和性格特征相契合，这有赖于对每个大学生思想状况的全面了解和对行为习惯的准确把握。大学生思想政治教育方法的精准性，是大数据视域下大学生思想政治教育方法创新的显著特征和重要体现。小数据时代，虽然能够收集到每个大学生的思想行为数据，但要利用传统的数据处理技术对所有数据进行处理也是一项无法完成的任务，纵然能够完成，也失去了最初的

---

[①] 陈工孟，须成忠．大数据导论：关键技术与行业应用最佳实践[M]．北京：清华大学出版社，2015：192．

意义。因为大学生的思想始终处于不断发展变化之中，此一时非彼一时。利用数据挖掘技术，能够实时准确地快速处理收集到的海量思想行为信息，从中发现大学生的思想行为特征和信息接受模式，为方法的精准性奠定技术基础。

(2) 为实现大学生思想政治教育方法的预测性奠定技术基础

大学生思想政治教育方法的预测性，就是所实施的方法能够预防思想问题的产生和防止不良行为的发生，增强教育方法的主动性和超前性。这取决于对大学生思想形成发展规律准确把握的基础上，对思想发展趋势作出的准确判断。大学生思想政治教育方法的预测性，是大数据视域下大学生思想政治教育方法创新的突出优势和根本要求。"大数据的核心功能就是预测"①，预测功能的发挥是以数据挖掘技术作为支撑的。将数据挖掘技术运用于对海量思想行为数据的挖掘，能够通过语义分析和相关关系分析，掌握大学生思想发展趋势，据此推断出可能发生的思想行为偏差，进而针对性地进行干预，做到防患于未然。

3. 数据挖掘技术的具体运用

数据挖掘技术的运用，就是一个"沙里淘金"的过程。大学生思想政治教育方法创新过程中，将数据挖掘技术运用于对大学生社交媒体数据和思想行为轨迹数据的挖掘，能从海量数据中发现大学生的思想特征和行为模式。

(1) 运用于对大学生社交媒体数据的挖掘

将数据挖掘技术运用于对大学生社交媒体数据的挖掘，就是利用语义分析技术、聚类技术和关联规则分析技术等对大学生通过社交媒体在与人交往过程中形成的数据进行挖掘，从中提炼出有价值的信息。大数据时代，社交媒体数据成为大学生思想行为的"显示器"，但并非自动、直观地显示，决定能否准确显示以及显示程度的关键因素在于对社交媒体数据挖掘的深度。社交媒体数据主要是以文本和多媒体信息为主要元素的非结构化数据，对于这些数据，传统的数据挖掘技术无法进行处理。运用聚类分析技术，能够对学

---

① 维克托·迈尔-舍恩伯格，肯尼思·库克耶. 大数据时代：生活、工作与思维的大变革[M]. 盛杨燕，周涛，译. 杭州：浙江人民出版社，2013：16.

习习惯相似的学生进行类别划分,为实现大学生思想政治教育方法的个性化做好准备。利用语义分析技术,能够对大学生的心理状况和态度倾向作出判断,为增强大学生思想政治教育方法的预测性提供条件。

(2)运用于对大学生思想行为轨迹数据的挖掘

将数据挖掘技术运用于对大学生思想行为轨迹数据的挖掘,就是利用语义分析技术、聚类技术和关联规则技术等对大学生网络活动的电子痕迹进行挖掘,从中发现大学生的思想行为规律。大数据时代,大学生几乎所有活动都习惯于在网络上完成,而网络上的任何行为,无疑都会留下电子痕迹,包括浏览的所有网页、输入的任何请求、键入的全部关键词以及下载的一切资料,都毫无遗漏地被大数据记录下来。利用关联规则挖掘技术对这些看似毫不相关的零散数据进行挖掘,能够从大学生的思想行为轨迹中识别出相关关系,从而增强大学生思想政治教育方法的主动性。

### (三)大数据可视化技术

数据可视化是将收集、挖掘的思想信息数据以及数据分析结果,通过形象生动的图像、视频、动画等方式映射出来。数据可视化技术是大数据技术的关键,只有利用数据可视化技术将高维多源、异构异质的复杂数据转换为生动形象的图形符号,才能更好地发现规律和获取知识。反之,如果数据分析结果不被思想政治教育者理解,大数据的价值便无从发挥。因而,用好大数据技术,关键是用好数据可视化技术。

1. 数据可视化技术的内涵

大数据的数据可视化技术,就是综合运用计算机图形学、图像、人机交互等技术,将采集或模拟的数据映射为可识别的图形、图像、视频或动画,并允许用户对数据进行交互分析的技术。[1] 其本质是将抽象难懂的数据转化为清晰可见的图像符号。已有的数据可视化技术,是对数据的抽象和简化,往往只能反映问题的局部或某个方面,大量的真实信息和数据之间的逻辑结构无法呈现。大数据的数据可视化技术,能够将人们从孤立的数据点中解脱出来,从多个不同角度全面审视问题,将隐藏了的细节信息和全局结构还原出

---

[1] 陈为,张嵩,鲁爱东. 数据可视化的基本原理与方法[M]. 北京:科学出版社,2013:11.

来。用好数据可视化技术，就是将数据可视化技术运用于大学生思想政治教育方法创新过程中，将收集、挖掘的大学生思想行为数据转化为可识别的图像、视频等，大学生思想政治教育者通过视觉感知，深化对数据的理解，获取有价值的信息。只有对抽象数据进行可视化处理，才能有效传递数据中蕴含的信息与思想，为增强大学生思想政治教育方法创新的灵活性创造条件。具体而言，运用于大学生思想政治教育方法创新中的数据可视化技术，主要包括文本数据可视化技术和网络数据可视化技术两种类型。

(1) 文本数据可视化技术

文本数据可视化技术，是指对文本信息进行分析，抽取其中的特征信息，并将这些信息以易于感知的图形或图像方式展示。[①] 大学生思想政治教育方法创新中的文本数据可视化技术，就是采用可视表达技术刻画所收集和挖掘的与大学生思想行为相关的文本数据，通过直观的方式将文本信息呈现出来。具体而言，就是利用基于主题可视化的主题模型，基于情感分析可视化的矩阵视图等，将隐含于文本数据中的主要内容和重要关系展示出来。面对数据收集和数据挖掘形成的大量电子文档或类文本信息，传统的解读方式已无法有效应对。文本数据可视化技术，能够通过字体大小、颜色深浅、图片形状等冲击视觉的方式将文本主题凸显出来，通过矩阵的区间区分将大学生的情感倾向显示出来，从而提升理解文本数据的效率。

(2) 网络数据可视化技术

网络数据可视化技术，就是将网络数据通过图片、图表等视觉形式呈现出来。大学生思想政治教育方法创新中的网络数据可视化技术，就是采用节点连接法、相邻矩阵法或混合表达法，对收集和挖掘的大学生网络思想行为数据进行可视化，通过生动的图像将数据间的布局展示出来。具体而言，节点连接法就是用节点表示对象数据，用边表示对象之间的关系，能够快速将数据间的各种关系反映出来。相邻矩阵法是用矩阵来表示节点之间的关系。相比较而言，节点连接法适用于节点众多但节点间关系简单的网络数据，矩阵法适用于节点少但关系较为复杂的网络数据。由此混合表达法呼之欲出，

---

① 陈为，张嵩，鲁爱东. 数据可视化的基本原理与方法[M]. 北京：科学出版社，2013：226.

此方法就是将二者结合起来。网络数据可视化技术能够将大学生网络思想行为数据的关系形象表达出来，为认识大学生的行为模式奠定基础。

2. 数据可视化技术的重要价值

数据可视化技术是大数据技术不可或缺的组成部分，在大数据技术系统中处于关键地位，只有运用数据可视化技术，才能将艰深晦涩的数据通过易于理解的图像刻画出来。在大学生思想政治教育方法创新中用好数据可视化技术，一方面，能够更好地掌握教育对象的思想动态，另一方面，能够更好地体现反馈效果。

（1）能够更好地掌握教育对象的思想动态

思想政治教育方法是提升大学生思想道德素质的重要手段，而方法运用和创新的整个过程都建立在对大学生思想动态的准确把握上。只有对大学生的思想状况有了全面认识，才能据此针对性地进行方法创新。大数据时代，青年大学生除了接收到主流媒体传播的主流意识形态之外，还随时随地主动或被动接收来自各种网络媒体的各类信息，纷繁复杂的信息对思想尚未定型的大学生带来的影响不可小觑。况且大学生正处于心理成熟过渡期和人生重要转折期，总是不可避免地遇到一些重要选择和挫折，思想处于不断变化之中。传统的可视化技术无法将大学生的思想动态展现出来，大数据的数据可视化能够借助动态网络数据可视法，或文本数据可视法，通过关键词变化、节点增减、关系增减等技术将大学生思想变化的轨迹动态呈现出来。

（2）能够更好地体现反馈效果

青年大学生接受思想政治教育后，思想上必然会发生相应变化，形成一定教育效果，无论是积极效果、消极效果，还是无任何效果，都会通过具体的反馈信息表现出来。思想政治教育者只有及时了解各种思想反馈信息，才能有针对性地改进和调节教育方法。以往主要通过观察或问卷的方式获取反馈信息，这样的方式带有很强的主观性，而且所获取的反馈信息具有碎片化倾向。大数据时代，大学生的思想反馈信息主要依托网络媒体表现出来，传统的数据可视化技术无法很好地处理动态多维的大学生思想反馈数据。大数据的数据可视化技术能够通过动态网络可视法，将学生的思想反馈信息清楚地刻画出来。

3. 数据可视化技术的具体运用

数据可视化技术的运用，就是借助视觉感知和人脑的智能认知能力，达到有效传递和展示数据的作用。大学生思想政治教育方法创新过程中，将数据可视化技术运用于对大学生文本数据和大学生网络关系数据的可视化，能够帮助思想政治教育者更好地理解数据信息。

（1）运用于对大学生文本数据的可视化

将数据可视化技术运用于对大学生文本数据的可视化，就是利用基于主题抽取、关键词提取和情感分析等可视化技术对大学生通过网络媒体发布的文本数据进行可视化。大数据时代，大学生习惯于数字化生存方式，文本是他们在网络空间表达思想、交流信息、传递情感的主要方式，因而，在其网络活动中文本信息几乎无处不在，由此涌现的海量网络文本数据真实反映着学生的思想状况。面对海量的文本信息，传统技术显得低效无力。运用文本数据可视化技术，能够将文本的关键词、所要表达的主题以及文本表达的情感倾向抽取出来，通过易于感知的图像和颜色的明暗对比等展示出来，使思想政治教育者能够全面准确地把握学生的思想，从而为增强大学生思想政治教育方法创新的针对性提供条件。

（2）运用于对大学生网络关系数据的可视化

将数据可视化技术运用于对大学生网络关系数据的可视化，就是利用结构型、统计型、语义型、实践型等可视化技术对大学生网络关系数据进行可视化。大数据时代，各种网络媒体成为大学生与人沟通交往的首要平台，社交网络数据展示着大学生丰富的社会关系以及在各种社会关系中的地位和角色。从本质上看，网络数据关系就是典型的网络型结构，由不同节点之间的连接组成。节点代表个人或组织，个人或组织间的关系用节点间的连接表示。对大学生网络关系的可视化，就是利用节点和连接的变化，将大学生的各种关系呈现出来。通过网络关系的可视化，有助于识别社交网络中的群组以及群组成员的互动模式，并且通过点度中心性、接近中心性、中间中心性、特征向量中心性的刻画，能够准确定位个体在网络中的地位、对其他个体行为的影响等，从而增强教育的针对性，预防突发事件的发生。

## 三、营造良好的环境：大学生思想政治教育方法创新的环境条件

大学生思想政治教育方法创新的环境，是指对大学生思想政治教育方法创新产生影响的各种外部因素的总和。"人创造环境，同样，环境也创造人。"[1]良好的环境是大学生思想政治教育方法创新得以进行的条件和前提。支持基于大数据的大学生思想政治教育方法创新的环境是一个有机系统，主要包括物质环境、舆论环境和政策环境。物质环境是方法创新的基础，舆论环境是方法创新的土壤，政策环境是方法创新的保障，只有同时具备良好的物质环境、舆论环境和政策环境，才能为基于大数据的大学生思想政治教育方法创新提供环境支撑。

### (一)营造物质环境

物质环境是大数据视域下大学生思想政治教育方法创新的基础条件，任何一种方法类型的创新都离不开一定物质环境，脱离了相应的物质条件，方法创新将无法进行。只有加大经费投入，加快数字化校园建设，才能为基于大数据的大学生思想政治教育方法创新奠定坚实的物质基础。

1. 物质环境的基本内涵及特点

物质环境，就是大数据视域下对大学生思想政治教育方法创新产生影响的物质要素的总和。与其他环境相比，具有客观实在性、影响的直接性等特点。

(1)物质环境的内涵

大数据视域下大学生思想政治教育方法创新的物质环境，就是对基于大数据的大学生思想政治教育方法创新主体和创新活动产生影响的、必需的物质要素的总和，这些物质要素既可以是实实在在的具体物质形态，如各种门禁、信息传感设备、电子学生证、校园一卡通、个人电脑等；也可以是可物化为物质要素的代码式物质性要素[2]，如各方面的经费投入，还可以是与方法

---

[1] 马克思恩格斯文集(第1卷)[M].北京：人民出版社，2009：172-173.
[2] 姜正国.思想政治教育环境论[M].长沙：湖南师范大学出版社，1999：43.

创新相关的必备场所，如数字化课堂、数字化校园、数字实验室等。就大数据视域下大学生思想政治教育方法创新的物质环境看，具体可以归纳为两大类，即必要的经费投入和数字化校园建设，因为无论是实物性要素，还是具体场所，都服务于数字化校园建设。

(2)物质环境的特点

相对于舆论环境和政策环境而言，物质环境具有客观实在性和影响的直接性两大特点。

第一，客观实在性。所谓客观实在性，是指大学生思想政治教育方法创新的数字化物质环境是可感可知、看得见、摸得着的，能够被身处其中的大学生思想政治教育者和教育对象真真切切地感知、实实在在地运用，而其存在又不以人的主观意志为转移。客观实在性是对物质环境各构成要素共同属性的高度抽象和概括，从根本上区别于精神性存在，而并非某种具体物质样态的存在。正如恩格斯指出的："我们就用这种简称把感官可感知的许多不同的事物依照其共同的属性概括起来。"① 虽然从现实存在看，大数据视域下大学生思想政治教育方法创新的物质环境具有诸多表现形式，个人电脑、移动设备、信息传感器各不相同，各类门禁、数字化教室、数字化实验室不尽相同，但它们拥有不同于舆论环境和政策环境等的客观实在性，即一方面，以客观真实的方式存在，另一方面，能够被感知和运用。

第二，影响的直接性。环境因素对大学生思想政治教育方法创新发生作用，有不同表现形式，具体而言，可以分为直接影响和间接影响。所谓直接影响，与间接影响相对，是指作用的发挥不需要经过任何中间环节，即物质环境直接影响着大学生思想政治教育方法创新的方方面面：方法创新的手段和工具，往往要由物质环境提供；方法创新的过程，要受到物质环境的制约；方法创新的效果很大程度上取决于创新主体对物质环境的利用和改造程度。运用"一支粉笔、一本书、一张嘴"与运用幻灯机、投影仪等的思想政治教育方法相比，有着根本区别。而数字化校园的建设，从根本上革新着大学生思想政治教育方法创新的手段和工具，直接影响着大学生思想政治教育方法创

---

① 马克思恩格斯文集(第9卷)[M].北京：人民出版社，2009：500.

第六章　大数据视域下大学生思想政治教育方法创新的保障条件

新的效果。

2. 营造物质环境的重要意义

基于大数据的大学生思想政治教育方法创新，离不开物质环境的保障作用。营造有利于基于大数据的大学生思想政治教育方法创新的物质环境，能够为方法创新奠定基础，提升方法创新效果。

(1)奠定大学生思想政治教育方法创新的基础

任何活动的开展，都离不开一定物质环境。大数据视域下大学生思想政治教育方法创新，同样依赖于物质环境的支持和保障。这些物质条件，是基于大数据的大学生思想政治教育方法创新不可缺少的要素，是构成方法创新的最基本条件。离开了这些物质条件，方法创新则无从谈起。无论是认识方法系列、实施方法系列、评估方法系列还是反馈方法系列的创新，都围绕着对学生思想行为数据的处理而展开，数据获取、数据分析、数据可视化任何一项活动的进行都离不开相应的硬件设施，缺少了这些硬件设施的参与，任何一个环节都无法完成。除此而外，还需要大量资金的投入，没有经费保障，方法创新则无法真正落到实处。因而，营造良好的物质环境，能够为基于大数据的大学生思想政治教育方法创新奠定基础。

(2)提升大学生思想政治教育方法创新的效果

基于大数据的大学生思想政治教育方法创新效果受诸多因素制约，物质环境是其中不可忽视的重要因素之一。物质环境的好坏直接影响着大学生思想政治教育方法创新的层次。从大学生思想政治教育方法创新对物质环境的要求看，物质环境有好坏之分，符合方法创新的基本要求并发挥积极作用的物质环境，属于好的环境。反之，属于差的环境。好的物质环境能够提升方法创新效果，例如有了充足的经费投入、健全的数据处理设备、到位的数字化校园建设，则能够保证数据收集的充分性、数据挖掘的深刻性、数据可视化的生动性，从而增强方法创新效果。否则，若资金不足、数字化设备缺乏，大学生思想政治教育方法创新的效果势必受到影响。因而，营造有利于基于大数据创新大学生思想政治教育方法的物质环境，能够极大地提升大学生思想政治教育方法创新的效果。

3. 营造物质环境的基本要求

物质环境是基于大数据的大学生思想政治教育方法创新的基础和前提，对方法创新有着重要作用。良好的物质环境有利于方法创新的进行，反之则阻碍方法创新活动的开展。因此，要加大经费投入，加快数字化校园建设步伐，夯实大学生思想政治教育方法创新的物质环境基础。

(1) 加大经费投入

基于大数据的大学生思想政治教育方法创新实践，并不是凭空想象，也不是简单地付出精力和时间，还需要充足的经费作为基本保障。经费投入是整个方法创新活动的重要基石。一旦缺乏资金来源和支持，方法创新活动将无法开展。大数据视域下大学生思想政治教育方法创新，不同于一般意义上的大学生思想政治教育方法创新，最显著的区别在于其建立在信息技术基础之上，因而，对经费投入的要求也有异于一般意义上的大学生思想政治教育方法创新。从大数据视域下大学生思想政治教育方法创新的实践特点看，经费投入不能仅限于满足开展方法创新活动需要的基本费用，还需要满足建设数字化校园所需的大量经费支出。只有加大经费投入，提供充足的财力支持，基于大数据的大学生思想政治教育方法创新活动才能良性运行和持续推进。

(2) 加快数字化校园建设步伐

数字化校园是以信息技术为依托，在计算机、移动互联网、物联网、大数据技术基础上建立起来的、覆盖整个校园的，对学生学习、生活、思想行为数据，对教师教学、管理、科研、服务数据进行全方位收集、处理和运用，能够实现各种信息数据化的校园环境。在这个系统中，无处不在的传感器和个人移动设备是感知设备，组成系统的"眼睛""耳朵"和"皮肤"，能够随时随地采集、交换数据，物联网是"神经系统"，能够可靠传递和智能处理数据，大数据技术是人的"大脑"，能够对接收到的数据进行分析、挖掘和输出。加快数字化校园建设，是基于大数据创新大学生思想政治教育方法的物质环境基础，因为方法创新自始至终围绕着对数据的收集和处理进行。离开了数据，方法创新便失去了最基本的内核。因而，只有加快数字化校园建设步伐，才能确保数据来源的可靠性和数据处理的准确及时性。

### (二)营造舆论环境

舆论环境是大学生思想政治教育方法创新的重要条件,良好的舆论环境是大学生思想政治教育方法创新的催化剂,恶劣的舆论环境是扼杀方法创新的刽子手。加大基于大数据创新大学生思想政治教育方法的舆论宣传力度,创设运用大数据创新大学生思想政治教育方法的舆论环境,能够极大地促进大学生思想政治教育方法创新。

1. 舆论环境的基本内涵及特点

舆论环境,就是在高校师生中形成的关于大数据视域下大学生思想政治教育方法创新的舆论氛围。与其他环境相比,具有潜移默化性、鲜明的导向性等特点。

(1)舆论环境的内涵

舆论环境,就是在一定社会空间中形成的人们关于某一观念、认知、情感和意志的舆论氛围。① 大数据视域下大学生思想政治教育方法创新的舆论环境,就是在高校师生中形成的基于大数据创新大学生思想政治教育方法的舆论氛围。高校师生是舆论环境的创造者和舆论信息的传播者,同时又时刻受到舆论环境的影响。由于舆论环境发挥的效应不同,可分为积极舆论环境和消极舆论环境。大学生思想政治教育方法创新,离不开支持基于大数据创新大学生思想政治教育方法的舆论环境。

(2)舆论环境的特点

相对于物质环境和政策环境而言,舆论环境具有潜移默化性和鲜明的导向性两大特点。

第一,潜移默化性。所谓潜移默化性,是指基于大数据创新大学生思想政治教育方法的舆论环境对大学生思想政治教育方法创新活动的影响方式具有渗透性,即舆论环境对大学生思想政治教育方法创新的影响不是靠强制手段实现的,而主要是靠潜移默化地感染、熏陶和渗透。一定的舆论环境一旦形成,必然会对置身其中的人的思想行为产生不可忽视的影响作用。基于大数据创新大学生思想政治教育方法的舆论环境一旦形成,就会无形地环绕在

---

① 沈国权. 思想政治教育环境论[M]. 上海:复旦大学出版社,2002:82.

师生周围，时时处处作用于师生，使其在不知不觉中接受影响，在日积月累中思想从量变向质变转化，将舆论环境所倡导的价值导向和行为准则注入内心深处，成为思想行为的价值尺度。

第二，鲜明的导向性。所谓鲜明的导向性，是指基于大数据创新大学生思想政治教育方法的舆论环境对大学生思想政治教育方法创新实践具有方向引导性。任何舆论环境都是在一定利益驱动下，人们针对一定人物、事件或社会现象形成的带有明显价值倾向性和明确褒贬评价性的意见和观点。现实生活中，高校师生形成了相对稳定的观察问题的立场、观点和态度，由于各自利益的不同，在大学生思想政治教育方法创新过程中，师生绝不会把自己置身于利害关系之外，而是会在自我认知的基础上形成意向性看法。具有创新意识、善于接受新鲜事物、精于掌握大数据技术的思想政治教育者会表达支持方法创新的观点。思想守旧、满足于现状、不愿意学习新技术的思想政治教育者则会表达反对方法创新的观点。当某种观点占统治地位后，便形成舆论环境，一旦形成一定的舆论环境，必然会对师生的思想行为产生导向作用。

2. 营造舆论环境的重要意义

大学生思想政治教育方法创新，是在一定的舆论环境中展开的，必然会受到舆论环境的影响和制约，形成支持基于大数据创新大学生思想政治教育方法的舆论环境，能够为方法创新营造良好氛围，增强对方法创新的认同感。

(1) 营造基于大数据创新大学生思想政治教育方法的良好氛围

就像适宜的气候能为生物带来繁荣一样，良好的舆论环境同样能促进大学生思想政治教育方法创新取得成效。舆论环境属于精神范畴，相对于物质环境而言，虽然对大学生思想政治教育方法创新不具有直接决定作用，但是能通过营造良好的舆论氛围，塑造人的精神世界，进而控制人的行为。所以马克思称社会舆论为一种"普遍的、隐蔽的和强制的力量"[①]。因为人的精神活动不是凭空产生的，而是对客观存在的反映，人的精神活动又是相互影响、相互作用的。针对基于大数据创新大学生思想政治教育方法这一活动，高校

---

① 马克思恩格斯全集(第1卷)[M]. 北京：人民出版社，1956：237.

第六章　大数据视域下大学生思想政治教育方法创新的保障条件

师生必然会对其发表不同意见，形成一定舆论，这种舆论包围着师生的生活，形成了客观的校园氛围。形成有利于基于大数据创新大学生思想政治教育方法的舆论环境，能够为大学生思想政治教育方法创新营造良好氛围。

（2）增强基于大数据创新大学生思想政治教育方法的认同感

只有师生认同了基于大数据的大学生思想政治教育方法创新理念，才可能为进一步进行大学生思想政治教育方法创新实践奠定思想基础。在信息化时代背景下，舆论引导对于增强师生认同感具有不可替代的重要作用。一方面，舆论通过制造有利于基于大数据的大学生思想政治教育方法创新理念，影响师生的心理活动。这种影响相对于法律制度等硬控制而言，是一种软约束，但会使师生的思想行为受到根深蒂固的影响。这种巨大的影响力量无形中能够增强师生的内心认同感。另一方面，通过营造褒奖基于大数据创新大学生思想政治教育方法的典型案例以增强师生认同感。

3. 营造舆论环境的基本要求

舆论环境是人们对客观事物或社会现象的主观反映和评价，舆论环境一旦形成，就像一个巨大磁场不停地作用于人们的耳目和思维，影响人们的思想和行为。[①] 优化基于大数据创新大学生思想政治教育方法的舆论环境，对于推动大学生思想政治教育方法创新至关重要。具体而言，要从加大基于大数据创新大学生思想政治教育方法舆论的宣传力度，积极创设运用大数据创新大学生思想政治教育方法的舆论环境两方面着力。

（1）加大基于大数据创新大学生思想政治教育方法舆论的宣传力度

加大宣传力度，是营造良好舆论环境的基础。虽然一个人的信仰和信念是由世界观、人生观、价值观决定的，但具体信仰和追求什么则受到舆论环境的影响，尤其是受到一段时间的舆论环境对某种观念的集中宣传和着力倡导影响。舆论环境是由多种舆论成分综合而成的整体性氛围。[②] 各种舆论成分对人们思想行为的影响程度，取决于这种舆论的生命力、影响力和在整个舆论环境中所处的地位。基于大数据创新大学生思想政治教育方法的舆论环境，

---

① 刘建明. 舆论学概论[M]. 北京：中国传媒大学出版社，2009：91.
② 沈国权. 思想政治教育环境论[M]. 上海：复旦大学出版社，2002：98.

主要由支持和反对两种舆论成分构成，虽然支持方法创新的舆论顺应时代发展趋势，体现大学生思想政治教育方法创新要求，代表大学生的利益和诉求，最终必然战胜反对方法创新的舆论，但并不意味着会自然而然地成为主导舆论。必须加大支持和鼓励基于大数据创新大学生思想政治教育方法舆论的宣传力度，通过大力宣传正面舆论，使反对舆论隐匿、消解，从而使舆论环境得以优化。

（2）积极创设运用大数据创新大学生思想政治教育方法的舆论环境

积极创设正面的舆论环境，是营造良好舆论氛围的中心环节。从舆论环境的整体状况看，其优劣程度取决于正面舆论环境在整个舆论环境中所占的比重。基于大数据创新大学生思想政治教育方法的舆论环境同样如此，当支持基于大数据创新大学生思想政治教育方法的舆论环境占主导地位时，整个舆论环境就有利于方法创新，这种有利的形势又可以反过来强化正面舆论环境的发展。此种良好局面的出现，为基于大数据创新大学生思想政治教育方法提供了前提条件。反之，如果反对基于大数据的大学生思想政治教育方法创新舆论居于主导地位，则会严重阻碍方法创新活动的开展。因此，要积极扶持支持方法创新的正面舆论，与此同时，要对负面舆论的错误观点加以批驳。唯有如此，才能为形成基于大数据创新大学生思想政治教育方法的舆论环境创造良好条件。

**（三）营造政策环境**

政策环境是大学生思想政治教育方法创新的根本条件，良好的政策环境不仅能为基于大数据创新大学生思想政治教育方法提供价值引领和方向指引，而且还能为实现大学生思想政治教育方法创新目标提供行动依据和行为准则。只有加大力度研究出台基于大数据创新大学生思想政治教育方法的科学政策，并保证政策的监督执行，才能切实为大学生思想政治教育方法创新营造良好的政策环境。

1. 政策环境的基本内涵及特点

政策环境，就是引导和规范基于大数据创新大学生思想政治教育方法的一切政策因素的总和。与其他环境因素相比，具有价值倾向性、发展性等特点。

## 第六章　大数据视域下大学生思想政治教育方法创新的保障条件

(1)政策环境的内涵

政策环境,就是中央及各级地方党委、各级人民代表大会、各级政府为实现一定历史时期的任务和目标而形成的一切政策因素的总和。大数据视域下大学生思想政治教育方法创新的政策环境,是指中共中央、国务院制定的引导和规范基于大数据创新大学生思想政治教育方法的一切政策因素的总和。从政策环境形成过程看,主要包括政策制定和政策执行两个环节。即是说,基于大数据创新大学生思想政治教育方法的政策环境,既要注重相关科学政策的制定和出台,也要强调政策的监督执行。二者相辅相成,缺一不可,共同构成政策环境的有机整体。基于大数据创新大学生思想政治教育方法是一项开拓性的实践活动,离不开政策环境的支持。

(2)政策环境的特点

相对于大学生思想政治教育方针、法律和规律而言,政策环境具有明确的价值倾向性和突出的发展性两大特点。

第一,价值倾向性。所谓价值倾向性,是指政策环境对基于大数据的大学生思想政治教育方法创新理念与实践支持与否具有明确的价值倾向。因为政策的制定与实施要受一定价值取向影响,因而政策内容必然具有明确的价值倾向。任何政策,毫无例外都是人们为了满足某种需要、解决某类问题、达到某种目标而发挥主观能动性的产物。基于大数据创新大学生思想政治教育方法的政策同样如此,是中共中央、国务院为了应对大数据环境对大学生思想政治教育方法带来的严峻挑战,提升大学生思想政治教育质量,增强大学生思想政治教育实效性,解决大学生思想政治教育方法滞后等问题专门制定的,指向性非常明确。

第二,发展性。所谓发展性,是指政策环境是与时俱进的,而非一成不变的,即基于大数据创新大学生思想政治教育方法的政策环境会随着大学生思想行为变化、大数据技术发展、大数据人才队伍不断充实等客观条件的变化进行相应调整和完善。政策环境的这种发展性,主要是由大学生思想政治教育自身因素的发展及外部环境的发展决定的。中共中央、国务院在不同时期制定颁布的思想政治教育政策规定了大学生思想政治教育的原则方法。如1994年制定的《中共中央关于进一步加强和改进学校德育工作的若干意见》主要强调课堂、校园文化和社会实践等传统教育途径和方法。2017年颁发的《关于加强和改进新形势下高校思想政治工作的意见》强调指出："要加强'两微一端'建设，运用大学生喜欢的表达方式开展思想政治教育。"①可见，政策环境随着形势的变化而不断发展，政策环境也正是在不断发展变化中趋于成熟和完善。

2. 营造政策环境的重要意义

大学生思想政治教育方法创新，需要一定政策环境做保障。营造和完善基于大数据创新大学生思想政治教育方法的政策环境，能够为大学生思想政治教育方法创新定向导航、保驾扩航，协调好方法创新中的各方关系，进而推动大学生思想政治教育方法创新活动有序开展。

（1）为大学生思想政治教育方法创新定向导航

定向导航，就是政策环境对基于大数据的大学生思想政治教育方法创新具有方向引导作用。某个时期着重运用哪种类型的思想政治教育方法，应遵循哪些方向性原则，都有赖于政策环境的建设。大学生思想政治教育方法的创新发展，固然需要发挥思想政治教育者的主动性和创造性，但总体方向受到环境政策的影响。在全国高校思想政治工作会议上，习近平指出："要运用新媒体新技术使工作活起来。"②这一重要论断为利用新技术创新大学生思想政治教育方法指明了方向。可见，环境政策作为一定时期方法创新方向的"显示器"，可以为方法创新定向导航。

（2）为大学生思想政治教育方法创新保驾护航

保驾护航，就是政策环境对基于大数据的大学生思想政治教育方法创新具有保障作用。基于大数据的大学生思想政治教育方法创新活动是一项系统工程，主要由方法创新队伍、资金、技术等要素组成。只有加强队伍建设、加大资金投入、加快技术发展，才能保障基于大数据创新大学生思想政治教育方法所需的条件，从而促进方法创新有序进行。良好的政策环境能够从人

---

① 中共中央 国务院印发《关于加强和改进新形势下高校思想政治工作的意见》[N]. 人民日报，2017-02-28(1).

② 习近平. 把思想政治工作贯穿教育教学全过程 开创我国高等教育事业发展新局面[N]. 人民日报，2016-12-09(01).

力、物力、技术等各方面为方法创新提供保障。

3. 营造政策环境的基本要求

政策环境一般是中央及各级地方党委、各级人民代表大会、各级政府为解决某个时期某个领域的重要问题而形成的政策因素的总和。政策环境一旦形成，便通过强大的号召力和影响力发挥独特作用。营造基于大数据创新大学生思想政治教育方法的政策环境，必须从加大研究出台科学政策的力度、保证政策的监督执行两方面着力。

(1)加大研究出台科学政策的力度

基于大数据创新大学生思想政治教育方法的政策，是构成政策环境的本体要素，也是形成政策环境的基础。没有相应的政策文件，政策环境的营造必将成为空中楼阁。进一步而言，政策文件科学与否，决定着政策环境的优劣程度；政策文件制定的时机，影响着政策环境形成的进度。[①] 因此，首先，必须对大数据环境对大学生思想政治教育方法带来的冲击作出准确研判，对于如何应对新形势做到心中有数，唯有如此，才能切准问题要害，确保政策的针对性，避免隔靴搔痒。其次，国家、地方、高校各级主体必须在不同层面的高校思想政治教育政策文件中，利用相关条款对基于大数据创新大学生思想政治教育方法进行规定、解释，避免一刀切、一锅煮，这样才能保证政策的科学性和可操作性。

(2)保证政策的监督执行

营造基于大数据创新大学生思想政治教育方法的政策环境，不仅有赖于相关政策的制定和颁布，更受制于政策的监督执行。如果将制定的政策束之高阁，则难以发挥其应有作用。只有政策科学、执行有力，才能切实营造出支持基于大数据创新大学生思想政治教育方法的政策环境。为此，首先，要强化对相关政策的宣传学习。可以通过举办培训班、召开宣讲会等形式，将相关高校的相关人员召集起来进行集中学习，由精通大数据的思想政治教育专家解读政策精神，阐释政策主题，明确政策要求，这是政策执行的首要阶段，此阶段的主要任务在于实现从纸质政策文件向高校相关部门和人员的认

---

① 徐艳国. 思想政治教育政策环境论[M]. 北京：中国人民大学出版社，2012：50.

知、认同转化。其次,制定相关配套政策。各地方、各高校可以在领会政策精神的前提下,结合本单位实际情况,拟定相关配套政策。这是政策执行的重要阶段,也是政策落实的准备阶段。只有提出了针对性的办法要求,制定了具体化的考核标准,政策才具有可操作性。再次,配套政策的监督执行。这是政策执行的关键阶段,是对具体政策的贯彻执行,将政策要求落实到具体的人、财、物。① 此阶段的完成标志着相关政策的充分执行。

---

① 徐艳国. 思想政治教育政策环境论[M]. 北京:中国人民大学出版社,2012:54.

# 结 论

全国高校思想政治工作会议明确指出,要运用新媒体新技术使工作活起来,增强高校思想政治工作的时代感和吸引力。当前,信息技术和移动互联网技术发展日新月异,助推人类社会进入了大数据时代。新时代给大学生思想政治教育带来猛烈冲击,首先影响的就是教育方法。作为大学生思想政治教育工作者,只有主动把握机遇、应对挑战,积极创新思想政治教育方法,方能以新应新、以变应变。本书着眼于时代新要求,立足新时代大学生思想政治教育环境和青年大学生发生的新变化,梳理学界相关研究成果,汲取思想力量、发现不足之处,以马克思主义理论为指导,借鉴教育学、传播学、信息学等相关学科知识,以问题为导向,遵循科学研究方法,本书力图围绕大数据视域下大学生思想政治教育方法创新的核心问题开展研究,希冀科学回答大数据视域下大学生思想政治教育方法创新的内涵与特征、理念与原则、途径与媒体以及方法创新系列等重要问题。经过一年半的研究,本书得出以下结论。

第一,大数据视域下大学生思想政治教育方法创新的科学内涵,就是大学生思想政治教育者应用大数据这种新理念、新资源、新技术对原有大学生思想政治教育方法进行改造与发展或创造出新方法的过程。实质就是借助大数据这把利器,为大学生思想政治教育铺路搭桥,突破传统大学生思想政治教育方法的瓶颈,使方法之桥更宽或搭建出功能更加强大的现代化大桥。从学理上界定清楚这一概念,为开展大数据视域下大学生思想政治教育方法创新奠定理论前提。

第二，本书指出大数据视域下大学生思想政治教育方法创新的时代境遇。大学生思想政治教育方法并不是抽象、孤立的，总是存在于特定的时空境遇下，因而必然随着时空环境的变化而发展。大数据视域下大学生思想政治教育方法创新面临的时代背景、教育对象发生了深刻变化，随之而来，既给大数据视域下大学生思想政治教育方法创新带来了新资源、新技术、新手段等新机遇，也使大数据视域下大学生思想政治教育方法创新面临着传统观念受到排斥、传统模式受到冲击、方法效果受到削弱等新挑战。明确把握大数据视域下大学生思想政治教育方法创新的新形势、新机遇和新挑战，为大数据视域下大学生思想政治教育方法创新提供现实前提和历史方位。

第三，本书提出大数据视域下大学生思想政治教育方法创新的理念与原则。大数据视域下大学生思想政治教育方法创新，并不是自发随意的行为，必须牢固树立"以生为本""数据为重""手段为要"的根本理念，严格遵循"技术性与方向性相结合""精准性与实效性相结合""定量与定性相结合"的基本原则，增强方法创新的自觉性和科学性。三大理念为大数据视域下大学生思想政治教育方法创新提供方向指导，三大原则为大数据视域下大学生思想政治教育方法创新提供根本遵循。

第四，本书提出大数据视域下大学生思想政治教育方法创新的途径与媒体。大数据视域下大学生思想政治教育方法创新，不是凭空进行的，总要通过一定途径、凭借一定媒体来进行。数字化智慧课堂、大数据校园文化、大学生虚拟社群是方法创新的主要途径；网络媒体、手机媒体媒体、数字电视媒体和思想政治教育软件是方法创新的主要媒体。途径和媒体是大数据视域下大学生思想政治教育方法创新的中介和依托，确保大数据视域下大学生思想政治教育方法创新能够由理论态走向实践态。

第五，本书提出大数据视域下大学生思想政治教育方法创新系列。以大学生思想政治教育活动过程逻辑为依据，将大数据视域下大学生思想政治教育方法创新系列构建为四种方法类型，具体包括认识方法创新系列、实施方法创新系列、评估方法创新系列和反馈方法创新系列。方法创新系列是大数据视域下大学生思想政治教育方法创新的落脚点和表现样态。大数据视域下大学生思想政治教育方法创新，只有通过具体的方法形态表现出来，才能真

# 结 论

正体现出其理论价值和实践价值。

第六，本书提出大数据视域下大学生思想政治教育方法创新的条件保障。大数据视域下大学生思想政治教育方法创新，需要一定条件作为保障。提升大学生思想政治教育队伍大数据素养是关键，必须树立大数据意识、形成大数据思维、增强大数据能力；用好大学生思想政治教育方法的大数据技术是根本，要用好数据收集技术、数据挖掘技术和数据可视化技术；营造良好的环境是前提，要营造有利的物质环境、舆论环境和政策环境。只有具备了主体条件、技术条件和环境条件，才能为大数据视域下大学生思想政治教育方法创新实践奠定坚实基础，也才能确保方法创新活动持续、健康、有序开展。

本书致力于通过开展大数据视域下大学生思想政治教育方法创新问题的基础理论研究，以大数据视域下大学生思想政治教育方法创新系统的各方面、各要素为基点，建构大数据视域下大学生思想政治教育方法创新框架，并建构方法创新系列。但目前来看，仍有部分问题未得到解决，有待进一步深入探究。一是本书界定了大数据视域下大学生思想政治教育方法创新的内涵与特征，具备了把握方法创新的理论前提，但尚未明确提出大数据视域下大学生思想政治教育方法创新的具体类型；二是本书阐明了大数据视域下大学生思想政治教育方法创新的途径与媒体，尚待进一步研究途径媒体发挥作用的机制；三是因研究视角不同，构建大数据视域下大学生思想政治教育方法创新系列的方式不同，本书选取活动过程视角，力图构建完整的方法系列，对于每一种方法系列内部各种具体方法之间的逻辑关系仍需继续研究；四是本书阐释了大数据视域下大学生思想政治教育方法创新的条件保障，尚需进一步研究各种条件保障的长效机制。

开展大数据视域下大学生思想政治教育方法创新研究，是一项具有重要理论意义和实践价值的基础性研究。但由于笔者知识和能力限制，使以上问题尚未得到很好解决，同时这些问题也是今后继续深入研究的方向和着力点。开展大数据视域下大学生思想政治教育方法创新研究，必须密切关注国内外大数据技术最新发展动态，紧紧围绕大数据对大学生思想政治教育方法带来的机遇与挑战，开展跨学科、多维度的持续深入研究，在动态发展中构建出更加科学合理的方法创新系列。

# 参考文献

## (一)经典著作类

[1]《马克思恩格斯选集》(第1、2卷)[M]. 北京：人民出版社，2012.

[2]《马克思恩格斯文集》(第1、2、5、8、9卷)[M]. 北京：人民出版社，2009.

[3]《马克思恩格斯全集》(第1卷)[M]. 北京：人民出版社，1956.

[4]《马克思恩格斯全集》(第3卷)[M]. 北京：人民出版社，1960.

[5]《马克思恩格斯全集》(第19卷)[M]. 北京：人民出版社，1963.

[6]《马克思恩格斯全集》(第20卷)[M]. 北京：人民出版社，1971.

[7]《马克思恩格斯全集》(第40卷)[M]. 北京：人民出版社，1982.

[8]《马克思恩格斯全集》(第42卷)[M]. 北京：人民出版社，1979.

[9]《马克思恩格斯全集》(第46卷)(上)[M]. 北京：人民出版社，1979.

[10]《列宁全集》(第55卷)[M]. 北京：人民出版社，1990.

[11]《毛泽东选集》(第1、3卷)[M]. 北京：人民出版社，1991.

[12]《毛泽东文集》(第7卷)[M]. 北京：人民出版社，1999.

[13]邓小平文选(第二卷)[M]. 北京：人民出版社，1994.

[14]邓小平文选(第三卷)[M]. 北京：人民出版社，1993.

## (二)重要文献类

[1]习近平. 决胜全面建成小康社会 夺取新时代中国特色社会主义伟大胜利——在中国共产党第十九次全国代表大会上的报告[M]. 北京：人民出版社，2017.

[2]习近平. 习近平谈治国理政(第二卷)[M]. 北京：外文出版社，2017年版.

[3]十三大以来重要文献选编(下)[M].北京:人民出版社,1993.

[4]十五大以来重要文献选编(下)[M].北京:人民出版社,2003.

[5]《十五大以来重要文献选编》(中)[M].北京:人民出版社,2001.

[6]十五大以来重要文献选编(下)[M].北京:人民出版社,2003.

[7]十六大以来重要文献选编(上)[M].北京:中央文献出版社,2005.

[8]十六大以来重要文献选编(下)[M].北京:中央文献出版社,2008.

[9]中共中央 国务院.《关于进一步加强和改进大学生思想政治教育的意见》[N].人民日报,2004-10-15(1).

[10]中共中央宣传部宣传教育局,教育部社会科学研究与思想政治工作司,共青团中央学校部组编.《中共中央 国务院关于进一步加强和改进大学生思想政治教育的意见》学习辅导读本[M].北京:中国人民大学出版社,2005.

[11]教育部思想政治工作司.加强和改进大学生思想政治教育重要文献选编(1978-2008).北京:中国人民大学出版社,2008.

[12]胡锦涛.坚定不移沿着中国特色社会主义道路前进,为全面建成小康社会而奋斗——在中国共产党第十八次全国代表大会上的报告[M].北京:人民出版社,2012.

[13]中共中央宣传部.习近平总书记重要讲话读本[M].北京:学习出版社、人民出版社,2016.

[14]《党员干部学习十六大报告讲座》[M].北京:人民出版社、学习出版社,2002.

[15]习近平.把创新驱动发展战略落到实处[N].人民日报,2013-07-18(1).

[16]习近平.胸怀大局把握大势着眼大事,努力把宣传思想工作做得更好[N].人民日报,2013-08-21(1).

[17]习近平.把思想政治工作贯穿教育教学全过程 开创我国高等教育事业发展新局面[N].人民日报,2016-12-09(1).

[18]中共中央 国务院.《关于进一步加强和改进新形势下高校宣传思想工作的意见》[N].人民日报,2015-01-20(1).

[19]中共中央 国务院印发《关于加强和改进新形势下高校思想政治工作的意见》[N].人民日报,2017-02-28(1).

[20]中华人民共和国教育部.教育信息化十年发展规划(2011-2020年)[Z].2012-03-30.

[21]中华人民共和国国务院.促进大数据发展行动纲要[Z].2015-08-31.

(三)理论著作类

[1]徐子沛.大数据[M].桂林:广西师范大学出版社,2013.

[2]郭晓科.大数据[M].北京：清华大学出版社,2013.

[3]李德伟、顾煜、王海平,等.大数据改变世界[M].北京：电子工业出版社,2013.

[4]郭昕等.大数据的力量[M].北京：机械工业出版社,2013.

[5]杨池然.跟随大数据旅行[M].北京：机械工业出版社,2013.

[6]陈明.大数据概论[M].北京：科学出版社,2015.

[7]赵国栋,易欢欢,糜万军,等.大数据时代的历史机遇[M].北京：清华大学出版社,2013.

[8]钱志新.数据大金矿[M].南京：南京大学出版社,2013.

[9]郎为民.漫画大数据[M].北京：人民邮电出版社,2014.

[10]王崇骏.大数据思维与应用攻略[M].北京：机械工业出版社,2016.

[11]娄岩.大数据技术概论：从虚幻走向真实的数据世界[M].北京：清华大学出版社,2017.

[12]赵勇,林辉,沈寓实.大数据革命——理论、模式与技术创新[M].北京：电子工业出版社,2014.

[13]陈工孟,须成忠.大数据导论：关键技术与行业应用最佳实践[M].北京：清华大学出版社,2015.

[14]陈为,张嵩,鲁爱东.数据可视化的基本原理与方法[M].北京：科学出版社,2013.

[15]黄蓉生,白显良,王华敏.改革开放30年大学生思想政治教育论[M].北京：中国社会科学出版社,2012.

[16]黄蓉生,邓卓明.青年思想政治教育专论[M].北京：中央文献出版社,2005.

[17]黄蓉生.当代思想政治教育方法论研究[M].重庆：西南师范大学出版社,2000.

[18]陈万柏,张耀灿.思想政治教育学原理(第三版)[M].北京：高等教育出版社,2015.

[19]张耀灿,郑永廷,吴潜涛,等.现代思想政治教育学[M].北京：人民出版社,2006.

[20]刘基,牛正兰,何继龄.高校思想政治教育论[M].北京：中国社会科学出版社,2006.

[21]陈立思.当代世界思想政治教育的理论研究述评[M].教育与研究,2001(11).

[22]袁运开,王顺义主编,陈敬全分卷.世界科技英才录科学方法卷[M].上海：上海科学教育出版社,1998.

[23]王玄武.思想政治教育方法论[M].武汉：武汉大学出版社,1985.

[24]吴亦仙.思想工作方法通论[M].福州：福建教育出版社,1988.

[25]郑永廷.思想政治教育方法论[M].北京：高等教育出版社,2010.

[26]陈秉公.思想政治教育学原理[M].北京：高等教育出版社，2006.

[27]罗洪铁.思想政治教育原理与方法研究[M].贵州：贵阳人民出版社，2002.

[28]邓演平.大学生思想政治教育论[M].长沙：湖南大学出版社，2010.

[29]祖嘉合.思想政治教育方法教程[M].北京：北京大学出版社，2004.

[30]刘新庚.现代思想政治教育方法论[M].北京：人民出版社，2006.

[31]万美容.思想政治教育方法发展研究[M].北京：中国社会科学出版社，2007.

[32]王晖.方法论新编[M].上海：上海财经大学出版社，1997.

[33]黄志斌.当代思想政治教育方法论[M].合肥：合肥工业大学出版社，2012.

[34]邹绍清.当代思想政治教育方法论发展研究[M].北京：人民出版社，2013.

[35]陈华洲.思想政治教育资源论[M].北京：中国社会科学出版社，2007.

[36]姜正国.思想政治教育环境论[M].长沙：湖南师范大学出版社，1999.

[37]沈国权.思想政治教育环境论[M].上海：复旦大学出版社，2002.

[38]徐艳国.思想政治教育政策环境论[M].北京：中国人民大学出版社，2012.

[39]郑永廷.思想政治教育学原理[M].北京：高等教育出版社，2016.

[40]徐建军.大学生网络思想政治教育理论与方法[M].北京：人民出版社，2010.

[41]邱伟光.大学生社会实践教育新论[M].上海：同济大学出版社，1994.

[42]石云霞."两课"教学法研究[M].武汉：武汉大学出版社，2002.

[43]徐建军.大学生网络思想政治教育理论与方法[M].北京：人民出版社，2010.

[44]白显良.隐性思想政治教育基本理论研究[M].北京：人民出版社，2013.

[45]王学俭，刘强.新媒体与高校思想政治教育[M].北京：人民出版社，2012.

[46]王茂胜.思想政治教育评价论[M].北京：中国社会科学出版社，2006.

[47]代浩云.基于大数据时代的思想政治教育研究[M].长春：吉林人民出版社，2017.

[48]张森林，孙伟.马克思主义基本原理[M].长春：吉林大学出版社，2009.

[49]赵国忠，傅一岑.微课：课堂新革命[M].南京：南京大学出版社，2015.

[50]袁贵仁.人的哲学[M].北京：工人出版社，1988.

[51]袁贵仁.马克思主义人学理论研究[M].北京：北京师范大学出版社，2012.

[52]曹山河.关于创新的哲学研究[M].海口：海南出版社，2005.

[53]恩斯特·卡西尔.人论[M].甘阳，译.上海：上海译文出版社，1985.

[54]康德.道德形上学探本[M].唐钺重，译.北京：商务印书馆，1957.

[55]阿.迈纳.方法论导论[M].王路，译.北京：生活·读书·新知三联书店，1991.

[56]鲍亨斯基.当代思维方法[M].童世骏，等，译.上海：上海人民出版社，1987.

[57]爱因斯坦文集(第3卷)[M].北京：商务印书馆,1979.

[58]拉法格,等.回忆马克思恩格斯[M].马集,译.北京：人民出版社,1973.

[59]约瑟夫·奈.软力量——世界政坛成功之道[M].北京：东方出版社,2005.

[60]王培智,等.软科学知识辞典[M].北京：中国展望出版社,1988.

[61]刘宏武.个性化教育与学生自我发展[M].北京：中央民族大学出版社,2004.

[62]何独明.大学校园文化概论[M].成都：西南交通大学出版社,2010.

[63]黄伟.校园文化概论[M].海口：南海出版公司,2005.

[64]陈小鸿.论人的自由全面发展[M].北京：人民出版社,2004.

[65]孙正聿.马克思主义哲学智慧[M].北京：现代出版社,2016.

[66]黄少华,陈文江.重塑自我的游戏 网络空间的人际交往[M].兰州：兰州大学出版社,2002.

[67]王伯鲁.马克思技术思想论纲[M].北京：科学出版社,2009.

[68]魏宏森.系统科学与社会系统[M].长春：吉林教育出版社,1990.

[69]霍绍周.系统论[M].北京：科学技术文献出版社,1988.

[70]墨子[M].上海：上海古籍出版社,1989.

[71]朱熹.孟子集注[M].上海：中华书局,1957.

[72]殷石龙.创新学引论[M].长沙：湖南人民出版社,2002.

[73]时新.序是量的存在方式[M].太原：山西人民出版社,1998.

[74]周伟民,李昌邦,李谧.校园文化概论[M].海口：海南出版社,1992.

[75]王思斌.社会学教程(第三版)[M].北京：北京大学出版社,2010：94.

[76]王长潇.新媒体论纲[M].广州：中山大学出版社,2009.

[77]彭兰.新媒体导论[M].北京：高等教育出版社,2016.

[78]周茂君.新媒体概论[M].重庆：西南师范大学出版社,2016.

[79]宫承波.新媒体概论[M].北京：中国广播电视出版社,2007.

[80]石磊.新媒体概论[M].北京：中国传媒大学出版社,2009.

[81]孟彩霞.计算机软件基础[M].北京：机械工程出版社,1997.

[82]陶树平,胡谋.软件基础[M].北京：中国铁道出版社,1987.

[83]阮彤,王昊奋,陈为.大数据技术前沿[M].电子工业出版社,2016.

[84]张明仓.虚拟实践论[M].昆明：云南人民出版社,2005.

[85]姚梅林.学习心理学[M].北京师范大学出版社,2006.

[86]刘建明.舆论学概论[M].北京：中国传媒大学出版社,2009.

[87]王晖. 方法论新编[M]. 上海：上海财经大学出版社，1997：2.

[88]尼古拉斯·尼葛洛庞帝. 数字化生存[M]. 胡泳，范海燕，译. 海口：海南出版社，1997.

[89]Hunter Whitney. 洞悉数据：用可视化方法发掘数据真义[M]. 刘云涛，译. 北京：人民邮电出版社，2016.

[90]马克·波斯特. 信息方式[M]. 北京：商务印书馆，2000.

[91]保罗·莱文森. 手机：挡不住的呼唤[M]. 何道宽，译，北京：中国人民大学出版社，2004.

[92]维克托·迈尔-舍恩伯格，肯尼思·库克耶. 大数据时代：生活、工作与思维的大变革[M]. 盛杨燕，周涛，译. 杭州：浙江人民出版社，2013.

[93]维克托·迈尔-舍恩伯格，肯尼思·库克耶. 与大数据同行：学习和教育的未来[M]. 上海：华东师范大学出版社，2015.

[94]城田真琴. 大数据的冲击[M]. 周子恒，译. 北京：人民邮电出版社，2013.

## （四）学术论文类

[1]刘宏达，隆梅凤. 大数据助推思想政治教育定性分析方法创新[J]. 思想政治教育研究，2020(5).

[2]刘宏达，彭嘉琪. 思想政治教育大数据定量分析方法的内涵、特征及实施策略[J]. 学校党建与思想教育，2020(3).

[3]崔建西. 试论大数据思想政治教育的主要矛盾[J]. 思想理论教育，2019(8).

[4]李家圆，王刚. 大数据解决思想政治教育的进路及局限性[J]. 湖北社会科学，2019(4).

[5]何桂美. 大数据背景下创新高校思想政治教育方法略论[J]. 学校党建与思想教育，2019(4).

[6]苗东升. 非线性思维初探[J]. 首都师范大学学报(社会科学版)，2003(5).

[7]马颖峰，陶力源. 信息技术环境中的个性化学习探索[J]. 中国教育信息化，2008(16).

[8]陶雪娇，胡晓峰，刘洋. 大数据研究综述[J]. 系统仿真学报，2013(8).

[9]曾雷. 大数据研究综述[J]. 软件导刊，2015(8).

[10]吴晋娜. 大数据时代：从预言走向现实[N]. 光明日报，2013-11-12.

[11]方巍，郑玉，徐江. 大数据：概念、技术及应用研究综述[J]. 南京信息工程大学学报(自然科学版)，2014(5).

[12]王学俭，王瑞芳. 大数据时代高校思想政治教育的创新发展[J]. 思想政治教育研究，

2016(6).

[13]张燕南,赵中建.大数据时代思维方式对教育的启示[J].教育发展研究,2013(21).

[14]刘凤娟.大数据的教育应用研究综述[J].现代教育技术,2014(8).

[15]寻找通往未来的钥匙[N].人民日报,2013-02-01(23).

[16]姜奇平.大数据的时代变革力量[J].互联网周刊,2013(1).

[17]陈一鸣."大"的三维特征[N].人民日报,2013-02-01(23).

[18]沈小根.大数据正在改变你我[N].人民日报,2014-6-6(12).

[19]邬贺铨.大数据时代的机遇与挑战[J].求是杂志,2013(4).

[20]何彤宇.大数据时代网络学习环境的数据融合[J].现代教育技术,2013(12).

[21]陈晨,等.大数据时代高等教育的发展趋势[J].煤炭高等教育,2015(5).

[22]刘辉.大数据时代思想政治教育的微传播化[J].思想理论教育,2014(6).

[23]周淑敏.浅谈大数据在高校思想政治教育中的运用[J].思想政治教育研究,2014(5).

[24]檀江林,吴玉梅.大数据时代大学生思想政治教育路径探析[J].思想理论教育,2016(3).

[25]刘辉.高校思想政治教育应用大数据的现实困境与诉求[J].思想理论教育,2015(9).

[26]逢索,魏星.大数据在高校思想政治教育工作中的运用[J].思想理论教育,2015(6).

[27]邱启照,孙鹏.大数据时代高校思想政治教育的机遇和挑战[J].教育理论与实践,2016(9).

[28]胡树祥,谢玉进.大数据时代的网络思想政治教育[J].思想教育研究,2013(6).

[29]王晖慧,王晖瑜.大数据环境下高校思想政治教育工作创新[J].新闻战线,2015(3)下.

[30]梁家峰,亓振华.适应与创新:大数据时代的高校思想政治教育工作[J].思想教育研究,2013(6).

[31]夏晓东.大数据时代下思想政治教育面临的机遇与挑战[J].前沿,2014(10).

[32]王莎,徐建军.运用大数据增强大学生思想政治教育实效性研究[J].思想理论教育,2016(9).

[33]祝智庭.智慧教育新发展:从翻转课堂到智慧课堂及智慧学习空间[J].开放教育研究,2016(1).

[34]吕尚彬,刘奕夫.传媒智能化与智能传媒[J].当代传播,2016(4).

[35]何蓓蓓,李岩.大数据时代大学生思想政治教育工作创新探究[J].教育探索,2015(8).

[36]胡纵宇,黄丽亚.大数据时代大学生思想政治教育面临的问题及应对[J].学校党建与思想教育,2014(7).

# 参考文献

[37] 刘春玲. 大数据视角下思想政治教育发展的新路径[J]. 教学与管理, 2015(30).

[38] 蒲清平, 朱丽萍, 赵楠. 大数据思想政治教育研究综述[J]. 思想教育研究, 2016(3).

[39] 郭欣, 娄淑华. 思想政治教育视角下大学生就业能力分析[J]. 思想理论教育导刊, 2016(3).

[40] 黄欣荣. 大数据对思想政治教育方法论的变革[J]. 江西财经大学学报, 2015(3).

[41] 黄欣荣. 大数据技术的伦理反思[J]. 新疆师范大学学报(哲学社会科学版), 2015(3).

[42] 黄欣荣. 大数据的语义、特征与本质[J]. 长沙理工大学学报, 2015(6).

[43] 黄欣荣. 大数据时代的思维变革[J]. 重庆理工大学学报(社会科学), 2014(5).

[44] 沈娟. 思想政治教育要适应"大数据时代"要求[J]. 政工学刊, 2015(1).

[45] 喻长志. 大数据时代教育的可能转向[J]. 江淮论坛, 2013(4).

[46] 孙凯鹏. 网络化和大数据时代背景下大学生思想政治教育路径研究[J]. 教育教学论坛, 2016(32).

[47] 王民忠, 闫华. 高校思想政治教育运用大数据分析的多维路径[J]. 思想理论教育, 2016(5).

[48] 张耀灿. 试论思想政治教育学科的定位与建设[J]. 思想理论教育导刊, 2006(7).

[49] 郑艳. 在继承、借鉴中探索思想政治教育方法论的创新[J]. 求实, 2001(9).

[50] 叶承芳. MOOCs对思想政治理论课教学的挑战与启示[J]. 思想教育研究, 2015(2).

[51] 谢耘耕, 等. 大数据与社会舆情研究综述[J]. 新媒体与社会, 2014(4).

[52] 何克抗. 我国教育信息化理论研究新进展[J]. 中国电化教育, 2011(1).

[53] 葛喜平. 高校德育过程实效性低的理性分析与对策研究[J]. 学术交流, 2009(9).

[54] 赵浚. 大数据创新高校思想政治教育方法的探析与应用[J]. 贵州社会科学, 2016(3).

[55] 王寿林. 大数据时代高校思想政治教育方法创新研究[J]. 思想政治教育研究, 2015(12).

[56] 高立伟, 郑大俊. 思想政治教育研究方法论研究述要[J]. 思想理论教育导刊, 2011(2).

[57] 杨直凡, 胡树祥. 网络思想政治教育方法的构建与创新[J]. 思想理论教育导刊, 2007(7).

[58] 万美容, 何秀敏. 思想政治教育方法论研究进展[J]. 思想教育研究, 2014(10).

[59] 朱慧. 思想政治教育方法论三十年变化之科学审视[J]. 学校党建与思想教育, 2014(9).

[60] 刘松, 骆郁廷. 大学生日常思想政治教育实效与方法论[J]. 学校党建与思想育, 2010(8)中.

[61] 任志锋, 杨晓慧. 大学生思想政治教育方法模式转换的历史轨迹与发展趋势[J]. 思想教育研究, 2012(7).

[62] 李怀杰, 夏虎. 大数据时代高校思想政治教育模式创新探究[J]. 思想教育研究, 2015(5).

[63]崔建西,邹绍清.论大数据时代思想政治教育方法的创新[J].思想理论教育,2016(10).

[64]兰玉君,关宇飞.大数据时代民生新闻的核心竞争力[J].电视研究,2015(S1).

[65]阿里巴巴研究院:"互联网+"重新定义信息化—关于"互联网"+的研究报告(上篇),[N].光明日报,2015-10-16(5).

[66]杨雅厦.应用大数据提升社会治理智能化水平[J].智库时代,2017(1).

[67]吴满意等.大学生社会实践活动的新形式——虚拟社会实践[J].理论与改革,2010,(2).

[68]张忠华.改革开放30年来德育目标的研究与反思[J].教育学术月刊,2011(1).

[69]郭秀丽.以人为本:现代思想政治教育的根本理念[J].思想政治教育研究,2008(4).

[70]刘三女牙.大数据开启个性化教育新时代[N].中国教育报,2017-03-05(7).

[71]曲中林,余德英.微课堂·微课题·微实践:师范类专业课程与教学论的"微效应"[J].河北师范大学学报(教育科学版),2017(2).

[72]欧炯明.关于自觉性和自发性范畴[J].云南社会科学,1999(S1).

[73]胡玉宁,丁明,伊鹏.基于数据挖掘的大学生虚拟社群社会网络分析[J].中国成人教育,2017(8).

[74]张正光.提升思想政治教育亲和力的有效路径[J].思想理论教育导刊,2017(5).

[75]杨现民.信息时代智慧教育的内涵与特征[J].中国电化教育,2014(1).

[76]王承博,李小平,赵丰年,等.大数据时代碎片化学习研究[J].电化教育研究,2015(10).

[77]张卓玉.学习:从"碎片化"到"整体化"[N].中国教师报,2012-08-15(15).

[78]陈红,孙雯.高校思想政治理论课网络虚拟实践教学研究[J].思想理论教育导刊,2016(8).

[79]张敏.大数据时代下高校思想政治教育方法的创新[J].理论观察,2016(3).

[80]寻找通往未来的钥匙[N].人民日报,2013-02-01(23).

## (五)学位论文类

[1]胡恒钊.高校网络思想政治教育实施方法研究[D].中国矿业大学博士论文,2012.

[2]张燕南.大数据的教育领域应用之研究——基于美国的运用实践[D].华东师范大学博士论文,2016.

[3]董世军.现代思想政治教育载体论[D].吉林大学博士论文,2008.

# 后　记

《大数据视域下大学生思想政治教育方法创新研究》书稿是在笔者博士论文的基础上修订而成。现在论文即将付梓出版，首先要感谢恩师黄蓉生教授多年的关怀与指导！

恩师学识渊博、视野开阔、治学严谨、正直坦荡；言传身教、诲人不倦、宽厚仁慈、爱生如子！感谢恩师不弃愚钝，将我纳入门下，幸入圣门求学，耳濡目染、潜移默化于恩师的高远德行。愚钝如我，恩师却不离不弃，执着地打磨、不厌其烦地指导，只为凿出那一丝智慧之光。论文得以顺利完成离不开恩师悉心的指导、绵密的关爱和无私的付出。从选题、开题到撰写、修改任何一个环节，恩师都为我导航把关。博士论文写作的艰辛远远超出了预期，整个过程伴随着焦虑、甚至是痛苦，无数次萌生放弃的念头，也深深体会到自己知识的浅薄。但恩师始终用力地拉、温柔地推，让学生一次次重拾信心、继续前行。师恩浩荡，永生铭记！永远忘不了：在我无助的时候，恩师总是给予无私的帮助；在我绝望的时候，恩师总是给予亲切的关怀；在我无力坚持下去的时候，恩师总是给予暖心的鼓励；在我懈怠的时候，恩师总是语重心长地督促提醒，……没有您的指导、扶掖，学生无论如何也不可能顺利完成毕业论文的写作　没有您的关爱、关心，学生无论如何也不可能三年如期毕业。永远忘不了：恩师三更半夜给学生修改论文，每次拿到恩师修改的稿子都感动得想哭，恩师仔细认真的程度让人惊叹，从框架思路到语言表达、再到文字润色、句读符号……那一行行标记、一页页批注、一张张折痕，无不浸润着恩师所倾注的大量心血。恩师懿德绝非后记中三言两语所能勾勒，学生对恩师的感激之情也绝非言语所能表达，恩师对学生的付出，学生一直感于心、存于心，却无以回报，只能化为继续前行的不竭动力。

  感谢求学以来给予我帮助和支持的所有老师！尤其要感谢我的硕士生导师董娅教授，虽毕业数载，但董老师通过各种方式给予我学习上的鼓励、生活上的关心，让我倍感温暖。感谢罗洪铁教授、邓卓明教授、孟东方教授、崔延强教授、王永友教授、陈跃教授、白显良教授、周琪教授等在开题、预答辩时提出的中肯建议。感谢西南大学马克思主义学院给予我指导和帮助的所有老师。

  事非经历不知难，博士求学之路是对自己体力和意志极限的极大挑战，我苦于写作的滞涩，常常冥思苦想、搜肠刮肚、茶饭不思。已不记得多少个夜晚辗转难眠，也不记得多少次独自伤心落泪，却清晰记得柳暗花明后的欣喜若狂。一路走来，感谢博士间415的同窗好友、兄弟姐妹们！大家互相鼓励、互相支持，尤其是刘丽莉博士给予的无私帮助和关心，夏吉莉博士每个假期的如期而至和暖心陪伴，感谢相处十余载的至交好友曾艳，总是给我送来温暖，让博士生活增添了不少乐趣。感谢各位师姐、师兄、师弟、师妹们，给予我的关心和帮助。

  最后，要感谢我的家人。面对家人除了深切的感激之情，就是深深的愧疚之意。三年来母亲连续做了几次大大小小的手术，身体极度虚弱，我不能在身边尽孝。为了让我安心完成论文，母亲毫无怨言地带病帮我带孩子。没有母亲的付出，我绝不可能有潜心学习的机会！我的爱人，承担着单位繁重的工作任务，身为妻子，本该当好贤内助，但为了支持我追逐梦想，你无怨无悔地为家庭付出，还要倾听我的苦闷、"忍受"我的发泄，没有你的宠溺，就无法成就我的博士梦想。儿子的成长伴随着我考博、读博的整个历程，在孩子成长的过程中，我作为母亲的重要角色是缺失的，读博三年母子相见的

## 后　记

日子屈指可数。家人永远是我最坚强的后盾。一路走来，感谢有你们！

　　由于学识有限，本书肯定存在这样或那样的疏漏与失误。在今后的研究中有待进一步思考和完善。

　　最大的感恩就是不辜负，在未来的生命历程中，我将不忘初心、砥砺前行！

王春霞<br>
2023 年 7 月